姜正成◎主编

强者的生存法则

民主与建设出版社

图书在版编目（CIP）数据

智道：强者的生存法则 / 姜正成主编. —北京：民主与建设出版社, 2016.7（2017.9 重印）
ISBN 978-7-5139-1114-6

Ⅰ. ①智… Ⅱ. ①姜… Ⅲ. ①成功心理—通俗读物
Ⅳ. ①B848.4-49

中国版本图书馆CIP数据核字（2016）第117567号

智道：强者的生存法则
ZHIDAO：QIANGZHE DE SHENGCUN FAZE

出 版 人 许久文
主　　编 姜正成
责任编辑 王　颂　王　倩
封面设计 侯　泰
出版发行 民主与建设出版社有限责任公司
电　　话 （010）59417747　59419778
社　　址 北京市朝阳区阜通东大街融科望京中心 B 座 601 室
邮　　编 100102
印　　刷 北京市房山腾龙印刷厂
版　　次 2016 年 7 月第 1 版　2017 年 9 月第 2 次印刷
开　　本 710mm × 1000mm　1/16
印　　张 16.5
字　　数 238千字
书　　号 ISBN 978-7-5139-1114-6
定　　价 36.00元

前 言

“志不强者智不达，言不信者行不果”。墨子的这句话告诉我们要想成为一个成功的大智慧者，首先要树立起正确的世界观、人生观和价值观，提高自己的精神境界和道德素养。

前者的意思是意志不坚强的人智慧一定不高，是对立志，树立世界观、人生观的要求。凡是能成就大事者一定有坚强的意志来作为其精神支柱，尽管其“饿其体肤，劳其筋骨，苦其心志”，也要坚持自己的真理。这种人当时看起来有点愚蠢，不识时务,是所谓大智若愚者。这些人有革命的先驱，有民族的英雄，有文学界的泰斗，有宗教的捍卫者，更有那些在平凡的岗位上默默奉献的劳动者。那些意志不坚强的人虽有聪明才智，但总是会见风使舵，耍小聪明，吃不得半点亏，甚至临阵脱逃，当蒲志高一样的人。这种智慧是小智慧，这些人只能是占点一时的小便宜，而最终要被社会和历史淘汰。

后者的意思是言语不诚实的人，做事也不会有结果，是对道德修养的要求。言语诚实是德的要素，是一个人诚信的基础，做人诚信是一个人立身之本、为人之道、做官之要。信为德之首，一个没有诚信的人恐怕到哪里都不会受欢迎，信口雌黄、左右逢源、耍小聪明只能得意一时，终不是长久之计。言语诚实也是修身的基本要求。我们常说做事先要修身，修身的前提应该是诚意。孔子曰：“唯天下至诚，为能近其性，则能尽人之性。”意思是说，只有天下最真诚的人才能发挥天赋的本性，能发挥天赋的本性就能发挥众人的本性。工作亦是如此，诚信是团结协作的前提，是团队精神的基础。如果我们没有诚信作为职业道德的根基，对群众、对同事、对领导不讲真话，是不会得到他人的信任的，同时也得不到别人的诚信，也得不到别人的支持和拥护，其结果可想而知。

意志可决定一个人选择什么样的路，怎样走路，走向哪里。坚强的意志是我们成就一番事业的核心力量。诚信是一个人品质中的要素，是德的主要组成部分，“德才兼顾，以德为先”就是要把德的因素放在首位。言而有信，做诚信的人，以诚信来修身，以诚信对待同事，以诚信对待事业，不断提高自己的精神境界和道德素养，做一个有责任感、对历史负责的人，这就是人生大智慧者。

人可以脆弱，但绝不能懦弱。生命是一次次蜕变的过程，唯有经历各种磨难，才能增加生命的厚度。面对痛苦，我们要积极地选对方法，放弃自怜自艾，做生活的勇者；停止自暴自弃，做人生的强者。

从出生到现在，每个人都感受过苦楚的滋味。在母体里，我们便不断忍受着宫缩与挤压，才慢慢地从那黑暗的地方诞生出来，见到人生的第一缕阳光；我们跌跌撞撞地成长，蹒跚学步时无数次地摔跤；牙牙学语时无数次咬到舌头；甚至有时在床上睡着，都能在睡梦中跌下床来……

长大后，我们学着如何做人，总会有这样不好或那样不如意的事情盘踞在我们身上。小至一些小病小痛降临在我们身上，大到遇到一些让我们觉得不堪忍受的挫折。有时我们会在深夜里暗自流泪，有时我们又会一个人默默地忍受，忍受着这些生活中无法忽略又必须经历的苦痛。

疼痛，成长，是我们每个人的人生必经的一段路。我们想要成长，就必须要付出代价。经历得多了，成熟了，就要学会做一个最好的自己。或许我们不是十全十美的，但我们可以令自己变得更好。告诉自己，我们所受的一切苦楚，不过是让我们变得更好的垫脚石，是令我们更加努力的天赐动力罢了……

只要我们不肯言败，就没有人能打败我们。人世间的事就是如此，这个世界的规则也是如此。不要做一个亏待自己的人，老天从我们身上取走了什么，我们就要懂得从老天身上取回什么。受了苦，不与自己做抗争，而是要与天命做抗争。做怎么样的自己，我们能够替自己决定，无需别人从中指手画脚。任何时候都要记住：做永不言败的自己，人生只有一次，不要辜负了自己。基于此，我们特意编写了此书，通过生活中一系列有代表性的经典案例，总结出一些切实可行的具体做法，希望能给读者朋友们带来一些有益的启示，或许，阅读本书，你将会从中获得无限启迪。

目　录

第三篇　狂奔的前方必定有收获

——定位人生，锁定目标

第四篇　竞争的社会会淘汰迟缓者

——直面困境，立刻行动

第五篇 这个世界是崇尚强者的世界

——应对竞争，脱颖而出

第六篇 相信自己天生是一名强者

——自尊独立，建设团队

第七篇 绝不放走送上门的机遇

——捕捉机遇，主动出击

第八篇 只要坚持就能够捕捉到机会

——不屈不挠，忍辱负重

第九篇　热爱自己栖息的这个世界

——友爱亲情，珍爱生命

第一篇 做现代社会的主人

顺应环境，主宰环境

1. 正确认识你的生存环境

强者只有正确认识自己的生存环境，才能找到自己的生存法则。

我们每一个人都生活在一定的环境中，离开了环境，谁也无所生存。而我们生存的环境又是非常复杂的，有社会环境、家庭环境、学校环境、工作环境、自然环境等等，每个环节都会影响我们的生存。我们现在生活在一个变化繁复的社会环境里，环境污染、人际关系紧张、职业不稳定，处处充满竞争，而恐怖分子又在不断制造紧张空气。在这种大环境下，生存问题成为我们每个人都必须面对的现实。所以，在这种复杂的环境中，强者需要激发自己的智慧，找到生存法则。

人是环境的产物，有什么样的环境，就会出现什么样的人才。环境束缚着我们，同时为我们提供发展的机遇和条件。一个人能不能在一生成长过程中有所作为，不仅生存，而且能够高质量地生存，首先就是要看他对自己的生存环境有没有正确的认识。可以这样说，对生存环境认识越透彻，生存的能力也就越强。

美国实用主义代表人物杜威对人对环境的认识过程有这样一段描述："譬如你在一个没有固定道路的地方散步，如一切顺利，你就用不着思想，你的已有的习惯够应用的了。你忽然发现一条水沟挡住去路，你想要跳过去（假设、计划），但为摸清情况，你仔细看一看（观察），发现水沟相当宽，而对岸又是泥泞的（事实、材料）。于是你想，有没有较窄的地方呢（观念）？你沿水沟来回一看（观察），了解情况（以观察检验观念）。你没有找到任何好地方，只得另做新计划。正在徘徊的时候，你发现一根木头（又是事实），你想可不可以把它拖到水沟边，架在沟上，用作桥梁（又是观念）。你判断这个观念值得一试，你取来木头，架在沟上，走过水沟（以外表的行动检验和证实）。"

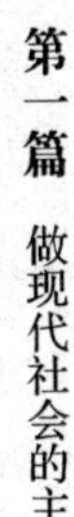

这样的假设充分说明，人的生存法则是在对环境的认识中产生出来的，不存在脱离具体环境的生存法则。

一位大学的吴教授通过自己的一段经历，说明了这个道理：

“很多年以前，我在太行山区一个小村子的学校里担任临时教师，这里山高路险，又不通公共汽车，环境闭塞，乡民们自给自足，过着世外桃源的生活。

有一次，一个学生向我提出了一个我意想不到的问题：‘老师，山外面还有没有山？’

“当时，我心里感到非常悲哀，一股酸楚哽在我的喉头。我望着那双淳朴无暇、天真渴望的眼睛，认真地说：‘在这大山的外面是一眼望不到边的平原，平原上的道路都是一条直线，把田地分成了一块一块的四方形，就是中国古代历史上说的井田制那样。早晨六七点，太阳从地平线上升起，到处都可以见到明亮的阳光。’

“但我没有想到的是，当时在场的所有学生竟然异口同声地说道：‘老师，你骗人。’

“面对当时的情景，我什么话都说不出来，我没有办法让他们相信，因为，他们从来就没有见过除了山以外的世界，他们就是在大山这种环境中生长的，他们以为所有的人都和他们一样，都是在同样的环境中生长。后来，我在课外活动时间，给学生讲了山外面的世界，可是我看见了一种更加悲伤的事情，本来活泼开朗的孩子们变得沉默不语了。

“他们本来对自己的生存环境是多么满意，漫山遍野都是他们的世界，是万紫千红的世界，快乐自由的世界，我刚刚来到这里的时候，他们快乐地对我介绍说：每到春天，到处都是鲜花，五月就有了山果，六月红、七月挂、八月炸，你走到哪里，哪里就有果子。可是突然之间，这个世界变小了，相比之下黯淡失色了。

“我不知道这种启蒙教育对他们来说是幸福还是不幸，可是我却深深地感受到环境对人的限制和影响。如果他们一直就在自己原来的环境中生活下去，不知道外面的世界，他们就没有痛苦，但是，也就不会改变自己的命运，也就不会进步。知道了自己的生存环境的有限性，知道了外面世界的无比广阔性，在他们心灵深处就会激发出一种力量去奋斗，去追求，那么，他们就会获得一种新的人生。

“环境是我们每个人身处其中，又深受影响的生存场所，我们无法选择环境，我们身不由己，你出生在中国，就只能在中国这个环境中谋求自己的生存，抱怨、批评是无济于事的。但是，人的智慧可以适应环境、改变环境、创造新环境。我们的生存须臾离不开环境，环境的变化必然要引起我们的生存状况发生变化。

“前不久，我又一次故地重游。山区的面貌发生了很大的变化，公路畅通，山里的人早已经改变了那过去的生活方式，大山里的土特产畅销国内外，学生们过去玩耍的山沟如今成了旅游度假村，我的学生们见到我都非常高兴，说：‘吴老师，我们山里人如今也不比城市里的人差，城市里有什么，我们这里也有什么，而且我们还比城市里多了一样东西：那就是等离子空气，这可是花钱买不来的啊！’

“这些学生现在都是改革地方经济的带头人，当年由于认识到环境的闭塞和落后，才发奋努力，终于改变了人生，改变了环境，改变了世界。”

的确，正因为这些学生认识到了环境的闭塞和落后，这才改变了环境，成为生活的强者。

2. 环境造就你自己

人在成长的过程中，好的教育环境是提升生存质量的主要因素。对于强者来说，如果社会不能给他提供这种环境，就要自己努力去创造。

现在已经进入到知识经济时代，这个时代的突出标志就是每个人都要接受教育，通过学习，掌握生存技能和生存知识，发挥自己的创造性，实现自己成为强者的梦想。但是，教育能不能实现自己的目的，不仅仅是教育的内容，教育环境对一个人的成长具有很大的影响。

有学者通过研究发现，一个人的成长过程与行为表现的优劣，主要取决于他在成长过程中读过什么样的书籍、与什么样的人长期交往，因为这两个因素对一个人在一生中采用哪种特定的思维方式产生的影响最大。这里，便衍生出一个重要的问题：我们应该读什么书？与哪一类人交往并合作？

一份关于1960—1975年英国在校生学业成绩的研究报告表明，这一时期，学生们解决语文和数学问题的能力大大下降，而这一时期恰恰是电视作为一种文化现象在英国风靡的时期。电视侵占并耗费了儿童和青年们宝贵的学习时间，使他们的学业降低到了最一般的水平，使他们无心去迎接挑战，去拼搏，去争取达到理想的水平，去努力做一个强者。

心理学家告诉我们，人出生之后，需要用5年到6年的时间来建立基本的价值观念和其他各种观念，以使他先天获得的各种遗传优势在后天得以发展。儿童生下来就拥有各种天赋，这些天赋可能表现在自然科学、艺术、体育、音乐等方面。儿童们唯一需要的是有一种能够接受他们并激励他们成长的环境，以使这些天赋有选择地得以开掘和发展。良好的外部环境能增强他们向某个领域探索的勇气，能提高他们向优秀人才方向成长的热情。然而，以娱乐为主的电视却很少鼓励儿童和青年去发展自己的潜力，相反，电视是时间的杀手，它毫不留情地去浪费青少年们那无限宝贵的、无法弥补的时间。

注意观察一下当今青年如何理解现代教育的作用，并把教育看成是自己一生所面临的种种挑战之一，是一件很有意思的事情。当今，许多年轻人深信，如果他们从小学到大学都能在良好的学校里学习并最终成为自己所选择的专业的专家，那么在今后的人生旅程上就一定会事事称心，就一定能取得自己思慕已久的巨大成功，就一定能够成为生活的强者。雄心勃勃的学子们耗费大量时间去调查、去衡量究竟到哪一所有名气的学校去学习，到哪一家有声望的公司去工作，然而，却很少有人去思考，作为他们所接受的全部教育的一部分——他们所获得的特有的思维方式的重要性在哪里。而严酷的现实是，超人的智力可能与成功无缘相遇，仅仅依靠献身精神和日夜不息的工作也不一定能够成为强者。最佳的天赋和良好的教育并不是获得成功的唯一的、切实的保证。于是，我们看到，在这个世界上，有不少人的天赋极佳，受到的教育良好，拥有的智力超群，可是，他们却很难找到一份工作，至少，他们很少能在一个岗位上工作到底。

这种情况主要与一个人所处的环境有关系，因为我们一般都会受到环境的影响。在一个良好的环境中，一个人的天赋可能会得到发展，而且有所作为；相反，一个人的天赋可能会被埋没，因为环境使他的天赋得不到发展，也就无法实现自己。

在中国，改变教育环境是困难的，所以，每位家长都只能根据自己的情况去尽力为孩子选择一个良好的教育环境，这是由“孟母三迁”的故事开创历史传统的。

孟子小的时候，家住在一个吹鼓手的隔壁，孟子便经常仿效做吹鼓手死了人吹吹打打的游戏。孟母感到这样下去绝对不行，于是，就把家搬到集市上。孟子整天看见商人叫卖，于是和小朋友做游戏也是学着做买卖。孟母觉得这样还是不行，就又把家搬到学校附近。这一来，孟子所见所闻是读书学习，他耳濡目染，所做的游戏也是读书，于是，后来成为大学问家，成为“亚圣”。

“孟母三迁”的故事流传很广，形象地说明了环境对人的影响。

从这则故事看来，孟母很重视对子女的教育，也很懂得教育之道。孟子之所以能成为一代圣人，成为那个时代的强者，肯定与她母亲的早期教育是分不开的，也与他生活的环境有很大的关系，因为学校的环境就能够使他的注意力集中在学习上。

古人说，近朱者赤，近墨者黑。孩子年纪尚小，思想单纯，辨别是非的能力弱，正处在学习和培养阶段，周围发生的人和事他会看在眼里、放在心上，并模仿效法他们，久而久之便被同化，形成习惯。而习惯一旦形成，思想一旦被接受，就根深蒂固，很难再改变。看来，孟母是深谙环境对孩子影响之道，所以不厌其烦地多次搬家。

当然，我们并不是要家长也都去学习孟母一再搬迁，但是，现在给孩子选择一个较好的学习环境，选择一个学风较好的学校，已经成为现在家长们的一个共同心愿。做家长的，必须认识到环境的耳濡目染对孩子成长的重大影响。作为具有独立意识的人，与什么样的人交往，在什么样的环境中生活也必须有正确认识，根据自己的实际情况选择适合自己生存的环境。

当然，如果没有这种能力，不具备这样的条件，我们也可以有意识地改造自己的周边环境，使之朝着有利于自己生存的方向发展。

3. 顺应环境才能改变环境

一个人要想生存，要想成为强者，就必须跟着时代的脚步一起发展。也就是说，我们要想改变生存环境，必须首先顺应生存环境。如果一个人想改变生存环境，却不能首先顺应环境，那么，想改变环境的目的是不可能达到的。

这是一条强者的生存法则。

环境是一个极其复杂的人生大背景、大舞台，在这个大环境之中，个人的命运与时代的脉搏、国家的兴衰、工作群体的变化息息相关。无论是国家形势的大变，还是工作环境的小变，都可能引起个人前途命运的变化，或是给个人的事业带来发展的机遇，或是限制阻碍了个人的前进道路。

社会环境作用于每个人身上，使人们的行为方式、思维方式及观念都要受到其约束与规范。社会环境的变化随时都可能给我们提供不同的发展方向与空间。

人要成为强者，就必须首先适应这个不断变化的社会大环境。无论是国家形势的大变，还是工作环境的小变，都可能引起我们个人前途和命运的变化。

与社会环境相和谐，事业发展才能如鱼得水，反之，则会步履维艰。时人常说“机遇与挑战并存”，而对不同的人来说，挑战具有着不同的内涵。比如，市场竞争的不规则，对某些做生意的人来说，正好是混水摸鱼的大好时机；而对那些习惯于以章法办事的人来说，不规则的竞争就是一种严峻的挑战，由于不善于拉关系，没有门路，就可能只按书本上的说法去竞争，结果败下阵来，这就是社会环境的巨大作用。社会环境之变是人生之变的外在张力，所以说，强者要想做一名真正的强者，只有先顺应环境，然后才能改变环境，这和“同流合污”是两回事。

适应环境突出表现在紧随时代的步伐，走在时代的前面。人要想成为强者，必须随时代一起发展进步。因为新科学、新技术、新知识、新思路、新机器不断产生，旧知识、旧技术、旧机器不断被淘汰，如果你还保留在原来的状态上停止不前，那你只能被淘汰。

真正的强者总是紧扣社会发展的脉搏与时代并驱同进，有的甚至能预测未来，走在时代的前列。

日本的“经营之神”松下幸之助，就是这样一位富于智慧、善于洞察未来的一位强者。每当人们问及他成功的秘诀时，他总是淡淡一笑，说：“靠的是稍微走在时代的前面。”

1917年，松下幸之助在确立自己事业的方向上，靠的就是在自己智慧基础上形成强烈的超前意识。严格地讲，松下幸之助能同电器结下不解之缘并没有内在的必然联系，他的祖上经营土地，父亲从事米行，而他进入社会首先是涉足商业，所有这些都与电器制造相去甚远，况且有关电的行业，在当时只是凤毛麟角。然而，年轻而精明的松下却能借助于电灯的一闪之光，看出遥远的未来前景。他深信电作为一种新式能源，给人类带来方便的同时，也会带来更大的欲望，灿烂的电气时代将会照遍人类生活的每个角落，因此，投身电器制造，也一定会前途灿烂！尽管在创业伊始，他就受到了挫折和打击，然而，这种超前意识使他具有了坚强信念和必胜的信心。正是由于“稍微走在时代前面”才使得“松下电器”从无到有，从小到大。

第二次世界大战结束之后，世界恢复了和平。遭受战争创伤的人民，在新的和平环境里又重新燃起生活和工作的热情，睿智的松下幸之助又“超前”地看到“新文明”将带来世界性的“家电热”。对于“松下电器”，既是一次发展壮大难得的机会，也是一次艰巨而又严峻的挑战。松下幸之助正是凭借着“稍微走在时代前面”的预感，大刀阔斧地进行机构调整和技术改革，从而使“松下电器”在新的挑战和机构中得到了前所未有的发展。

20世纪50年代，松下幸之助第一次访问美国和西欧时发现，欧美强大的生产主要基于民主的体制和现代的科技，尽管日本在上述方面还相当落后，然而这一趋势将是历史的必然。松下幸之助正是把握住了这一超前趋势，在日本产业界率先进行了民主体制改革。政治上，他给予职工充分的自主权，建立了合理的劳资体制和劳资关系；经济上，他改革了日本的低工资制，使职工工资超过欧洲，接近美国水平，并建立必要的职工退休金，使职工的物质利益得到充分满足；工作时间上，实现每周五天工作日，这在当时的日本还是第一家。松下幸之助认为：这一改革并非单纯增加一天休息，而是为了进一步促进产品的质量，好的工作成就产生愉快的假日，愉快的假日情绪会导致更出色的工作效率。只有这样，生产才能突飞猛进，效益才能日新月异。

适应环境的发展，还在于对国家政策的正确把握和理解，社会环境就是通过管理社会的政府机构发布的政策法令形成和变化的。

政策乃是国家或地方政府制定的法律规章，往往是依据客观规律的发展而制定的，对社会的进步起到行政命令式的推动作用。因此，每一次新政策的出台，对于某些行业、某些部门、某些群体提供了一个发展的契机。

20世纪80年代初，我国实行干部“四化”，一大批青年干部登上了政治舞台，老干部的离休、退休政策，使原来很难有机会留下空缺的职位，出现了一批又一批的空缺，这对许多有志于从政的人，无疑就是空前的机遇。

1977年，我国恢复了高考的政策，成千上万的人获得了接受高等教育的机会，许多怀才不遇的人终于获得施展才华的机遇。

近年来，国家对科学研究资助的政策，使为数众多的学者，获得国家课题，取得科学或学术研究的成果，并因此获得研究事业的巨大成功。

诸如此类，不胜枚举。在我国，事业的成功与国家政策的关系得到充分体现，国家的政策就是中国人获得成功的一个重要“机遇源”。

善于见缝插针、生财有道的商人，是最会“投机”政策变化的人，他们常常利用国家或地方的法律规章，制定企业的防御或进攻对策。在这里，强者成功的钥匙就是时刻注视并最早地获取法规的变化信息，争取在这些法规刚刚发生效力的时候乘市场之需而长驱直入。

德国奔驰汽车公司就十分重视搜集和掌握别国的法规信息，并善于利用这些法规信息进行开发决策。“奔驰”汽车价格很高，比日本汽车高出几倍，但是“奔驰”车之所以能走出国门，在全世界的道路上奔驰，除了质量过硬以外，主要原因在于善于利用法规信息。前些年，奔驰公司了解到世界上许多发达国家都在制订城市防污染法规，于是，他们立即研究对策，研制出一种可以过滤汽车废气的空气滤净器，把它安装在新出产的“奔驰”车排气管上，这种滤净器的滤气功效达90%以上。不久，各国的防污染法规相继生效，污染空气超限的汽车禁止使用，这时，“奔驰”汽车便在汽车商战中独占鳌头。

政策都是有一定时期性的，经常要发生变化，如果对变化预测不准，而你的项目又在政策禁止范围内，那你就注定要失败。所以，若想求得事业上的成功，就必须预测政策的走向。顺应了政策，就抓住了机遇，否则，你就会成为政策的受害者。

预测政策之变，最简捷的方法就是多关注传播媒介，这样就能及时掌握国家政策的变化走向，进行比较准确的分析预测。

可以说，任何时候、任何人都与一定的国家政策制度、法律法规紧密联系。纵观古今，博览世界，动荡坎坷时时有，成败沉浮平常事，凡脱颖而出的强者往往是能审时度势的人。

4. 利用环境之变顺势而为

在一个人成长的过程中，环境会随着社会生活的变化而不断变化，在变化中生存的关键在于对环境发展变化的及时预测，就能够抓住机会取得成功。

“时势造英雄”，“时势造强者”，被改变了的环境其实就是一种新的时势，一个新的发展机遇。无论是地理环境、交际环境，还是职业环境、人文环境，每一次改变都为人们提供了一个新的广阔的发展空间。在风和日丽的天气里，人的心境常常气爽而神怡；相反，倘若天气由晴转阴，或淫雨连绵，或风雪交加，人们的心情也常常会阴沉和烦闷起来，这种变化，其实是由于环境变化所带来的心情变化。当一个人在面对各种不同身份的人时，他的角色要发生变化。在家里，他是别人的丈夫或父亲，到了工作单位中，他便成了别人的同事或领导。其实这种变化，正是环境变化所带来的角色的变化。如果意识不到这一点，固执地保持自己一成不变的交往原则，面对各种场合、各种人总是板着一张永远不变的面孔，肯定要品尝被众人疏远的苦果。

同样，地理环境的改变也同样的引起人们生活方式和生存观念的变化。

前些年，某偏远山区一座沉睡了几百个世纪的大山终于得到了开采利用。一支上千人的开矿队伍浩浩荡荡地开进了山里，这支并不算小的队伍要办公，要吃要住，于是当地农民的大量耕地被占用，被一排排的场房、住宅楼所占用。原来农民赖以生存的农业地理环境被改变了，耕地减少了，粮食收入必然要减少，原来的优势改变为弱势。但是这支上千人的队伍又为山村带来了新的发展机遇，农民们在耕地之余，又将眼光瞄准了为矿山职工提供饮食及商品服务的新途径。一时间，蔬菜大棚、饭店、理发店、缝纫铺、商店等林立而起，一直封闭的山村却异常地兴奋活跃起来，不但经济比以前得到了极大的改变，而且也引进了许多新思想、新观念、新的生活方式。

能不能利用环境，发挥环境的优势，在于个人的思想认识与能力才学。同样的环境改变，强者可以成为中流击水的弄潮儿，弱者却抱着金碗沿街乞讨。

这就是弱者和强者的区别。

人们所处的环境变了，其人生之旅也必然受到严重的影响。

任何环境的变化都不会是突如其来的，“山雨欲来风满楼”就是这个道理。不管是自然环境的变化，还是社会环境的变化，在变化之前，都会在我们的身边和我们感觉得到的地方露出一丝蛛丝马迹。但环境在变化之前也具有一定的隐蔽性，有些时候人们不会轻易地觉察到，这就导致了环境之变具有一定的预测性。人们所处的环境变了，其人生之旅也必然受到严重的影响。

而所谓的强者，就是在事态发生变化以前，已经及时捕捉到变化信息的人。

5. 以积极的态度应对不利环境

无论是强者还是弱者，要想改变环境都需要许许多多的条件，但最重要的是信心与智慧。其实，这二者也是相辅相成的，有了改变的决心，肯定能够想出改变的好办法。弱者往往对改变环境没有信心，所以最后就被环境所改变；而强者则刚好相反，他们首先是有必胜的信念，有决心，最后才战胜了环境，成为强者。

在太平洋上的一座荒岛上，生存着一种狼。这种狼是怎样来到这个荒岛上的，目前没有人能说得清楚。让人们感兴趣的是它们如何生存，因为岛上的食物奇缺，狼的猎物也很少很少。后来，科学家发现，这座荒岛上的狼，有一种特殊的本领：捕鱼。是特殊的环境造就了狼这种似乎不该有的本领。

人的生存须臾离不开环境，随着环境的变化，我们必须随时调整自己的观念、思想、行动及目标，这是生存的必须。如果我们有能力、有办法来改变环境，使之适合我们能力和欲望的发展需要，则是最为难能可贵的。

但是，有时环境的发展，与我们的事业目标、欲望、兴趣、爱好等发展是不合拍的，环境有时甚至会阻碍、限制我们欲望和能力的发展。在这个时候，如果我们有办法来改变环境，使之适合我们能力和欲望的发展需要，则是最难能可贵的。

当然，大的社会环境是我们普通百姓所无法改变的，我们能做到的只有改变自己身边的小的生存环境。

一个学音乐的大学毕业生，分配到某企业的工会做宣传工作。刚一开始，他很苦恼，认为自己的专业才能与工作不对口，在这里长久干下去，不但自己的前途会耽误，而且日久生疏，自己的专业也可能被荒废，于是，他四处活动，想调到一个适合自己发展的环境中去，可是，几经折腾，终未成功。之后，他便死心塌地地安守在这个工作岗位上，他发誓要改变“英雄无用武之地”的状况。他找到单位工会主席，提出了自己要为企业筹建乐队的计划。正好这个企业刚从低谷走出来，扭亏为盈，开始进入高速发展时期，自然也想大张旗鼓地宣传企业形象，提高产品的知名度，就欣然同意了他的计划。他来了精神，跑基层、寻人才、买器具、设舞台、办培训，不出半年，就使乐团初具了规模。两年以后，这个企业乐团的演奏水平，已成了全市一流，而且堪与专业乐团相媲美，而他自己也成了全市知名度较高的乐队经理。通过自己的努力，他完全改变了自己所处的环境，化劣势为优势，不但开辟出了自己施展才能的用武之地，而且培养了自己的领导管理才能，为他以后寻求更大发展奠定了坚实的基础。

其实环境本是人为。从大的方面来说，国家的一个新政策就可以改变社会大环境，一个城市的自然环境就可以被工厂的污水、废气所破坏；从小的方面来说，一个单位，一位有威望的领导，他的兴趣爱好足可以带动全单位职工的兴趣爱好，等等。当然，改变环境需要许多条件，但最重要的是你的信心与智慧，这二者其实也是相辅相成的，有了改变环境的决心，肯定能够想出改变的好办法。

几年之前，一位华裔美国人立志竞选美国州长。为实现这一目标，他跑回中国，整日到长城上引吭高歌，并录制成录像带。当时许多人不理解竞选州长和唱歌完全是风马牛不相及的两件事，怎么胡乱地掺和在一起。他说，要竞选州长，就要有足够的知名度。录制几盒在长城唱歌的录像带，就是为了提高我自己的知名度，特别是在华裔美国人中间的知名度。

知名度高，可以拓宽交际面，获得更多的朋友。一般说来，人慕名而来，知人而交，也就获取了有关他人的信息，然后根据信息有目的地去交际。知名度高，意味着有较多的人知道你，较多的人愿意与你交际。我们常听到这样的话："久闻大名，有幸相见，非常高兴。"

多一个朋友、多一个熟人，意味着多了一条成功之路，多一个伙伴和帮手，对竞争事业极为有利。

但在现实生活中，弱者却不是这样，他们不是去努力寻找、开创环境机遇，而是怨天尤人，自暴自弃。他们消极地认为，这一切都是不可改变的。这样就把自己逼到了死角，想有所作为也是绝对不可能的了。

其实，能不能改变环境，化劣势为优势，重在我们是否有个积极进取的心态和精神。

6. 保护环境也就是保护自己

目前，人类都已经认识到自然环境与每个人生存具有密不可分的关系，自然环境限制我们，同时，也给与了我们生存的条件。大自然是我们的母亲，我们应感谢大自然的恩惠。我们的父母只是创造了我们的生命，而大自然却养育了我们的生命，是它慷慨地给予了我们维持生命的食物、水、阳光、空气，想一想我们的生存所需，哪一样离开了大自然？

可是，我们这些大地的儿女们常常不珍惜我们赖以生存的自然环境，只知道索取，不知道保护自然环境，大自然这位母亲有时候就会脾气暴戾，毫不留情地损害这些依赖它生存的儿女们。一场恣肆汹涌的洪水，一阵山崩地裂的大地震，就可以让我们祖祖辈辈苦心经营起来的家园毁于一旦，让那些细心呵护起来的生命化为一缕尘烟。20世纪70年代的唐山大地震、90年代的大洪水，本世纪的汶川大地震与玉树大地震至今让我们心有余悸，不堪回首。面对强大的自然之力，我们人类的生命是那样的渺小与脆弱。面对威力巨大、变化无常的自然环境，人类大多数时候只能被动应变，避凶趋吉。人们所能做的，只能是尽量把灾难减少到最低程度，最大限度地去保护生态环境的平衡。

其实，不光是人类，地球上的任何生物与大自然比起来，都是非常渺小的，可是，人类一直以来却对大自然无限制进行索取，不仅破坏了我们生存的自然环境，而且也断绝了人类未来的生存之路，也使我们屡屡受到大自然报复性的惩罚。对森林的乱砍滥伐，致使水土流失、沙漠肆虐；工业生产污水污气的任意排放，造成空气污染、水质变化、生物资源濒危等。人类对自然资源不合理的利用和破坏，使生态环境失衡，失衡的环境反过来又严重的威胁人类生存。

陈敏豪在《人类生态学》一书中指出："鼠目寸光、急功近利，醉心一时的得失、利害和荣辱，逆自然规律而行事，总要付出惨重代价的，这代价如果来不及由自己承担，那就意味着强加给子孙后代承担。"事实上，我们已经在忍受忽视环境和资源保护而引发的痉挛和巨痛。如果水污染问题得不到解决，水资源得不到保护，那么，在我们的后代面前，我们实际上已成为他们的罪人。

面对这种局面，我们应该怎么办？除了呼吁每个人爱护我们生存的地球，以实际行动保护我们的生存环境，是我们每个人的神圣职责，更是强者的生存法则。

意识到自然环境需要保护，这是强者的智慧，而恢复被破坏了的自然环境，更加需要勇气和智慧。在我国北方地区，常年的砍伐树木，造成了大片的沙漠化地带，一到每年三四月份，大风卷起沙土，漫天遍野一片灰蒙蒙，这种沙尘暴给我们生存带来严重威胁。

有一位伟大而平凡的女性，早年嫁给了北方沙漠地带里的一位小伙子。她来到小伙子的家时，周围一片沙漠，连一根绿色的小草都没有，所谓的家也就是一个沙窝。有一次大风沙，把家门都堵住了，她只好刨出了一个洞，钻了出来。

面对沙漠，她发誓要改造它，她要造出一片绿色，恢复生态平衡，为自己创造一个适于生存的环境。于是，她发起了一场人与沙漠的战斗，她开始了一生的植树行动。

几十年过去了，她终于为自己营造了一片绿色的世界，她的家，现在被一片树林围着，再也不会被堵在沙窝里了。而且，她造的树林已经有效地防止了沙漠的继续蔓延，她的事迹也被联合国作为典型进行宣传，吸引了全世界的目光。她就是牛玉琴，一位普普通通的女性，能够用自己的双手，在沙漠世界里为自己赢得生存权，她无疑是一位强者。如果我们每一个人都能够这样做，用自己的智慧与行动尊重自然，保护自然，那么，就一定能够创造出秀美的生存环境。如果这样，那么，我们也就是强者。

7. 改变自己顺应环境

富兰克林说："听凭环境的控制，受从于命运的支配，只是禽兽草木而已。"王尔德说："我们不可受环境的支配，应该去支配环境；不可受命运的局限，应该去创造命运。"可以说，时运、气数、环境、命运只拘得住凡夫俗子，却拘不住强者。

很多人在问：社会变化了，我能够干什么呢？这个问题给很多人造成了心理障碍，使自己陷入了痛苦的深渊。

如果你的天赋和内心要求你从事木工工作，那么你就做一个木匠；如果你的天赋和内心要求你从事医学工作，那么你就做一个医生。坚信自己的选择并进行不懈的努力，你就一定能够成功。但是，如果你没有任何内在的天赋，或者内在的呼声很微弱，那么，你就应该在你最具适应性的方面和最好的机会上慎重地做出选择。不必怀疑这个世界是任由你去创造的，真正的成功是在于出色地履行自己的职责，扮演好自己的角色，这一点是每一个人都能够做到的，做一个一流的搬运工也要比一个二流的其他角色强。

有这样一句话曾经广泛流传：没有哪一个认识到自己天赋的人会成为无用之辈，也没有哪一个出色的人在错误地判断自己的天赋时能够逃脱平庸的命运。

富兰克林说，有事可做的人就有了自己的产业，而只有从事天性擅长的职业，才会给他带来利益和荣誉，站着的农夫要比跪着的贵族高大得多。

如果我们相信马修·阿诺德的说法，那么，宁可做鞋匠中的拿破仑，宁可做清洁工中的亚历山大，也不要做根本不懂法律的平庸律师。

一个人在社会生活中找到自己的位置比其他任何事情都能更强烈地影响到他的生活。某项工作适合一个人的位置，可以使他肌肉结实，身体强壮，思维敏捷，能纠正他的失误和偏差，激发他的创造发明天才，使他得以施展才华，使他开始积极地生活，激励他的进取心，让他觉得自己是个真正的人。因此，必须处在真正适合自己的位置上，完成真正的人所应完成的工作，承担真正的人应该承担的职责，并表现出真正的人的勇气与胆识。如果命运让他从事某种职业，不适合他的位置，他就不会觉得自己是个真正的人。无事可做的人称不上是完整意义的人，他无法通过工作来表现自己坚强的个性，所以，这些人永远成不了强者。

一百五十磅的肌肉和骨骼不足以构成真正的人，一个大脑袋也不足以成为真正的人，骨骼、肌肉和大脑必须组合起来，知道怎样完成适合自己的工作，进行健全完整的思考，开创一条与众不同的道路，勇敢地承受巨大的压力和职责，只有这样，才能真正造就自己，使自己成为真正的强者。

强者能够适应环境的变化而迅速改变自己的观念，最重要的是他们有一副聪慧的头脑和一双灵动的眼睛，是生活的有心人。

环境的变化，虽然对一个人的命运有直接影响，但是，任何一个环境，都有可供发展的机遇，紧紧抓住这些机遇，好好利用这些机遇，不断随环境之变调整自己的观念，就有可能在社会竞争的舞台上开出一片天地，站稳自己的脚跟。所以，每个人在经营的过程中，必须有中途应变的准备，这是市场环境下的生存之本，也是强者的生存之本。

在常人眼里，时常把女人和弱者画等号，然而，一位刚过不惑之年名叫陈红霞的下岗女工，面对三次下岗，却不甘命运的摆布，自强不息，走上了一条充满荆棘的创业之路。经过几年的拼搏，创建了几十万元资产，用自己勤奋的双手，塑造了不屈的人生，成为了真正的强者。

20世纪80年代初，陈红霞下岗了。失去了“铁饭碗”，心碎一般难受，但她是要强的女人，她坚信，别人能够做到的事，自己也能做到，关键是要有决心、有毅力。痛定思痛，她不再寄希望于铁饭碗，决定寻找自食其力的门路，实现自己的人生价值。1987年9月，她多方筹资2000元购买了毛线编织机，并报名参加了熊猫厂编织技术培训。一个月后，她用所学的技术开了一个毛线编织加工店，很快生产出第一批产品。织出的毛线衬裤规格齐全，花式多样，价格便宜，邻里朋友口碑相传，小小编织店的名气一下在县城传开了，生意越来越红火。

苦心经营两年多，别人见这营生有利可图，便纷纷入围，小编织店如雨后春笋般地冒了出来，竞争日趋激烈，加上苏南针织品在苏北低价倾销，使得编织店的利润越来越低，陈红霞的生意也越来越不景气。这时她主动放弃了编织市场，另找门路，她走南闯北，调研市场，又办起了全市第一家涂料厂，高薪聘请技术员，开发出了填补空白的产品，一炮打响，取得巨大成功。

从陈红霞奋斗历程中我们可以看出，一个人如果面对环境发展变化，不及时改变自己的生活习惯，就不能够在社会中生存。陈红霞如果没有果断决定自己创业，没有果断根据社会环境变化决定转行，那么也就不会有成功。

面对环境，及时改变自己的生存方式，这也是强者的生存法则。

8．逆境更需要你有顽强的意志

强者所以是强者，是因为他们在逆境中崛起的坚韧毅力，而坚韧的毅力来源于对事业孜孜不倦的追求。这种对目标的追求和向往，能够激发出无比巨大的力量，帮助强者战胜任何困难。

人生在世，谁都会有不顺的时候，也会有突然跌落逆境的时候，人只有在千百次打击磨炼之后才变得更加坚强成熟。“生于忧患，死于安乐”，这是古人从大量历史事实中提炼出来的警句，直到今天，仍以它的深刻性启迪着人们。

处在艰难困苦的逆境中，成功的机会对每个人都是均等的。然而，并不是每个人都能获得成功，成功生存必然属于意志坚强者，一个人有了坚韧之志，就能战胜险恶的环境，就能在逆境中崛起。

以“先天下之忧而忧，后天下之乐而乐”而传世的范仲淹，幼年丧父，家境贫困，但他从小便养成了爱学习的良好习惯，有时宁可不吃饭，也要读书，在长山居住时，他住在醴泉寺的僧房里，因为口粮不足，他便把仅有的一点粮食煮成一锅稀饭，待冷凝后，用刀划成几块，再切上几块咸菜，每顿饭各取一块充饥，坚持在僧房昼夜苦读，这样的生活持续了三年，这就是历史上有名的“断齑画粥”的故事。

长期苦读，终于使范仲淹获得了丰富的知识，掌握了治国安邦平定天下的本领，成为宋代著名的政治家、军事家、文学家。而他在逆境中顽强坚忍搏击的精神，也同他的名作《岳阳楼记》一样至今仍广为人们所传颂，并从中汲取战胜逆境的力量。

在逆境中崛起须有顽强的意志力，而坚韧的毅力来源于对事业孜孜不倦的追求。这种对目标的追求和向往，能够激发出人无比巨大的力量，帮助人们战胜难以想象的困难。

无论如何，忍耐是生存必备的修养。中国有一句古话，“三十年河东，三十年河西”，也就是相信目前虽然处于不幸的环境中，但终究会有峰回路转的一天，以此来提醒自己忍受现在的痛苦，等候时来运转。

逆境是足以唤起一个人的热情，推醒一个人的潜力而使他达到成功的。有本领、有骨气的强者，能将“失望”变为动力，像蚌能将烦恼它的沙砾化成珠子。鹫鸟一旦毛羽生成，母鸟会将它们驱逐出巢外，使它们作空中飞翔的练习。那种经验，使它们能于日后成为禽鸟中的君主和觅食的能手。

凡是环境不顺利，到处被摒弃、被排斥的青年，往往日后会有出息，而那些从小就环境顺利的人，却常常“苗而不秀，秀而不宝”！自然往往在给予人一分困难时，同时也添给人一分智力！

大无畏的人，愈为环境所迫，愈加奋勇，不战栗，不逡巡，意志坚定，敢于对付任何困难，轻视任何厄运，嘲笑任何逆境；因为忧患、困苦不足以损他毫厘，反足以加强他的意志、力量与品格，使他成为了不起的人物。

被人誉为“乐圣”的德国作曲家贝多芬一生遭到数不清的磨难贫困，几乎逼得他行乞，甚至使他耳聋，几乎毁掉了他的事业。但贝多芬并未一蹶不振，而向“命运”挑战！贝多芬在两耳失聪、生活最悲痛的时候，写出了他的最伟大的乐曲。

最富有与最成功的华裔百万富翁王安博士，赤手空拳在美国打出天下，扬名异域，赢得世人的尊敬。前些年，他出版了自传，奇怪的是他的书不叫《第一主义》《电脑巨人》《创业奋斗史》之类，却命名为《教训》，由此可以看出令百万富翁体会最深刻、最能让大家分享的，是他克服逆境的心路历程。事实上，《教训》一书，其内容多在阐述如何以逆境为师，不断地吸取逆境的教训。

过去，百万富翁常被人视为天才，或是说他们有奇遇。但在现实世界中的自诩的天才，往往是聪明反被聪明误，不然就是经不起逆境的考验，以至于一蹶不振。

拥有财富与逆境常是一体之两面，真正的强者也是逆境最多的人。

俗语说：“刀靠石磨，人要事磨。”的确，唯有耐得住“事磨”与“心磨”的人，在经过那一番寒心彻骨的历练后，才得以在“山穷水尽疑无路”之际，机灵地掌握住机会，寻得“柳暗花明又一村”的景象。将事业“危机”化为“转机”，进而开启“良机”，这才是强者的生存法则。

9．根据环境确定你的方向

由于社会的变化，目前人们的职业思维趋于多元化，每个人的职业生涯都会受到挑战，所以思考自己的职业成为一种普遍现象，怎样在生活中找到自己的职业？这不仅关系着自己的生存问题，也关系着自己的发展和自我实现。客观现实的变革，要求人们从传统的旧观念、旧模式、旧框框的束缚下解放出来，相应地树立起一系列的现代化的新观念，并从这些现代化新观念出发观察和分析问题，才能正确地认识和指导现阶段的全面改革和现代化建设。

所以，鲁迅先生早就说过，一要生存，二要发展。你只有先活下来，然后才可能考虑其他。你找到自己的工作，你就能生存，也才有机会发展。社会不可能给每个人都提供工作岗位，严峻的就业形势迫使一些人自己创业。创业思维者不仅解决了自己的问题，而且也解决了社会问题。创业的人越多，就越能够给其他人提供就业的机会，所以，积极的扶持创业，研究如何创业成功，就能够解决我们现在面临的突出的社会矛盾。

目前的中国正处于全面转型的时期，同样，中国也正处在人才大竞争的前夜。人才市场、技术市场的出现，大学生不包分配，打破了一切行政式的人才垄断，这对生活在这新旧交替的社会变革中人们的心理，产生强大冲击。

但是，竞争只能在一定的环境中才能产生效应，当代青年的成就也只有在深刻理解自己生活的社会内容和社会结构的基础上才能产生。正如技术时代产生爱迪生的成就、理论变革时代造就爱因斯坦一样，社会需要是人才成功的第一环境。

在这种社会现实面前，我们每个人的思维都会发生变化，一切都要从改革的大局出发，在改革中寻找出路。社会变化了，我们的思维都要变化。打破传统的观念，打破铁饭碗，怎样去挣回自己的第一桶金，怎样改变自己的命运，怎样成为强者，这一切都成为今天每个人变革思维的内容。

从1999年开始的大学扩招，到2003年产生了就业高峰，毕业生人数达到212万，比2002年增加67万人，就业市场再次凸显供过于求的尖锐矛盾。就业困难固然与市场化程度不充分、人才资源与市场资源的配置不合理、劳动者的技能等因素相关，不过，如果要探寻根本原因，生存与就业的关系更为密切——生存的法则实质上也就是要求人具有生存的知识与本领。

在越来越看重专业知识与技能的今天，一种错误的说法是思想值多少钱一斤？虽然专业技能对于每个人的求职与生存至关重要，但是关于生存的法则本身却可能更为重要，因为有时候专业技能也许是一种束缚。

新西兰哲学家和心理学家大卫·斯滕豪斯在20世纪70年代就指出，所谓生存的法则就是，生物个体一生中的适应性变化行为。

这种适应是指生物对环境的适应，甚至植物也具有这样的适应性变化，因为植物能调节它们的生长和发育，以便最大程度地适应不同的环境条件。

19世纪后半期，美国的洛杉矶发现了储量丰富的金矿，大批美国人涌入这一地区，形成了淘金致富的热潮。然而，在这滚滚人流中，却有为数不多的人思考后做了相反的选择。他们也想致富，但自己却不淘金，而是为淘金者服务，为他们摆渡、洗衣、供应快餐和修建简易房租借给淘金者。结果，淘金者中没有多少人致富，倒是为他们服务的人几乎个个致富。所以，现在的大学生不要只考虑热门专业，围绕热门专业的服务业才是未来的就业途径。我们选择新环境，是想让环境符合自己的特点，能给自己的事业带来裨益。环境不仅是我们选择职业必须考虑到的因素，而且一个人在一定的环境中生存，还要考虑环境是否具有进一步发展的可能。譬如说提升，人人都有做官的欲望，这是人生价值的重要体现形式之一。人们总认为自己的提升是因为自己有某些才能，这种认识有很大的片面性。因为谁都知道，一个人被提升时，首先要有职位空缺，没有空出的位置，任你才高八斗，学富五车，也不会提拔到一个“悬空”的位置上。

当然，我们不否认才华能力在提拔中的作用，只是说才华能力与机遇相比，毕竟是第二位的。君不见，一些才智很高的人，因为没有职位的空出而怀才不遇；可是，有些才智一般的人因为有空缺职位，顺势提拔也就尽在情理之中了。如果你想升职，而你的顶头上司的年龄却与你不相上下，等待空缺只能把自己等老，这时你就应调转单位或科室，寻找能让出空缺职位的工作环境。如果眼下没有空缺，但直接上司的年龄都快接近退休了，那儿就是一个非常适合你发展的新环境了。

根据环境需要决定自己的职业，你就能够很快获得成功。相反，你就会遇到自己的才能被埋没的可能，这就是生存法则不同而产生的迥然相异的结果。

在这样一个竞争异常激烈的时代，大学生就业除了需要专业技能，可能更需要懂得生存的法则。而这种法则本来就是人类的基本知识，只是在专业知识和技能与智慧日益分化的今天，人们才忽略了在古希腊就为它排好了的地位，它是一切知识的首位或一切知识之和，所以人们又叫它哲学，实际上也就是智慧，准确地说是生存的法则。这种情况也可以用皮亚杰的理论来解释，他认为只有人类的学习才具有“吸收”与“调适”两种境界。但是，实际情况表明，动物的善于学习也具有“调适”的深度，而人类如果不善于学习，也可能达不到“调适”的境界。

说到这里，我们能不能根据环境决定自己的工作，关键是要善于思考，思考可以认识环境与人的生存发展的关系，也就能够找到适合自己生存的职业。因为，会思考便产生智慧法则，而智慧法则则让人能调适，使自己与环境相适应，并因此而生存。反之，不思考就产生不了智慧法则，尽管有本领和技能，却可能逃脱不了无法生存的结局。

10．做主宰环境的强者

在变化中发现自己、实现自我的人才是真正的强者。

“人挪活，树挪死”这个道理人人都懂，但是没有人把它作为一种生存法则来认识。在今天的社会生活中，社会在变化，人的生存方式也在变化，把自己一生固定在一个位置上，永远不变化，就会使自己的生命枯萎。

老老实实一辈子依靠一个单位的时代已经一去不复返了，在现在社会里，不断变换职业是司空见惯的事情。很多人一开始不习惯，但是，只要换一种思维就会明白，这种自由变化实际上增大了个人自由选择的空间，使各种各样的生活方式成为可能。你想干什么就可以干什么，你想怎么生活就可以怎么生活。但是，你必须找到你的生活所需的职业。

跳槽是追求生活的变化，在变化中提升自己的能力，一旦机会来了，他们就会义无反顾地去追求更大、更广阔的生存发展空间。

加入世贸组织以后，一些企业相继裁员，这时候敢于跳槽的人确实需要勇气，需要具有特殊的才能。敢于跳槽的人必然具备以下才能：

管理技能。具有竞争优势，现在，很多大公司最需要具有管理才能的人才。

技术能力。即从事某项工作和行业所必需的特定技能，如果你就职于营销主导型企业，它就是营销技能；如果你的业务职能是生产，它就是生产技术技能。

分析能力。即分析趋势、市场、客户和流程的能力，这是经理人才应该具备和培养的一项有用技能。

解决问题的能力。不管是处理危机、解决潜在问题，还是利用别人尚未发现的潜在机遇，这一技能都有着莫大的优势。

决策能力。商业世界瞬息万变，以致决策技能至关重要，即必须学会在信息不完备的情况下，做出合理决策。

利用最新科技手段掌握和处理信息的技能。即必须知道如何集成、获取、处理信息并将之传达给适当的人。

观念技能。管理大师将其称作“系统思维”，也就是能够洞察自己与他人工作之间的关系如何、企业与其商业环境的关系如何以及自己所处行业的前景如何，以对大经济环境做出及时反应。这也意味着“跳出框架”的思考能力，即能够创造性地提出解决方案的能力。

具有全球化眼光，本地化入手。你必须了解自己的企业需要什么条件才能具备全球竞争力，同时也必须知道如何使这些条件适应特定的部门或细分市场。

具备上述条件，你就可以驰骋职场，展示自己才能，找到自己的发展天地。

如果你已下定决心换工作，那就好好思考一下未来的职业发展道路，确立一个适合自己的方向，可以求助职业咨询顾问。总之，跳槽之前要有充分的准备，先想好是为了薪金的增长、个人爱好，还是为了更广阔的发展前景，然后再决定自己的目标。

不要误认为跳槽便意味着对过去的结束和否定，要积极处理好新旧职场里的各种关系，提炼出积极有用的东西，有利于今后的发展。

原本在一所大学教授英语的胡小姐打算换到外企去工作，年前，她便向看中的几家公司投送了简历。果然，节后上班没几天，就有三家公司通知她去面试。她说，之所以选择在春天跳槽，是想以一个崭新的精神面貌开始新的一年，而且春天也有利于新旧工作岗位的交接。

面对跳槽季节的诱惑与选择，有的人能够如愿以偿，越跳越高，有的人却闹得人仰马翻，重重摔一跤。那么，如何做到理智跳槽呢?

三思而后“跳”。正规公司在招聘时对应聘者的资历背景一般都有极其严格的要求，他们不喜欢频繁跳槽的应聘者。某知名企业的人事经理说，很多人的跳槽是盲目的，没有经过深思熟虑，对市场中的需求状况也不了解，往往出于义气用事，见异思迁，追求高薪水或定位不准。因此，在人才市场中，大部分人不是越跳越高，而是越跳越糟。

跳槽在今天虽是司空见惯的事，但求职者在确定跳槽之前，还是要确定自己到底为什么要找新工作，三思而后行。弄清楚想换工作是因为性格不和，还是环境因素或人事问题。什么工作都会有压力，有时我们必须学会应付、适应环境，不妨留在现工作岗位观察一段时间，看它到底是否适合你。

人才专家还建议，跳槽者对于准备加入的行业应做充分的了解，切忌盲目地一哄而上，设计“跳高”的理想目标。跳槽不应只是对高薪或高一级职位的追求，而是对职业生涯进一步发展的追求。越跳越高的不应仅仅是薪水和职位，更重要的是，使你的职业生涯步入高阶。每一次跳槽，都应该是对自己职业和人生目标的重新设定。

如果你已经下定决心换个工作，不妨借此好好思考一下未来的职业发展道路，确立一个适合自己的方向，然后在此基础上去挑选新的工作岗位。当你对前途感到彷徨的时候，可以求助职业咨询顾问，或者去做一个职业素质测试，了解自己，准确定位。

生命在于变化，有变化又会产生活力，特别是在社会生活发展变化过程中，个人的生存也需要在变化中发展自己，在变化中发现自己，实现自己。孙悟空有七十二变，是改变命运的强者，我们每个人也有“七十二变”。“穷则变，变则通，通则久”，这可作为每一位强者的座右铭。这里的变，是一种机变，是一种处世的智慧与圆融。当一个人身处困境或停滞不前的时候，干等改变不了现实，唯一的途径是变，变，变！许多人的好运也是变出来的。环境、思想、行动变了，命运也就会跟着变。

第二篇 练就过硬的本领

自我历练，不断进取

1. 先做人，后做事

俗话说，盗亦有道。人更要有人道。这里的人道，是指我们所有的人必须先懂得做人的道理。

自从人类跨入工业时代以来，成为强者的最大要素从美德渐渐移转为个人的本事。要想成为强者，就必须具备魅力、技能、手法，至少在表面上要圆滑通达。有些对人无害却高深莫测的格言最能阐释这种处世哲学，例如“微笑比皱眉更能赢得朋友”。有些格言显然是教人玩弄手段或骗人，例如，投其所好就可取悦于他人。这种短期获益的方法实在不是人的生存法则。

一个人的成功不在于他获得了多少财富，不在于他做了多大的官，而最主要的是一个人的品德修炼。品德被称为心灵的根本，爱的、公正的、创造性的行为，以及其他一切品德都从根本上表达了我们的精神境界。品德由种种原则和价值观组成，给我们的生命赋予方向、意义、内涵。品德构成你的良知，使我们明白事理，而非只根据法律或行为守则去判断是非。正直、诚实、勇敢、公正、慷慨等品德，在我们面临重要抉择之时便成了我们成功与否的首要因素。

许多人认为，要想成为强者，要靠天资、活力、人缘，历史却教导我们，长远来看，“真正自我”比“人家眼中的我”来得重要。美国建国的头150年里，几乎所有关于成功和自我奋斗的故事，都着眼于当事人的德行。杰出人物像富兰克林和杰斐逊等都明确强调：人生须以品德为本，才能有真正的成就和满足。

“正人先正己”是很多强者的为人守则，注重自身修养，以身作则，以德服人，也正是很多成功者的处世之道。不管我们是已成为成功之人，或正向成功发展，“正己”应是做人所应遵循的首要原则。

纵观古今中外的诸多商业巨子，成功的首要因素就是严格要求自己，给属下树形象、做楷模，使得各级上行下效，形成团队精神，以求进步。试想领导的示范作用力量有多大。

在现代的管理学和领导学科中，很多的事例里都提到了表率和领导的成功方略，其中最重要的一个方面就是领导的以身作则和示范作用。员工和被领导者都是有自己的思想的，他们在为事业打拼时，也正在观察着领导者的一举一动，领导的每个举动，都关系着员工的切身利益，谁都不愿将自己的劳动价值去交给那些庸俗无德的人管理和利用。

而那些善于以身作则、严于要求自己的强者，他们周围的人都是上下统一、一呼百应的，所以说成功的道路是自己走出来的。

注重道德，以正其身，在灯红酒绿的现代生活模式里，有很多小富即变的稍有成就者丧失操守，道德沦丧，纷纷落水者何其之多，这些不得不引起渴望成为强者人的注意。以身作则还会引导员工整体素质的提高，很多人格高尚的领导的属下往往都效仿领导的行为作风，做事风格统一化的行为往往会产生令人满意的效果。

修身不拘年龄，随时可以开始，要诀是要懂得推己及人。从推己及人的观点而言，须先取得小我的胜利才有大我的胜利。信守对自己和对别人的承诺，即是小我胜利。这一类的承诺看似微不足道，却是我们日常生活时刻要面对的种种抉择。修身的第一步是勇于面对抉择，打定了主意便坚持下去。日复一日，你越来越能信守承诺，你的“品德账户”也就“存款”越来越多。开始时大费气力的事，渐渐就成了习惯。你如果惯于从生活小事修养自己的品德，将来就更有力量打造应付大事的毅力。

恪守承诺需要学会耐心等待。例如，大多数人因不达目的苦恼时，多是他们求胜心切所至，他们忘记了好东西最终会属于那些有耐心和毅力的人。

一位年轻的客户在拉走货物后，保管清理库单时发现，他多拉走了两件货，经理得知后，并没有在当时派人追寻年轻人，因为他知道，年轻人可能还会来的，果然在第二天，年轻人就来到公司：由于搬运工的大意多装了两件货，将在下次再来提货时给捎回来。

货管员问经理：“你如何能知道他会退回这多拉的货呢？”“我

看到了他诚实的眼光，”经理说，“我到商场这么多年，能读懂他眼里的真诚，而且这年轻人将会做一番成功的事业，我虽不知道他任何信息，包括地址、联系方法等，但他那双坦诚而直率的眼睛告诉我，他是个值得信赖的人。”

这位年轻人就是拿破仑·希尔，而那位经理就是希尔后来的事业导师安德鲁·卡耐基。

由此可见，“诚实”这种人生道德是成功的铺路石，没有它的成功之路，可能也不会牢靠，路的成功与否，和人生态度可能有直接关联，以诚信做基石，人生道路则通畅无阻，以虚伪做基石，人生就会滑坡，直至坍塌。

只要心存诚信，不管千险万难，我们的路上都会充满阳光，我们在成功的旅途上就不会太累。所以，人生真的成功是以美德为根本的，一时的狡猾得势不可能取得最重大成功。

2. 有勇气就能叩开成功之门

“一个人有着必胜的勇气，再有着充分的智慧，加之充足的自信，那么这个人就接近了成功的一半”。拿破仑·希尔如是说。想来就是如此，如果具备了上述的几个条件，再加上努力，就有望成功了。

一个人在人生的三岔路口上，对自己人生目标的选择就需要一定的勇气和自信，因为有时在权衡利益关系的得失成败上，没有破釜沉舟的气魄是难成大事的。

在20世纪40年代，法国著名的服装设计师皮尔·卡丹，以勤奋努力和孜孜好学得以跻身于法国服装界。在当时的法国服装界，只要被认可是高级服装生产行业，就要受到很严格的行业规定的限制，而在当时，在那个限制森严、顾客有限的行业中，按皮尔·卡丹在服装界的声望，已是一个引人注目的风云人物。也正因为那个时代里的行业规定只是为少数贵族服务的，也就激发了卡丹要为大众消费群体服务的勇气和信念。

我们应该了解，如果一个人只满足于现状，停滞不前，是不会有更光明的前途的，因为从你的意念上就没有了再次求进的勇气，那是很可悲的。而皮尔·卡丹在当时行业规定森严的情况下，在已小有成就的状态下，仍有强烈的信心，要做更大的成就，可见勇气可佳。

当卡丹认为只有面对大众消费者才会有更大发展的思路成熟时，也遭到了巴黎时装界的强烈攻击，就在他以创造性的风格设计大众化的流行服装的同时，也被他的同行群起攻之，并被逐出了辛迪加（巴黎服装业的一个团体）。

皮尔·卡丹自己有着自认的成熟的方案，更加执着地向自己设定的目标努力。1950年，他倾尽了自己的积蓄，创建了自己的皮尔·卡丹服装公司，当他自己设计的第一套红色羊驼毛大衣上市时，瞬间被抢购一空，巴黎时装界为之轰动，反响强烈。

当时皮尔·卡丹在重重阻力下凭自己的智慧和勇气创建了自己的事业，这是何等的魄力。何况当时的卡丹小有成绩，但他仍毅然冲破阻力，走自己设计好的路，不被其他干扰所左右，这就是一种勇气的验证。只有通过验证的勇气，才是可靠的。如果卡丹的自信不足，就不可能有现在的皮尔·卡丹王国。

皮尔·卡丹在名声鹊起的同时，又敏锐地看好了战后的欧洲市场，他认为："只有大众的消费，才会促进发展。"因此，他再次冲破了传统模式的束缚，将自己设计的重点转移到普通大众的消费领域上，打出了"成衣大众化"的口号，并在普通消费领域一炮打红，得到社会的认可。

此时的卡丹可谓是功成名就，尽可坐享其成，但是，这远没有满足和完善皮尔·卡丹自己设定的目标，他依然如故，依然向自己设定的目标努力奋进。因为他深深懂得，商业的竞争如逆水行舟，不进则退。由此，卡丹依旧向自己起初制定的奋斗目标，冲破重重阻力，戒除自足心理，不顾亲友的劝阻和压力，依旧勤勤恳恳，照行不误。

1961年，卡丹自行设计的各式大众服装再次走红法国大街小巷，因为款式和花样得到普通民众的认可，所以，法国时装设计的最高荣誉奖——“金顶针奖”多次被卡丹获得。同时，皮尔·卡丹公司又在其他经营领域得以发展，涉猎行业之广，成就之高，是一般公司所无法比拟的。而今，皮尔·卡丹在世界上享有盛誉，在十几个行业投资里都有该公司的股份，可谓是当今全球服装业顶级财团之一。

卡丹通过执着和无悔的选择，终于到达了成功的顶峰，说明了一个问题，那就是自己考察认可的目标，就要有勇气去实现它。那么实现它的勇气从何而来呢？这就是成为强者的智慧、魄力和敢于放弃割舍的果断，具备这些才能有突破性的再次腾飞。

3. 用智慧经营你的一生

人对整个生命的责任也是这样，要有主动学习和进步的自知自觉的自我完善的过程，也要有立大志、谋长远、蓄智谋的大方向，只有这样，才不会迷失方向，才不会迷失自我，才不会误入歧途，才会成为强者。

在今天的社会生活中，谁能够把握住时代的节奏，谁就能在人海茫茫之中得以胜出。那么，运用什么有力的武器才能让自己与时代同奏强音而得以认可呢？其实这只需一种心态，必赢的心态，一种生命的法则。

用生存法则来把握生命，培养积极心态，这是人生的一种理念，而这种理念于古人中早就被认知，且已付诸行动之中，因而他们的生命之旅中有记载。因为他们用一种超乎常人的智慧去经营自己的生命，他们也就成为强者。

根据传说，姜太公就曾以一种大无畏的大智慧谋划了他的一生，从而达到最高的谋略境界，“姜太公钓鱼，愿者上钩”。姜太公的家族曾是王侯贵族，后来由于社会的不安定，造成家道中落。他在年轻时就勤奋好学，知经达典，怀有救国扶世之志。因为他是从上流社会沦落下来的，深知民间的苦难，在对世事洞察的同时，也就立下救民众于水火之中、拯国家以图强之列的愿望。

可以说姜太公此时已对整个生命的宏愿目标做了选定，而做了这种“大智谋”选择的决心是要有前瞻性的，并且还要有真才实学。只要有了这两条先决条件，就有了成就伟业的起码资本，如果换个鼠目寸光、不学无术的家伙丢直钩钓文王，别说钓不上，即使将文王钓到，三场败局，胸无谋略，也免不了给文王吆鸡喂狗看大门。

姜太公虽有鸿鹄之志，但当时是无道的纣王当政，残暴不仁的昏庸政治使姜太公不能实现自己的志向，报国救民无望，而且连生存的需要有时都满足不了，由此半生潦倒、虚度年华。

但当他听说西伯昌于朝歌（在今河南省境内）被囚禁食亲子之肉而无言时，他觉得西伯昌是一位有伟略之人，决心辅佐此人，以图大业。就在纣王释放西伯昌后，姜太公也随之逃离朝歌，隐居山野。在西伯昌的一次狩猎经过时，姜太公演了一个离水面三尺直钩钓鱼的好戏，以引起西伯昌的注意。

此举可谓是怀才不遇的吕尚的一种人生的谋略，既有自荐的成分，又可在此举的过程中验证一下西伯昌的志向，可以说是一举多得，收获多多。善于经营人生的人不光对自己要求很严，而且对将要施展才华的环境也很注意，如果不是明智的周文王，姜太公可能宁可永远隐居，也不会辅佐朝政的。通过认证，吕尚认为西伯昌是一位有道明君，这才有了文王最终的胜利，也使得吕尚实现了救民报国的夙愿。

人只有一生不断地学习，学习人生的法则，学习生存的智慧才可能成为生活的强者。

4．信念是坚持到底的强心剂

任何人的生存，都需要信念，如果在生命里剔除信念，那么生命的存在也就无异于行尸走肉。

不同的人树立不同的信念，可能有的人每天都有个新的信念诞生，他总在想信念就是早能吃饱晚能睡安，如此而已，还有的人可能一生只有一个信念。

只有那些有着远大理想的人才具备永恒的信念，毛泽东的唯一信念就是这样建立起来的，也因之成为举世公认的伟人，如果没有解放劳苦大众的理想和建立新中国的坚定信念的支撑的话，成功无从谈起。

而且，信念这东西有时越在逆境中，越显示它的力量，往往在最艰苦的环境下，如有一丝信念尚存，它就能支持着你面对现实，继续下去。

卡耐基说："给自己树立个信念，去帮助你的理想，那么，成功的路再难走，你也会走下去，完成它。"

当然，任何一件事物的完成都得经历它所必须经历的挫折、失败，甚至从头再来，但要没有信念，你有时就会退缩，甚至于放弃。信念的力量就在于当你面对失败时，它会及时激励你，帮助你去克服困难、战胜自我。

我们所知道的前者，没有谁能一帆风顺地一步登天，他们都经历了无数次的失败和摸爬滚打，很多成功人士承认，当他遇到困难和挫折时，能和自己站在一起的只有坚定的信念，而且信念来源于战胜自我。

"做什么都得专注"，走在自己追求理想的路上随时会出现各种诱惑，那么，抗拒这些诱惑的首选武器还是信念。

迈克·帕伍艾鲁，在大学二年级时选定了跳远运动，在选这个人生目标的时候，他的最好成绩也不过是7.47米，这个成绩在当时不过是一般水平。

在这以后的11年间，帕伍艾鲁一直努力训练，他所盯住的目标是当时的全美冠军，但冠军是不容易到手的，因为当时的冠军是卡尔·刘易斯，这位跳远老将已在冠军的领奖台上蝉联了65次，可想而知，要想超越他，决非是轻而易举的事情。

一次全美冠军赛上，帕伍艾鲁准备爆发积聚多年的能量，决心要战胜刘易斯，成为冠军。但非常遗憾的是帕伍艾鲁又没成功，他和刘易斯的差别仅仅是1厘米。

怎么办？面对这位65次都没人能超越的强硬对手和又一次的沉重打击，他已经筋疲力尽，加之这次重创，此时的他如果想的仍是那个冠军，在旁人看来似乎可以说是有些自不量力了。

但帕伍艾鲁并不认输，因为这就是他为之奋斗的目标，他很自信，相信自己一定能做到。以此为信念，他更加刻苦地训练，准备顽强地突破这个纪录。

在日本东京国立竞技场，刘易斯和帕伍艾鲁将在这里再次展开较量，这是一场世界田径赛的跳远比赛会场，真的角逐将在这里展开。

此时的世界记录是8. 90米，但刘易斯却在第四回合时以超出原来纪录1厘米的好成绩再次打破世界记录，赢得全场的掌声雷动，欢呼雀跃。刘易斯此时也倍觉自信十足，冠军的宝座又是自己的了，可刘易斯高兴得太早了。帕伍艾鲁在第五回合的试跳中，一举跳过了8. 95米的好成绩，终于击破了刘易斯不败的神话，同时也打破了存在了23年没人击破的世界纪录，帕伍艾鲁终于在自信和勇于挑战的精神支持下成功了。

如果帕伍艾鲁在失败后就不再站起，如果没有一定要争得冠军的信心，如果在几次和刘易斯的较量中自我放弃，如果在刘易斯先胜一筹的情况下失去自信，那么，他就不会取得成功。

其实，在强者的眼里是没那么多的“如果”的。即使有“如果”也只有一个，那就是——如果你遇到失败，那就要向帕伍艾鲁学习，不管他以后怎样，但他当时的那种拼搏和自信的精神，是永远值得我们学习的。

5．远大的目标伴随成功的曙光

在眼前利益和长远利益上，我们普通人的目光始终盯着的是前者，这正是很多事业失败的最原始原因。很多事例说明，因小失大的重要原因就是不诚实，没有原则，因小利而失大局。只有目光远大的人才能放过眼前利益，看着前方更大的目标，也只有这些人才是真正的强者。

一位满身油腻的司机进了一家汽修厂的车间，购了几件常用的备件后，到财务那里去交款并开收据，在开收据时司机可怜兮兮地要求给多写些数额，以便能余下一些烟酒钱，可收款人就是死心眼，说什么都不成。没办法，司机要求见经理。

按说此类现象在现在已司空见惯、见怪不怪了，在我们看来，在这种运作中可以给司机购买的部件多加些价，双方都满意何乐而不为呢？

经理出现后，司机告了收银小姐一状，说你这种保守的做法怎能赚钱呢？并告知老板，如果能给多开些金额，价格无所谓，而且今后会经常光顾。

此时如果你就是经理会怎样，眼看着财神爷给放跑那是傻子干的事，只要大笔一挥，不就多写几个数字吗？手到钱来的事为啥不干？应该说这是一般经营者找都找不到的事情。

可经理出乎意料地拒绝了这位司机的请求，司机真的生了气说："东西不要了，以后不来了，你可不要后悔！"

经理满脸赔笑地说："对不起，实在抱歉，这是我们的经商原则，不能改变。"司机只好悻悻而去。

就这样一桩本来很好的生意告吹了，按说这位经理应该醒悟了，可在接连一个礼拜内又有两桩类似的生意同样没做成，下面的一些职员对经理有些不满，说“工商物价部门根本不会因为这点微小的差价来查你，司机在外的开支到本单位都是根据发票说话，谁会像你这样呆板”。

经理并没有为之所动，而是依然如故，在两周后的一个早晨，那位和经理吵架的司机突然西装革履地出现，倒是让经理吃了一惊，似乎这司机一夜暴富成了大亨，而且后面还带了两位秘书似的人物。经理把他们迎接到室内后司机笑着道出原委，原来这位司机也是一位经理，是一位很大的运输公司的经理，经理说：“我曾用一个月的时间考察了附近的汽修厂，我在一个月中在你这里碰了最硬的钉子。也曾有几家汽修厂起初不肯妥协，但后来都在诱导下达成协议，只有你这里始终不肯妥协，正因为你的不肯妥协，我们决定和你达成另一项协议：你厂将成为我公司的指定维修厂。”

香港富商李泽楷认为，人要更有成就，眼光就应该远一点。“我成功的方法，可以四个‘F’概括。”这是成功人士李泽楷自己的总结。

第一个“F”是父（father），这也是李泽楷成功的基础，李泽楷能说一口流利漂亮的牛津口音的英语，全靠父亲李嘉诚自小为他请来操正宗英语口音的英语老师所赐。在他很小的时候，每天晚上便与哥哥一齐雷打不动地倾听父亲向他们娓娓道来的经商道理，并被安排旁听董事会议。如此增值方法，应该对所有望子成龙的父母有所启发吧。

第二个“F”是远见（foresightedness），这是李泽楷常挂在嘴边的。他在中学时看到大学校园之间用“大网”（早期的互联网）沟通，便希望程序复杂的大网能发展成为像电话般容易运用的商品。他觉得，学习时要把眼光放远，不仅要想三五年后的事，更要想到10年、20年后的发展。他在公司里经常踱步，思考公司未来的方向。

第三个“F”是快（fast）。为了掌握最快最新的资讯，李泽楷在浴室的沐浴器上方装了一台电视，方便他一边洗澡一边看全球财经新闻。每天上班前他必看《金融时报》，平日里常看《经济学人》《新闻周刊》《财富》等杂志。他很少看书，觉得书的资讯太慢。另外，他每天还要花两小时上网。他自认出道以来的最大挫折就是曾为一宗交易浪费了太多时间，此后，他规定自己，凡不超过500万美元的交易，要在半小时内决定。

最后一个“F”就是热情（fire）。每涉及一个新领域，就要一股劲钻研下去，不要理会别人的冷言冷语。当别人问他从父亲处继承了什么时，李泽楷说：“战胜挑战，追求突破。”

日本索尼公司的创始人井深也认为成功来自高远理想。1945年，日本战败，一片废墟，就是在这样恶劣的背景下，井深创办了索尼公司。他在东京闹市区一家商店里租了一个小小的办公室然后和7名雇员开始了创业工作，在当时，他口袋里只有1600美元的个人积蓄。创业伊始，千头万绪，他要从何处着手？是先筹集资金？还是先选定做什么生意呢？是先推出产品，还是先招徕顾客呢?

一开始，井深确实把相当一部分精力放到了判断并解决这些问题上，不过，除了这些之外，他同时还做了另一件非同寻常而且深刻影响公司几十年不衰的事情，为公司制定了一套经营理论，一套指导思想。他庄严地向世人宣告他建公司的目的：“把先进的技术应用到广大人民的日常生活之中。”而关于公司的经营方针，他则明确地指出：“不管付出多大力量，我们都要以克服技术难题为乐趣，全力以赴地生产对社会有极大用途的尖端技术产品；我们决不贪图利润的迅猛增长，而要坚持做有重要价值、有重大意义的技术开拓工作。”

正是在这种独特的经营思想指引下，索尼公司才能够高度重视员工才能的发挥，权力下放制度的落实，以及新产品开发，不断进步。也正因为这些因素的强力推动，公司才能长期成为举世公认的“全球最佳管理公司”。

事实证明，所有成功的强者，在思维方面的突出特点就是目光远大，比别人想到长远一点，所以，就给自己创造了条件，目光短小的人永远不会成功。

目光远大，是一切强者的共同特征。鼠目寸光就不可能获得最后的成功，也绝不可能成为强者。

6. 让环境助你成为强者

环境会塑造一个人的形象，影响一个人做事的方法。让环境帮助你成功的办法是：多接近那些积极成功的人，少和消极的人来往。

如果有朋友对你抱怨说，他自己之所以不能成才，主要原因就在于他所处的环境。

他说的不一定都对，但也不是没有一定的道理。因为我们人毕竟都生活在一定的环境之中，不可能不受到环境的影响。

人的大脑是人体各种器官中最为精细、灵巧的器官，它每天都在从周围环境中摄取各种精神食粮。如同人体所需的各种食物会影响人的体型、对疾病的抵抗力以至寿命一样，不同的精神食粮会使人的大脑产生不同的思维活动，反映出不同的心态。

我们个人身上的一些微不足道的小事，例如我们走路的样子，咳嗽的样子，拿钢笔的姿势，我们对文学、对衣着、对音乐的爱好等都要受到环境直接间接的影响。夫妻生活的时间长了，你会惊讶地发现，他们的长相慢慢地都接近了，人们常说的所谓“夫妻相”，恐怕就是这个道理。

更重要的是我们的个性、生活习惯、工作习惯、人生的目标都是由过去和现在的环境所造成的。

环境会塑造你的形象，也会影响你做事的方式方法。随着岁月的流逝，你5年、10年、20年的情况会有所改变。你究竟会成为什么样子，你的事业会有多大的发展，跟你的将来环境，也就是你将来的精神食粮有着很大的关系。

为了我们将来人生的成功，使我们的形象符合我们人生的理想，能给我们带来满意和成就感，我们现在应该做什么呢？

可能你会说，靠你个人的力量，要改变环境的确太难了。是的，个人在社会环境面前，其力量是太小了点，但这并不意味着我们只能消极地适应环境，面对环境束手无策。大的环境你可能无能为力，但小的环境你完全可以改变。

就我们所处的环境的主要因素人来说，你周围的芸芸众生可能面孔各异，但你仔细地分析一下，你周围的人无非是这么三种：

第一种是那些安于现状的人。在他们的心灵深处，他们相信成功是幸运儿的专利，自己条件一般，没有这个福分。这些人占据了我们生活的绝大多数，也很容易辨认，因为他们都尽量掩饰自己，使别人相信他们很快乐。

另一种是在他们人生开始豪情万丈、一遇到挫折便偃旗息鼓的人。这些人刚刚成年时，非常向往着能取得人生成功，他们会正常工作并制订出一些个人的成功计划，但是经历了几年的磨难之后，他们的工作阻力就会逐渐加大，再要攀上一个新的台阶所需的努力似乎很艰苦，他们就会放弃努力，有些甚至会自暴自弃。可以说，这类人是被失败击倒的人。

最后一种永远也不会屈服，他们绝不让悲观左右自己的人生，不屈从人生中的各种压力和阻力，更不相信自己会浑浑噩噩地度过一生，他们活着的目的就是为了成功，而且他们也相信自己一定能够获得成功。可惜的是，这一类人在你的周围为数不多。

人人都希望自己是最后一种人，因为只有这样的人才能获得更大的成功，也只有这种人做事情才能最终达到自己的目的，达到预期的效果。

在我们的社会中，有许多给老板打工的人，大多数人找工作也都有一种打工心态。但是，我们要看到，如果在一个人人都处于“打工心态”的环境中，很难出现老板，原因就在于环境的负面影响太大。有很多打工者都会有这样的想法：我做事情，老板挣钱。其实，这是再正常不过的事情，老板所以要聘用你，就是要让你做事情，如果不做事，他聘你何用？换个角度想想，老板如果不赚钱，你还能赚钱吗？还有的人会这样想：反正我就一个打工的，给人家干活，能混一天算一天，公司倒闭了我一走了之。抱着这种想法的人，可能没有想过，混来混去，耽误的是你自己，所以，这种心态绝不是一种积极的心态，而是一种不健康的心理。这个环境也不是一个理想的发展环境，因为大多数年轻人并不能很好地处理好自己与环境的关系。因此，即使在这样一个环境中，也不能有混的思想。你混了今天，混了今年，就算你混了明年，后年你还能混吗？你的老板是个慈善家？你的结果怕只能是一个，那就是“今天工作不努力，明天努力找工作”！

既然环境会塑造你的形象，影响你做事的方法，而你所处的环境中又有着这三种人，那么，你若想成功，就多接近那些积极成功的人，少和消极的人来往。

让环境帮助你成功，而不要做环境的奴隶，还有以下方法供你参考：

重视你的生存环境。因为精神食粮对你的心理健康、培养你积极的心态有滋补作用。

使你的生存环境为你工作，而不是拖你的后腿，不要让那些专门扯你的后腿的人使你萎靡不振。

不要让那些思想消极、肚量狭窄的人妨碍你的进步。那些幸灾乐祸、喜欢嫉妒的人时时都想看你摔得鼻青脸肿，不要给他们得意的机会。

尽快请教你身边的成功人士。千万不要到长舌妇或长舌男那里去征求意见，他们只会让你丧失信心。

充实自己的心灵。多参加新的团体，挖掘值得你去做的新鲜事。

消除你所受环境的负面影响。避免谈论是非。你当然可以谈论别人，但一定要是积极方面的事情才对。

把每件事情尽可能地做到尽善尽美，你担负不起因小失大所积累下来的人生负担。

这就是强者的生存法则。

7. 危机感永远是成功的动力

你所以要想成为强者，是因为你有危机感；当你取得初步的成功之后，你所面临的压力可能会更大。认识到这一点，说明你就是一个有危机感的人。你需时时记住，你所取得的永远只是阶段性的胜利，更大的挑战还在后头。

危机感永远是我们成功的动力。

对于一个强者来说，他不可能永远处于一种非常紧张的状态。在商业领域，他们在自己的企业或公司里常常还会表现出悠闲与轻松。但事实上，这只是一种表面现象，因为无论是在现在的中国还是全世界，异常激烈的竞争无处不在，稍有松懈就有可能被时代所抛弃，因而他们往往处在一种紧张的关系之中。对于强者来说，最重要的是，一定要有一种危机感。所以，强者懂得时间的宝贵、市场的无情，他们对于由竞争对手所带来的巨大威胁始终牢记在心，因此，他们能够取得创业的成功，他们时时都在考虑着如何做得比自己的竞争对手更好、更出色。

在我们的社会中，许多强者之所以比我们一般的人做得更成功，要么是因为他们找到子更为有利可图的市场，或者发明了一种更为有效的做事方式和先进的技术，或者是找到了更能占据市场的新产品。但我们需要清楚地看到，这些东西的获得，在很大的程度上，是因为这些成功的强者有危机感。

就个人来说，当一个人有了危机感，而不是在自足意识中其乐陶陶，他的行为就不会是懒散的，他的大脑机制就会始终处在一种高速运转的过程中，这样，他的潜能就会最大限度地被发掘出来。而这，就使得这个人成功的概率大大增加，成功的可能性就会远远大于失败的可能性。这，对于一个企业、一个公司，乃至于一个地区、一个民族、一个国家照样适用。日本之所以很快地在战争废墟上崛起成为世界上第二号经济强国，就基于这个民族始终有着其他民族所不具备的危机感。

说到危机感，可能你会说：那是没有成功的人或失败者才要考虑的，强者只需尽情地举起庆祝的酒杯，好好享受成功后的喜悦，无须再有什么危机感。

初步成功，的确该庆祝庆祝，该享受一下成功后的喜悦。即使你的成功只是取得了阶段性的成功，但不管怎么说，你还是成功了，但如果你认为初步成功了就不需要危机感，那就大错特错了。

成功之后，我们所面临的压力可能会更大。要时时记住，你所取得的只是阶段性的胜利、成功，更大的挑战还在后头。人常说，世界上没有常胜将军。这也就是意味着，世界上没有常败将军。你这次成功了，下次完全有可能失败；而另一个人这次失败了，说不定下一次他就成功了。如果你因为你这次的成功而沾沾自喜，甚至躺在功劳簿上睡大觉，就恐怕不能算是一个真正意义上的强者。

真正的强者绝不会因为一时一地的成功而沾沾自喜，更不会忘乎所以地躺在功劳簿上睡大觉！

仔细地分析一下国际国内的强者，你会发现，每一个真正的成功者时时都充满了危机感。因为他知道，影响成功的因素是多方面的，其中充满了变数，而这些因素你又不能完全控制。这就意味着成功只是暂时的，一旦明天某个因素发生变化，可能后天就会面对失败。如果你没有危机感，对于可能发生的事情缺少应对的策略，到那时候，你可能束手无策。

初步成功了，这时候更需要你冷静下来，考虑这次所以成功的主、客观原因，而对于可能出现的竞争，对于社会政治可能出现的变化，对于消费者口味的更新，等等，都要进行冷静的分析，并制订出相应的应对措施。这才是一个成功者应有的态度。

日本丰田汽车公司在50多年前还默默无闻，但现在已是世界上最著名的汽车公司之一了。丰田公司的发展与日本国的其他大部分公司不同，它的确不是依赖外国资本（主要是美国资本）发展起来的，而是依靠本国自己的力量发展壮大的。之所以如此，就是因为丰田公司的决策层始终具有很强的危机感。

这从“丰田方法”或“丰田经验”就可见一斑。

丰田公司创造了一套独具特色的“丰田方法”，其中“六大原则”与“七不浪费”就是“丰田方法”其中之一。丰田公司同其他公司一样，也要追求利润的最大化，追求最优化的经济效果，竭力做到以最少的资本获得最大的利润。要达到这一目的，就必须在生产中坚持“六大原则”和“七不浪费”。

“六大原则”：不把不良产品送到后段工序，密切地配合后段工序，只生产后段工序所需要的数量，生产平均化，采用微调手段，工序要安定化、合理化。这实际上就是“看板方式”的生产管理内容。

“七不浪费”：避免过量制造的浪费、手中存款的浪费、搬运的浪费、动作的浪费、制造次品的浪费、库存的浪费、加工过程的浪费等。其中，不制造次品和过量产品是最为关键的。

以时时要有危机感为指导，丰田人采取了上述经营策略，丰田公司的产品降低了成本，增强了在汽车市场上的竞争力，这也就使得丰田公司几十年来在国际汽车市场上立于不败之地。

一个成功的人如果没有危机感，要不了多久，你就会在破产者的队伍中找到他的名字。

所以，即使你已经初步成功了，你也应该时刻记住：

对于我们任何人包括成功强者来说，明天的日子不会比今天更好过！

8. 要有血战到底的精神

设定成为强者的目标并不难，但那只是成功的第一步。既然你迈出了第一步，就不要再想把你的脚收回，你要坚持不断地走下去。你每前进一步，就离成功近了一步。

坚持到底就是胜利。

要想成功，首先要设定成功的目标，这个道理人人都懂。设定了成功的目标，就得不断地往下走，这个道理同样人人也都懂，并且人人都会这么去做。或者还会有人这样说“为了成功我曾尝试了不止成百上千次，可就是与成功无缘”，你会相信这句话吗？不要说这句话的人他们没有试过成百上千次，就是十次、二十次也令人怀疑。上帝绝不会如此无情，只要你能坚持不懈地努力做下去，你就能获得成功。

被誉为“护理学之母”的南丁格尔，早年是一个聪颖早慧、多才多艺的女子。

小时候，南丁格尔很爱骑马，常跟父亲的一个老友骑马出游，他是一位兼通医道的牧师，村民们都爱找他看病。南丁格尔一边伴游，一边跟老牧师学习医术，渐渐对护理工作产生了兴趣。此后，南丁格尔特地去到德国，学习护理技术，连擦地板之类的卑琐小事也勤学不怠。回国后，她当上了伦敦一座医院的督察。

她决意要自己亲自组织、训练一批护士，可惜“曲高和寡”，无人响应。

1854年3月，英、法和沙皇俄国交恶，克里米亚战争爆发了。

战争一开始，英军立即暴露出组织工作上的严重弱点，特别是对伤员的处置不善。从前线发回的通讯陆续在报上发表，披露伤病员的恶劣处境，激起了社会各界的普遍关注。南丁格尔立即决定亲自带领三名护士，三天成行，奔赴前线。恰在这时，南丁格尔旧日结识的老友、军务大臣赫伯特给她发来专函，以政府名义吁请她率领一队护士前往。于是，她们抵达土耳其的小城斯库塔里。

到了设在一座偏僻、简陋的旧军营里的战地医院，她的第一项措施，是要求立即送来二百把洗衣刷子，然后由她带领护士们把被褥、敷料、床单都彻底刷洗一净。她亲自擦洗地板，给每个伤员仔细清洗伤口，还拿出自己随身所带的3万英镑，添置药物，食物和医疗设备。在短短时间内，窗子打开了，鼠害控制了，厨房办起来了，供水和排水系统改善了，洗衣房建成了，医务人员有了自己的手术室和解剖室。短短的三个月内，伤员的死亡率迅速从42%迅速下降到了2%，这简直是奇迹！她把一座“屠场”，变成了一所医院。

1865年3月，交战双方议和，战争宣告结束，但南丁格尔却直到最后一批伤员离开医院，停战六个月后，才决定与护士们一起离开斯库塔里回国。

1858年11月，伦敦的公众大会议决设立一项“南丁格尔基金”，供护士教育之用。英国各界迅速捐款45 000英镑。这笔基金后来用来创建了一所护士学校，这是世界第一所护士学校，主要培训护士长，而不是普通的护士。学生毕业后去到英国和世界各地，成为骨干，再进一步培养新的护士。南丁格尔对护校建设的各方面都进行了具体的指导，她按惯例还每年给护校学生写一封信，有劝诱，有规诫，有鼓励。她还提出了一些有价值的护士培训原则，其中比较重要的两条是：

护士必须在有目的地组织起来的医院中进行培训。

护士应该住院，以利培养德性和纪律。

在南丁格尔以前，护士也是有的，但那其实都是些普通的女佣，充其量不过是粗通文墨的女修道士，甚至还由刑满释放的女囚犯来充任，因此，护士的社会地位极低。自从南丁格尔这样的高贵女性自愿献身于护理事业，又有许多上层女子相继效仿，在第一所护士学校创建后，不少医院都设立了护士学校。自此，护士才成为有教养的人，社会地位大大提高；护理工作，也成了妇女的一种受尊敬的正式社会职业。而护理学，则成了医学的一门正规学科。

南丁格尔离开人间已经大半个世纪了，但是今天，在世界各地，在一切有为伤病所苦的人们的地方，都能看到许多白衣丹心的女子，昼夜不息地操劳在病榻前，她们像“提灯女郎”南丁格尔一样，为了解除人类的病苦，还在不辞劳累地继续巡视……

常言道：一份耕耘一份收获。仅仅把种子撒在地里是不行的，即使是愚蠢的人也知道，种子撒在地里不浇水、不施肥就不能有所收获。要想收获，你就得不断地去施肥、浇水，并且付出你辛勤的汗水。付出和收获是成正比的，你付出的越多，你将来的收获也就越多。相反，今天把种子撒在地里，看见明天没有收获，你就再撒些其他种子，那么你就将永远看不到收获的那一天。

可见，成功属于那些像南丁格尔一样不断辛勤劳作、不怕付出的人。只要你能够像南丁格尔一样认准目标，一直坚持到底走下去，即使遇到一千次困难挫折也不轻易放弃你的追求，也不言失败，不退缩，那么，你也就会是下一个南丁格尔，记录强者的全书里也就会留下你的鼎鼎大名。

成功属于不断坚持的人，坚持到底就是强者。

9. 相信自己是强者

一个人要成为强者，必须得到别人的支持和帮助，还需要别人的配合，而要想得到别人的支持、合作，你必须得有相当的管理才能，具有领导的才能。

没有人天生是领袖，没有人天生就具有出色的管理才能。领袖的素质和管理才能是通过后天的努力和学习学来的，它是可以通过培养获得的。

管理才能与你的“领袖气质”与出色的管理能力是不能分开的，它们如影相随，因为这种素质和能力能够使你做出本来你不会做或无法做的事情。

那么，怎样使我们成为一名强者？怎样培养我们的领导才能和管理才能呢？也就是说，如何使别人乐于和我们合作，支持与帮助我们成功呢？

要做到这一点，你必须成为一个受别人欢迎的人。

要让自己成为一个受欢迎的人，一味地取悦别人并不是最好的方法，关键是要培养你的特质。

如果你只是一味地取悦别人，可能会暂时讨人喜欢，但不可能长久，因为你在讨人喜欢的过程中失去了你自己。因而，过一段时间，你可能会发现，你的交往范围扩大了，而你自己却感到越来越孤独。

所以，以失去自我为代价去取悦别人而让别人喜欢你，并不是最好的方法，你必须真正喜欢你自己真正的样子，这是要使自己成为一个受人欢迎的人的基础。

培养自己喜欢的特质，即你所以是你自己的特殊的东西。这些特质对你而言是相当珍贵的，如果你真的希望某个人做你的朋友的话，他就应当喜欢你的这些特质。你只是为了这些特质和你自己而培养，千万不要为了给别人留下某种印象而去迎合别人，那样的话你不但会失去成功的机会，还会失去你想要的一切。

对我们而言，应该培养哪些特质呢?

学会如何独处。你可能觉得惊讶，但这与如何受别人喜欢并不矛盾。一个人如果不能和自己好好相处的话，还能期望别人什么，又怎么能期望别人好好和你相处呢? 何况，所有的强者其实都是孤独的。

培养一种能将别人视为一个独立个体的能力，并欣赏这种个别差别。要讨好别人，得先学会怎么让别人讨好。我们每个人都有不同的特点足以让人尊敬和钦佩，但你只有找出每个人独特的地方，否则你很难欣赏别人的特点。

培养你的享乐能力。你放慢自己的脚步，好好品尝一下自己所做的事情；同时，尽量让自己参与周围发生的事情。因为你如果事事都做旁观者，就会觉得自己并不重要，周围的事情也不重要；然后，期待一切愉快事情的发生，如果真的发生了就好好庆贺一番，继续强化你愉快的感觉。

不要讥讽任何人。如果你事事讥讽别人，就可能会觉得世界上的人都是以自我为中心，都只顾自己的利益，而且会认为世界上没有一个人是真诚的、宽容的。每个人都想占别人的便宜，一点也不想付出。比讥讽本身更糟的是，你得继续用讥讽掩盖你的这种违反道德的行为，直到你对整个世界、整个人类都嗤之以鼻。

对你重要的事情，如果你和别人持相反的意见，就准备面对他们。这对你了解自己的目的和别人的认同很有关系，也让别人知道你具有坚强的信念和强烈的感觉。如果你没有珍重特质的话，就很难成为一个人群中受人喜欢的人。

尝试培养感受别人的经验和关怀别人经验的能力。

学会分享受朋友的快乐。

你是自己创造的，所以你可以把自己塑造成理想的自我。

做到了这几点，你就能成为一个受别人欢迎的人。尽管这与我们要培养的管理才能与强者气质仍有一定的距离，但起码为其打好了一个良好的基础。

下面这几种方面可以使我们尽快地培养起自己的领导才能：

跟那些你想去影响的人们交换意见。这是使别人比如你的同事、朋友、顾客、员工依照“你所希望的那种方式”去做的秘方。

考虑问题尽可能地周到，处理事情的时候要多思考还有哪些不符合人性的地方。人人都用自己的方法来领导别人，但是总有一种最好的、最理想的符合人性的方法。

尽量追求进步。相信自己和别人还可以进步，更要推动帮助进步的行动。在每一个行业中只有精益求精的人才能够不断地升迁，要始终保持旺盛的进取心，每做完一件事情都要提出更高的标准。

腾出一点时间和自己交谈、商量或从事有益的思考。领导人物都特别的忙碌，事实上也是如此，他们真的很忙，但我们常人常常忽略的一点是，领导人物每天都要花许多时间来单独思考。无法忍受孤独的人，竭力使自己的大脑中一片空白，他们尽量避免动脑筋，在心理上已经被自己的思想吓坏了。这些人会随着岁月的流逝而变得心胸狭窄，眼光日益短浅，行为也会变得幼稚可笑，当然不会有坚忍不拔、沉着稳健的作风，忽略了自己大脑的思考能力的人不可能成为一个出色的管理者和领导者。

领导阶层和管理阶层最主要的工作就是思考，迈向领导之路的最佳准备也是思考。因此，希望你每天都能抽出一定的时间练习合理的单独思考，并且往往朝着成功的方向去思考。久而久之，你就会发现，你自己已经培养起了你的领导气质，你的管理者的才能。

这时候，你距离成为强者就越来越近了！

10. 机遇不会自己送上门

有人说过，一个人的工作态度在很大的程度上能显示出他是否有担负更大责任的可能。

从强者成功的事例中我们可以看出，没有任何一个工作懒散的人可以成就大业，只有那些比别人工作的时间更长、投入的精力更多、思考的问题更多的人，才能够成为强者。

这一点是毫无疑问的。

一个人的工作态度折射着你的人生态度，而人生态度决定了你一生的工作成就。

一个对工作热忱、积极的人，无论他眼下是在挖土地，或者是在经营着一家大公司，都会认为自己的工作是一项神圣的天职，并怀着深切的兴趣。对自己的工作热忱的人，不论他的工作会遇到多少困难，或者需要多少努力，他都会用不急不躁的态度去进行。只要你抱着这种态度，如果你想创业，你就一定会创业成功，一定会达到你人生的目标。

有一个故事，说到三个砌砖工人的工作态度，这个故事对于我们或许有些意义。

有人问三个砌砖的工人说：“你们在做什么？”第一个工人说：“砌砖。”第二个工人则说：“我正在做一项每小时9美元的工作。”第三个却说：“你问我啊，我可以老实告诉你，我正在建造世界上最大的教堂。”

这个故事虽然没有告诉我们那三个砌砖的工人后来的际遇，但我们不妨想象一下他们三位的结果。最可能的结果是：前两位继续在砌着他们的砖，因为他们没有远见，不重视自己的工作，不会去追求更大的成就。

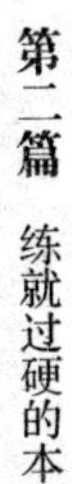

但那位认为自己在建造世界上最大的教堂的工人则肯定不一样，他一定不会永远是个砌砖的工人，也许他已经变成了工头或者承包商，甚至变成了很有名气的建筑设计师，他还会继续向上发展，因为他善于思考，他当时的说法已经明确地表现出他想更上一层楼。

如同你的仪表一样，你的工作态度，也会对你的领导、同事、部属以及你所接触的每一个人表现出你的内心世界、你的价值取向。

以“勤”而逐鹿天下并创业成功的台湾“塑胶大王”王永庆，最早只是开了一家米店，为了同附近已有的几家米店争取有限的客户，王永庆挨家挨户地去走访，好不容易才争取到几家客户同意试用他的米。王永庆深知，如果自己的服务质量比不上别人，他的米店肯定就会关门。于是，他就在“勤”字上下功夫。他把米中的杂物在灯下一粒一粒拣出来，有时为了十分微薄的利润宁愿冒雨将米送到客户的家中。他的这种态度感动了客户，客户们主动替他宣传，介绍新的客户，这也才使得他的生意有所改观。就是在这个基础上，王永庆开设了一个碾米厂。为了同已有的一家条件更好的碾米厂竞争，王永庆每天要工作十六七个小时，别人的碾米厂晚上六点关门，他的碾米厂则要到晚上十点才关门。正因为王永庆克勤克俭，他的碾米厂的生意终于胜过了原来条件更好的碾米厂，为他以后事业的腾飞，奠定了良好的基础。

所以，对于一个渴望成功的人来说，无论现在做什么，你都要认真地去做。因为你对待工作的态度，会直接影响到你的成就，因为凡事都怕成为习惯。你认真地对待工作，这成了习惯，那么你以后做任何事情都会认真对待；反过来说，你敷衍你目前的工作，久而久之也就成了习惯，那么以后无论从事什么工作你都会敷衍了事，而不会将其当作一项伟大的事业来完成，你对你自己的事业也就会如此。

这也就是说，你目前对待工作的态度，你认为你怎样你就会怎样。因为你的思想不知不觉会使你变成你所想的那样，你对工作没有热情，表现得很消极，那你就不可能在工作上取得任何成就。如果你认为你很虚弱，你的条件不足，会失败，是二流货色，等等，这些想法就注定你会平平庸庸地度过一辈子。

相反，你如果认真地对待眼下的工作，你认为自己的工作很重要，你自己也很重要，你有足够的条件，是第一流的人才，那么你很快就会迈上强者之路。

第二篇 狂奔的前方必定有收获

定位人生，锁定目标

1. 认识自我、准确定位

德国一家造纸厂在一次配料时，由于疏忽忘了加黏合剂，造出了废纸，一写字墨迹就渗开。厂主为了不亏本，便发动工人思考这些纸是否还有另外的用途。有位工人发现，有墨水的桌子用它一吸就干干净净，于是他建议把这种纸当作“吸墨纸”推销。产品上市后，果然不同凡响，销路大开，利润滚滚而来。

代替电子管的新元件是晶体管，制造晶体管的原料是锗。全世界都在研究如何才能把锗提炼得更纯，日本新力公司的江崎博士和助手黑田百合子也孜孜不倦地探索。黑田十分小心地操作，但总不可避免地混进一些杂质。她提心吊胆地一次次测量其参数，却发现每次都显示出不同的数据。于是她想：既然绝对提纯不可能达到，倒不如干脆采取相反的做法，故意一点点地添入少量杂质，看一看能提炼出什么样的晶体。这虽是违反常规近似荒唐的念头，江崎博士知道了这个构想后却拍案叫绝。照此方法，他们进行了一连串的实验。结果，当他们把锗的纯度故意降到一半时，一种极为优异的半导体晶体诞生了，为此，江崎荣获了诺贝尔奖。

日本某制药公司曾一度经营困难，濒于倒闭。总经理提出“一切都是创意”的口号，发动全体职工献计献策，挽救公司，结果收到了无数离奇怪诞的提案。其中一条是：“最近蟑螂太多了，想想制造捕捉的器物吧！”公司就以这项提案为题，让职工分组开“创意研讨会”。一位老工人说：“过去逮苍蝇都是用捕蝇纸粘，不知此法能否粘住蟑螂？”这一构想又被提交给各小组讨论。有人提出“蟑螂不同于苍蝇，不会从天而降被粘住脚，它能匍匐前进，被粘住的前面的两只脚会很快挣脱。倘若制成一个三角形的盒子，里面大部分地方涂上黏合剂，蟑螂在狭窄的空间挣脱了这边又粘住了那边，就能逮住它。”后来厂里就按职工的建议大批生产，产品果然好销，才卖了3个月，就净赚27亿日元，一举扭亏为盈。

1956年，松下电器与日本生产电器精品的大阪制造厂合资，设立了大阪电器精品公司，制造电风扇。当时，松下幸之助委任松下电器公司的西田千秋为总经理，自己任顾问。

这家公司的前身，是专做电风扇的，后来开发了民用排风扇，但即使如此，产品还是显得很单一。西田千秋准备开发新的产品，试着探询松下的意见。松下对他说：“只做风的生意就可以了。”

当时松下的想法，是想让松下电器的附属公司尽可能专业化，以图有所突破。可是松下电器的电风扇制造已经做得相当卓越，颇有余力开发新的领域，尽管如此，西田得到的仍是松下否定的回答。

然而，西田并未因松下这样的回答而灰心丧气，他的思维极其灵活与机敏，他紧盯住松下问道：“只要是与风有关的，任何事情都可以做吗？”

松下并未细想此话的真正意思，但西田所问的与自己的指示很吻合，所以回答说：“当然可以了。”

四五年之后，松下又到这家工厂视察，看到厂里正在生产暖风机，便问西田：“这是电风扇吗？”

西田说：“不是，但它和风有关。电风扇是冷风，这个是暖风。你说过要我们做风的生意，这难道不是吗？”

后来，西田千秋一手操办的松下精工风家族，已经非常丰富了，除了电风扇，排风扇、暖风机、鼓风机之外，还有果园和茶圃的防霜用换气扇，培养香菇用的调温换气扇，家禽养殖业的棚台换气调温系统……

西田千秋只做风的生意，就为松下公司创造了一个又一个的辉煌。

在发展自己的过程中，我们在一条路上不断地走，总觉得自己已经把路走绝了，再不能走出一片崭新的天地，再不会有更大的成就。实际上，路的旁边也是路，可能我们一生注定只能奔赴一个方向，如果总是沿着那条老路前进。当然，有把路走烦、走厌、走绝的时候。西田千秋试着往旁边跨了几步，就发现了无数条路，而且条条都是全新的路，并最终引领他走向了成功。

事实上，更多的时候，我们在成功的路上走得不好，不是前行的路太狭窄了，而是我们的眼光太狭窄了，所以最后堵死我们的不是路，而是我们自己。

所以，一个人成功的过程，一个人成为强者的过程，其实是一个不断寻找自己的过程。

2. 你距离强者其实并不遥远

强者的法则，虽然缺一不可，但有许多是极简单的。可正是因为太简单，就常被我们所忽略，成功之路需要从一些看似很简单的事情做起。

而发展自己正需要从一些看似简单的问题开始。

你想知道你自己距离强者还有多远吗?

可能你会说，我现在既未做官，也没发财，成功距我还非常遥远。

其实，做官未必就是成功，发财也未必就是强者，关键是我们要寻找到一种心态，一种积极的、向上的发展自己的心态。如果你有了这种心态，那么，你距离强者并不遥远。

如果我们抛开这些理论不说，从现实的角度来说，即便是一个普通人，干着普通的事情，他距离成功也并不遥远。

有这样一个故事：

一个年轻人，在大街上捉到了一只老鼠。他把老鼠送到一家药铺里，得到一枚铜币；然后，他用这枚铜币买了一点糖浆，和着水给花匠们喝了之后，花匠们每人送他一束鲜花；再然后，他卖掉这些鲜花，积聚了8个铜币。

一天，风雨交加，花园里满地都是被狂风吹落的枯枝败叶，年轻人对园丁们说："如果这些断枝落叶全部归我，我可以把花园打扫干净。"

园丁们自然很乐意："先生，你都拿去吧！"

于是，年轻人走到一群玩耍的儿童中间，分给他们糖果，顷刻之间，他们帮他把所有的断枝败叶捡拾一空。

皇家厨师正到御花园门口看到这堆柴火，便买下运走，年轻人得到了16个铜币。

年轻人在离城不远的地方摆了一个水罐，供应500个割草工人饮水，不久他又结识了一个商人，商人告诉他："明天有个马贩子带400匹马进城。"

听了商人的话，年轻人对割草工人说："今天请你们每人给我一捆草，行吗？"

工人们很感激年轻人为他们提供饮水，便都很慷慨地说："行！"

马贩子来后，需要买饲料，只有年轻人这里草多，便出1000个铜币买下了这个年轻人的500捆草。

几年之后，年轻人成了远近闻名的富翁，他发家的本钱是一只老鼠换来的一枚铜币。很多时候，强者就诞生在我们身边，那些做小生意的人说不定哪天就做成了大商人。

在这一方面，日本的"拉链大王"吉田忠雄也能给我们许多启示。

在人们的日常生活中，小小的拉链可以说是很不起眼的，但就是这不起眼的拉链却有着不可低估的用途，而且，不断翻新的服装以及行李包裹还会为拉链提供新的前景。日本吉田工业公司正是以生产拉链而闻名于世的，它是世界上最大的拉链制造公司，每年营业额大约在25亿美元，年产拉链长度相当于190万公里，足够绕地球49个圈。该公司生产的拉链占据了日本国内市场的90%，占世界拉链市场的35%。

吉田忠雄原来是他的家乡黑部一家经销中国瓷器的公司的普通职员，这家公司由于经营不善而宣告破产，留下了一批货物，其中有一些别人寄售的拉链。这些拉链做工十分粗糙，大部分已经锈迹斑斑。为了筹款还债，吉田忠雄要求有关债权人把这些拉链借给他修理。就这样，吉田忠雄和他的两个同事开始了从事拉链的修理工作。后来，他在自己的家乡黑部设立了公司并作了登记，专门生产拉链。由于经营得法，该公司在几年内业务大有发展，取得了较好的经营效果。

太平洋战争爆发之后，吉田忠雄的拉链公司的外销市场因此消失，而且吉田忠雄在东京的拉链工厂在一次轰炸中被焚毁。在种种打击之下，吉田忠雄并没有屈服，而是顽强地继续开拓，终于，在战争结束的1945年，吉田在黑部建立了新的拉链制造工厂，战后日本物资奇缺，吉田忠雄的拉链生意异常红火。

后来，吉田忠雄从美国进口了生产新合金材料拉链的机器，并采用新的制造方法大量生产。在吉田忠雄的苦心经营下 以“YKK”命名的拉链在日本市场上取得了稳固的优势地位，并且打入了国外市场，成了日本第一个向海外进军的制造商。

目前，吉田忠雄公司的业务已经遍布在世界上的许多国家，在国外雇佣了数万名职工，仅在意大利就有三家公司，而在美国拉链市场的占有率高达45%，吉田忠雄也稳坐拉链市场的第一把交椅。

一个小小的毫不起眼的拉链，成就了一位世界经济强人。

3．寻找富矿聚集的地方

所谓的强者，说来也简单，就是那些找到了能够充分发挥自己特长领域的人，因为找到了一个自己得心应手的领域，加上他对这个领域有着得天独厚的研究，所以他成功了。

对于人生来说，最大的幸运就是能寻找到自己人生的“富矿区”，找到“富矿区”，你就成功了一半。

或许你还在学校里继续充实着自己，或许你的事业刚刚开始，或许你正在苦苦地寻找着、摸索着……

无论你现在正做着什么，对于事业刚刚起步或者将要起步的你，寻找到自己人生的富矿区，对你的成功来说是至关重要的。

造物主创造了我们人类，创造了我们每一个不同的自己，所以，我们每一个人的身体状况、智能结构、心理特点，以及我们的左右半脑的发达程度，都不完全相同。正如河滩上没有两块完全相同的石头一样，世界上也没有两个完全相同的人。所以，寻找自己，认识自己，是我们开始我们的事业之前首先要做的一项重要工作。因为你只有对自己能有一个清醒的认识，你才能更好地塑造自己的人生。

“走自己的路”，意大利著名作家但丁说。这是对那些有依赖个性的人的警示。的确，依赖别人是人们普遍存在的一种坏习性。

在现实生活中，真正要保持一种心理独立是很难的，依赖这种不良心理会不时地以各种方式侵入你的生活，而且由于许多人从别人的依赖中可以得到好处，所以，要根除这一弊病就变得十分困难了。

这里所说的“心理独立”，是指一种完全不受任何强制性关系的束缚，完全没有他人控制的行为。这就意味着，如果不存在强制性关系，你就不必强迫自己去做本不愿意做的事。要做到这一点之所以很难，与社会环境教育我们不要辜负某些人，如父母、子女、上级或者爱人的期望等因素无不相关。

当然，个人独立并不代表成功，成功的人生还必须追求一种更加成功的人际关系。不过，人与人的相互依赖的关系必须以个人的真正独立为前提条件。要真正实现心理独立，就要尽可能摆脱心理上的依赖感，这就意味着你要根据自己的愿望独立生活。当然，这不是说断绝社会交往，如果你喜欢自己目前与人交往的方式，而它又没有妨碍你的生活，那就尽可能保持这种交往。

一个人，要真正实现心理独立，首先就得摆脱依赖他人的需要。这里讲的是“依赖的需要”，而不是指“与人交往”。一旦你觉得需要别人，就会成为一个脆弱的人，一种现代奴隶。这也就是说，如果你所需要的人离开了你、变了心或死去了，那么你必然会陷入惰性、精神崩溃甚至绝望至死。

成功的经验和失败的教训告诫我们，要在心理上依赖父母、老师、上级等各种各样的人，或许总是在等待某些人来安抚你。如果你觉得必须根据某人的意愿做某事，而且事后感到怨恨、不做又感到内疚的话，那么我们肯定地说，你必须千方百计走出这一误区。

一般人的另一个大的缺点是，如果他在某个方面不具备特别的天赋，他通常就不会全力以赴去发展天赋，这其实也是整个人类的通病。

所以，不要因为你不是个天生的领导者，就认为自己是个天生的依赖者。事实上，没有杰出的领导天赋并不成其为理由，因为这一方面的能力我们完全可以慢慢培养。如果我们不对自己的能力进行考验，我们永远不会知道自己到底有多大的潜力。强者的经历已经证明了这一点，所以，你必须找到自己人生的富矿。

找到了人生的富矿区，你就可以在那里最大限度地发挥你自己，你的才能、你的智慧、你的体能、你的潜力，你在你自己的富矿上，写一个大大的人，树立一个顶天立地的强者形象。

4．机遇就在生命的前面

有许多人，总是苦于自己没有成功的机遇，认为自己迟迟不能成功的原因就在于幸运之神没有眷顾自己。其实，这种观点是错误的。因为很多时候，机遇就在生命的前方等待着，关键的是要耐心地等待和发现。

在北京，有一位年轻人，生活十分拮据，但他有着丰富的想象力。一天，他把自己穿烂的一只皮鞋随手丢在地板上，谁知这只皮鞋鞋尖开了口子，像是咧着嘴在嘲笑他。当他一怒之下要把它抛到楼下去时，忽然从中萌发了创意，因为这只皮鞋面酷似一张脸谱。于是，他立即收集各种破皮鞋，并对它们进行艺术加工，使之变成一副副外形各异、表情极为夸张的面具，有的露齿微笑，有的瞪眼发怒，有的张口狂笑，看后令人既惊且喜，回味无穷。这些有特色的面具推上市场后，很快成为抢手货，这位曾经十分潦倒落魄的青年也因此苦尽甘来。

一位江西青年，尽管失业在家，但他喜欢琢磨事情，于是，他开始经营地板砖。由于同行多，竞争激烈，生意一直做得很难。一天，他去厂家进货，当他看到工厂旁堆着许多无人问津的破损地板砖时，忽然觉得这是个很好的赚钱机会。因为破损地板砖经过切割，可以加工成正品地板砖或地脚线。于是，他立即廉价大量购进这些破损的地板砖，用自己装配的几台切割机按统一规格进行切割，再以适当价格售出，获利甚丰。

其实，大多数废品都是“废而不死”的，只要遇上慧眼，即使身处荒野，也能顿生神采甚至价值连城。要一下子练就一双慧眼，自然不是那么容易的，但有一条捷径可走，不妨一试，那就是在这些废品上寻找它们隐含的附加值，就能变废为宝，成为商场上的绝妙手笔。

有道是“山穷水尽疑无路，柳暗花明又一村”。

有一位商人，他最早是子承父业做珠宝生意的，可是他缺乏父亲对珠宝行业的明察秋毫，没几年，他就把父亲交给他的全城最大的珠宝店赔光了。

他以为自己不是缺乏经商的才干，而是珠宝行业投资大，技术性太强，风险太大。于是，他又决定改行做服装生意。他认为服装行业周期短，而且不需要太大的专业学问，肯定能成功。主意拿定了之后，他变卖了仅有的一些家产，开了一家服装店。过了3年，他的服装店已经再也没有资金进新款衣服，已有的衣服也因价格高于相邻商家而无人问津，他又一次失败了。他意识到他不适合于更新太快的服装市场，当他以为一种新款刚开始流行自己马上组织货源时，同行们的这种款式已经开始淘汰了，他总是跟随着流行的尾巴。

接着，他又变卖了服装店，用剩余的不多的资金开了一家饭店。他想，这种简单的生意总不会再赔了吧，雇几个人做菜，客人吃饭拿钱，又不用多么大的流动资金。可是，这一次他又错了。他眼睁睁地看着相邻的饭店里宾客盈门，生意兴隆，而自已的饭店却门可罗雀，冷落异常。最后，连雇来的几个人也跑到别的饭店去了，只剩下他孤零零的一个人。

后来，他又尝试做了化妆品生意、钟表生意、印染生意，无一例外地都以失败而告终。

这个时候，他已经52岁，从父亲交给他珠宝店至今，25年的宝贵年华被失败占满，灰白的双鬓使他相信，他没有丝毫经商的才能。

他算了算自己的家底，所有的余钱仅够买一块离城很远的墓地，他彻底绝望了：既然自己没有能力创造财富，那就买块墓地给自己留着，等到哪一天一命归西，也算有个归宿。这是一块极其荒僻的土地，离城大约有5公里，有钱的人，甚至一些穷人也不买这样的墓地。

可是，奇迹在这时发生了，就在他办完这块墓地产权手续的第15天，这座城市公布了一项建设环城高速路的规划，他的墓地恰恰处在环城路内侧，紧靠一个十字路口。道路两旁的土地一夜之间身价倍增，他的这块墓地更是涨了好多倍。他做梦也没想到，他靠这块墓地发财了！

要知道，这是他“经商”二十多年来第一次“狠”赚了一笔钱。

他突然顿悟，为何不做房地产生意呢？说做就做，他很快将这块墓地以相当高的价格出售，又购买了一些他认为有升值潜力的土地。仅仅过了5年，他成了全城最大的房地产业主。

这位商人给人的启示是深刻的，一个小小的机遇，可以改变一个人的命运。

在人类发展的历史上，在通往失败的路上，处处是错失了的机会。坐待幸运从前门进来的人，往往忽略了从后窗进入的机会。成功并不一定需要天才，有时候只需要你找出新的改进办法。

在现代社会，一个成功人士，一个强者，他们的成功，常常就是因为他们抓住了万分之一甚至更小的机会。机会抓住了，他找到了发展自己的机遇，所以他们成功了。

迈克尔·戴尔在总结自己公司的成长历史时说：“戴尔公司能有今天的成就，不只是因为我们有能力，我们愿意从不同的角度看待事物，也是很重要的因素。我相信，机会既来自直觉，也要靠着对某个产业、事物或专业的狂热投入。戴尔公司的经验证明，人可以发觉并掌握大家原本以为不存在的机会优势；想要做到以非传统的方式思考，不必是天才，也不必是先知，甚至不用有大学文凭，所需要的只是一个架构和一个梦想。”

戴尔的成功说明了一个道理，只要能够抓住在我们生命前头的发展的机遇，即使我们在某个领域是个生手，我们也完全可以成为强者。

5. 你的潜力是无穷的

我们每个人身上都有巨大的潜在能量未被开发出来，研究证明，普通人只开发了他蕴藏能力的十分之一，与我们应当获得的成就相比较，我们的大脑智慧几乎是处于一种半梦半醒之间，我们只利用了自己身心的很小一部分。人的大脑贮存的能量大得惊人，人们在平常的工作学习中只发挥了极小的大脑功能。要是人类能够发挥自己大脑功能的一半，可以轻而易举地学会40种语言，背诵整个百科全书，获得12个博士学位。

这就是你自己的真实资料，是你自己的有关数据。可以说，在合理的范围内，只要你有信心，你几乎是无所不能的！

关于这一点，我们看一看出身贫困的韩国现代集团的老总郑周永早年的奋斗时就可以窥知一二。

韩国，一个面积不到10万平方公里、总人口只有4000万人的国家，从20世纪60年代起经济开始起飞，到1995年人均国民生产总值已突破1万美元，列世界第32位，经济规模超过了俄罗斯，居世界第11位。在短短30多年间，韩国创造了世界经济发展的奇迹，获得了“亚洲的日本第二”“亚洲四小龙之首”的美誉，其经济成就举世瞩目。

大垄断财团是韩国经济成功的支柱，在这些大财团，现代企业集团的实力首屈一指，它拥有1000多亿美元的资产，涉足汽车、轮船、机械制造以及半导体和电子产品等领域，1999年其产值约占韩国国内生产总值的20%，年销售额超过600亿美元，在韩国的经济发展中具有举足轻重的地位。

现代企业集团的发展被视为韩国经济腾飞的缩影，郑周永则是现代企业集团的缔造者和事业腾飞的掌舵人。从一个农民的儿子和一个一无所有的小学徒，到今日叱咤风云的企业巨子，郑周永被人称为“速成财阀”，他本人所拥有的资产据估算已达65亿美元。尽管郑周永参加1992年的韩国总统竞选没能如愿，但在韩国民众的心目中，他是名副其实的“财界总统”。

而谁能想到，就是这位“财界总统”，早年连饭也吃不饱。

1915年11月25日，郑周永出生在韩国一个叫牙山的偏僻农村，时距日本吞并朝鲜仅5年。牙山村位于通川地区，地处东海岸南北朝鲜分界线以北约30公里。郑周永家世代务农，家境极为贫寒。郑周永兄妹八人，他排行老大。在他童年的记忆里，一家人除农忙时能吃上几顿干饭外，其余时间几乎每天都以稀粥度日。从他10岁那年起，父亲每天凌晨4点就叫醒他，带着他赶15里的夜路下地去干活。

在郑周永的眼里，父亲是一个模范农民，没有哪一个农民比他干活更卖力，无论严冬还是酷暑，他永不停息，然而尽管历尽辛苦，还是无法维持生计。郑周永同情父亲，敬重父亲，却不愿走父亲的老路。与命运抗争，出路只有一条，就是走出贫穷的山村，到繁华的大城市去，闯荡出一片新天地。郑周永在心里说：“我要进城，我们的经济状况太差了，几乎连肚子都填不饱。早晨很晚我们才吃点燕麦粥，中午空着肚皮，到晚上才喝点豆粥，然后就上床睡觉，我决定要去一个吃饱饭的地方。”

1930年，15岁的郑周永小学毕业，因家境贫寒．他被迫辍学。为了改变自己的命运，他先后三次离家出走．但都被父亲找了回来。1934年，郑周永19岁，那一年，全世界都处于萧条之中，郑周永家乡的日子更加艰难，除了日本人的殖民掠夺外，罕见的旱灾使得田里颗粒无收，许多人因为饥荒而患了浮肿病。待在家里无异等死，郑周永再次提出离家出走时，父亲也不能不同意了。

郑周永先到了仁川港，干了一阵子搬运工，然后又来到汉城，在普成专科学校图书馆的工地上干泥水活，再到石油设备厂当学徒工，学到的活计就是把几根铁管捆在一起。几经周折后，他终了找到了一份还算像样的工作，在一家名叫福兴商会的粮米购销行为客户送粮，得到的年薪可买18袋米。他的父亲终于承认，在城里干活确实比在农村种地好。

郑周永自幼相信“人无信不立”的儒家信条，他的座右铭是：“信誉就是财产，有信誉就有一切。”正是靠着诚实守信，他不仅得到了店主的信任，而且和客户也建立了良好的关系。在两年多的时间里，他靠辛勤劳动换得了不菲的收入，也初步了解了经商之道。

偶然的机遇有时会成为一个人一生的转折点。两年后，那家粮店的店主去世，店主的儿子是一个与郑周永年龄相仿的年轻人，吃喝玩乐样样在行，但对经商却一窍不通，他也无意接过父亲的老本行，福举商会眼看就要倒闭关门了。机遇在向郑周永招手，他果断地掏出自己的积蓄，盘下了那家粮店，并在店前换上自己的店牌——京一商社，利用自己在客户中建立起来的良好信誉，继续从事粮食买卖。在此后的3年里，郑周永迎来了他经营生涯中的第一个黄金时期，先后盈利达1000多元，他的父母和弟妹也被接到了汉城。

就这样，郑周永的事业开始起步。

一位哲人说过：“我们对自己所有的信心，会产生我们对别人的信心。”

所以，无论你是出身寒门，还是出身豪门，只要你相信自己，相信只要通过努力就可以成功，那么，你就可以成为强者！

6．相信前面一定会有收获

许多人都明白自己在人生中该做些什么事，可就是拿不出行动来，根本原因乃是他们欠缺一些能吸引他们的未来目标，而只要能拿出实际行动，它们就完全可能成为强者。

有一位叫罗伯特·克里斯托弗的美国人，想用80美元来周游世界，他坚信只要有信心、有诚意，任何人的目的都能达到。

罗伯特立即找出一张纸，写下他为用80美元旅行做的准备：

设法领取到一份可以上船当海员的文件；

去警署申领无犯罪证；

取得了YMCA的会籍；

考取了一个国际驾驶执照，找来一套地图；

与一家大公司签订合同，为之提供所经国家和地区的土壤样品；

同一家航空公司达成协议，可免费搭机，但要拍摄相片为公司做宣传。

当罗伯特完成了上述的准备后，年仅26岁的他就在口袋里装好80美元，兴致勃勃地开始自己的旅行，结果，他终于实现了自己的梦想。

罗伯特为什么能成功？全在于他有积极的心态——坚信自已一定能成功。

我们来看看他的一些经历：

在加拿大的巴芬岛的一个小镇用早餐，他不付分文，条件是为厨师拍照；

在爱尔兰，他花4.80美元买了4箱香烟，从巴黎到维也纳，费用是送司机一箱香烟；

从维也纳到瑞士，列车穿山越岭，只需4包香烟；

给伊拉克的某运输公司经理和职员摄影，结果免费到达伊朗的德黑兰；

在泰国，由于提供给酒店老板某一地区的资料，受到酒店的国宾式待遇。

就这样，他用80美元完成了不可思议的壮举，原因就在于他有明确的人生目标。

人一旦定下目标，就得坚定不移地走下去，一定能取得最后的胜利。

人生有了目标才会是成功的人生。

有什么样的人生目标，就有什么样的人生。

人生目标是对于我们所期望成就的事业的真正决心，目标比幻想好，因为它可以实现。

没有人生目标，不可能发生任何事情，也不可能采取任何行动。如果个人没有人生目标，就只能在人生的旅途上徘徊，永远到不了任何一个地方。

正如空气对于生命一样，人生目标对于成功也有绝对的必要。如果没有空气，没有人能够生存；如果没有人生目标，没有任何人能够成功。所以，对你想去的地方首先要有个清楚的范围，对想要达到的人生目标也首先要有一个清晰的蓝图。

明确的人生目标，不仅仅是界定人生的最终结果，它会在你的整个人生的发展过程中都发挥作用；人生目标是我们成功路上的里程碑，它的作用是巨大的。

有了人生目标，你才会成为强者。

据美国劳工部的统计数字，每100个美国人当中，只有3个人能在65岁时，可以获得经济上某种程度的无忧无虑。

每一百个从事高薪职业——例如律师、医生的美国人当中，只有5人活到65岁时，不必依赖社会保险金。可能，你听到这项统计数字之后，要大吃一惊。不管人们在他们最具生命力的年龄中获得了怎样的收入，但是，只有极少数的个人能达到可观的经济成就。

大多数美国人都幻想他们的生命是永恒不朽的，他们浪费金钱、时间以及心力，从事所谓的“消除紧张情绪”的活动，而不是去从事“达成目标”的活动。大多数人每周辛勤工作，赚够了钱，在周末把它们全部花光。

大多数美国人希望命运之风能把他们吹进某个富裕而又神秘的港口，他们盼望着在遥远未来的“某一天”退休，在“某地”一个美丽的小岛上过这一种无忧无虑的生活。倘若你问他们如何达到这个目标，他们的回答是，一定会有“某种”方法的。

如此多的美国人无法达到他们的理想或者说幻想的原因就在于：他们从来就没有真正定下生活的目标。

所以，著名的成功学家拿破仑·希尔告诫我们：有了目标才会成功。

道理很简单，因为目标是你的动力。

然而有一点你必须谨记：你的人生目标一定要是具体的，可以实现的。你人生的目标越是含糊不清，你实现它的机会也就越是渺茫，道理很简单，目标不具体，也就是说你无法衡量它是否实现了，那只会降低你努力的积极性，因为你不知道你要求什么，这跟人生没有目标在某种意义上其实是相同的。一个马拉松运动员如果不知道自己朝终点前进了多少，他就会开始泄气，直到最后完全停下来，你其实也跟他一样。

有一个真实的故事，说明一个人如果看不见自己的目标，就会有什么样的结果：

一天清晨，美国加洲海岸笼罩在一片浓雾之中，在海岸以西21英里的一个岛上，一位34岁的妇女跳人了太平洋中，开始朝着终点加洲海岸游去，如果她成功了，她就是第一个游过这个海峡的女性，在此之前，她是游过英吉利海峡的第一个女性。

时间一点一点过去了，海水冻得她全身发木；鲨鱼一次一次地靠近了她，被人开枪吓跑了；海面雾很大，她几乎连护送自己的船只都看不到。

15个小时之后，她让人拉她上船，冰冷的海水冻得她全身发麻，她觉得自己不能再游下去了。这时，教练和母亲告诉她，海岸已经近在眼前，千万不能放弃。她朝海岸的方向望过去，除了浓雾，她什么也看不到。

又游了50多分钟，她又一次也是最后一次叫人把她拉上了船，她实在没有力气再游下去了。

人们拉她上船的地方，距离她的目标加洲海岸只剩下半英里！

后来，这位了不起的女性说，真正令她半途而废、功亏一篑的不是疲劳，也不是寒冷，而是她在浓雾中始终看不到目标。她说："说实在的，我不是为自己找借口。如果当时我看见陆地，也许我能坚持下来。"

这位女性并没有说谎，她一生只有这一次没有坚持到底。两个月之后，她成功地游过了这个海峡，成为第一个游过这一海峡的女性，而且还创造了一项新的世界纪录。

虽然这位令人敬佩的女性是个游泳好手，也有着顽强的意志力，但也需要看见目标，才能鼓足勇气完成她有能力完成的任务。

对于我们而言又何尝不是这样？有了目标，你就会朝着目标而努力，你的阶段性人生目标实现了，对你来说就是一种激励，你就会更努力地朝着终极的成功人生目标奔去，直至达到成功的彼岸，自己也成为一个强者！

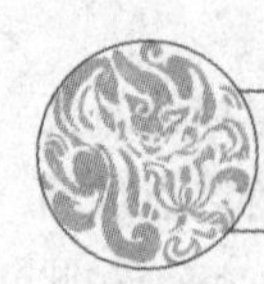

7. 将进取心化为人生的目标

世界上真正的失败只有一种，那就是轻易放弃，缺乏进取。

在我们奋斗的过程中，究竟什么是最重要的因素？关于这一问题，不同的人可能有不同的回答，而且，影响成功的因素也的确是多方面的。但是，有一个问题的确是十分重要的，那就是进取心的问题。

在这个过程中，我们或大或小、或多或少都会取得一定的成绩，取得一定的成功，在成功面前，在初步的成功之后，我们是就此罢手，还是继续前进，这是影响我们最终成功的一个重要因素。

只有那些不断进取的人才会取得最后的成功，才能成为真正的强者。

在那些成功者看来，个人进取心可以创造机会。有一位商人原来是一位木匠的学徒，当他被派去建造衣橱时，他的薪水只有400美元。当完工后，看到他的客户对能善于利用空间以及他的手工品而感到高兴时，他想到了一个主意，他用从他第一位客户那儿赚到的工资，开了一家加州衣橱公司。

就是凭着当时深受欢迎的“将拥挤的衣橱，转变成能有效利用的空间”的需求，这位美国商人在12年内就扩大成为全美拥有100多家加盟店的大企业，也引起其他衣橱制造业者一窝蜂跟进，可是，他依然在1989年将他的公司以1200万美元的价格卖出。

这位商人可以作为一个木匠而感到满足，但他却能认清自己的能力，并获得远超过其他学徒梦想而取得成功。随意放弃自己的目标，是一种不负责任的态度。你对自己都不负责任，还有准能对你负责任呢？因此你一定要有这样一个习惯：不断用新目标来刺激自己的进取心。凡强者都时刻保持这样一个良好习惯，你想成功，又不想保持这样的习惯，恐怕只是笑话！

在这个世界上，甚至就在我们身边，我们看到的是众多的轻言放弃者，他们不能像成功者一样有一颗进取之心。

日本松下电器公司总裁松下幸之助，早年家境贫寒，必须靠他一人养家糊口。

有一次，瘦弱矮小的松下到一家电器工厂去求职，他走进这家工厂的人事部，向一位负责人说明了来意，请求安排一个哪怕是最低下的工作。这位负责人看到松下衣着肮脏，又瘦又小，觉得很不理想，但又不能直说，于是就找了一个理由，说："我们现在暂时不缺人，你一个月后再来看看吧。"

这本来是个托辞，没想到一个月后松下真的来了。那位负责人又推托说此刻有事，过几天再说吧。

可过了几天松下又来了，如此反复多次，这位负责人干脆说出了真正的理由："你这样脏兮兮的是进不了我们工厂的。"

于是，松下幸之助回去借了一些钱，买了一件整齐的衣服穿上又返回来。人事部的那位主管一看实在没有办法，便告诉松下："关于电器方面的知识你知道得太少了，所以我们不能要你。"

两个月后，松下幸之助再次来到这家企业，说："我已经学了不少有关电器方面的知识，您看我哪方面还有差距，我一项项来弥补。"

这位人事主管盯着松下幸之助看了半天，说："我干这行几十年了，头一次遇到像你这样来找工作的，我真佩服你的耐心和韧性。"

结果松下幸之助的毅力打动了主管，他终于进了那家工厂。后来，松下又以其超人的努力逐渐锻炼成为一个非凡的人物。

在强者的眼里，失败不只是暂时的挫折，失败还是一次机会，它说明你还存在某种不足和欠缺。找到它，补上这个缺口，你就增长了一些经验、能力和智慧，也就会离成功越来越近。世界上真正的失败只有一种，那就是轻易放弃，缺乏进取。

在强者看来，个人进取心还可以创造进步。你成功发展的明确目标可能是有一天自己当老板，但即使你志不在此，或是成功目标尚遥远，培养个人进取心还是会为你带来好处的。

当你制定出你明确成功的目标之时，就是你开始运用你个人进取心的时候了，开始执行你成功的计划，组织你的智囊团。尽管你会发现在执行成功的计划过程中，你成功的目标发生一些变化，但最重要的是“马上展开”你成功的计划。

开始一项不甚完全成功的计划，总比拖延行动要好得多，“拖延”是你发挥个人进取心的大敌。如果你一开始时，就让拖延变成一种习惯的话，那么它必将蔓延到日后你的每一项行动中。

尽一切努力使你成功的计划付诸实现，并从错误中学习教训，别理会那些说三道四的人的话。当卡耐基决定将钢铁的单价从每吨140美元降到20美元作为他进入钢铁业的目标时，曾受到许多人的嘲笑，而当卡耐基达到他的目标时，那些曾经嘲笑他的人连一分钱都没有赚到。

所以，在我们奋斗的过程中，不要让外在力量影响你的行动，虽然你必须对他人的惊讶和你面对的竞争做出反应，但你必须每天以你的既定计划为基础向前迈进。用你对成功的想象来滋养你的强烈的欲望，让你的欲望热情燃烧，随时提醒你不可在应该起而行动时，仍然坐等机会，坐以待毙。

每当你完成一件工作时就应做一番反省，这是你所能做到的最好的成绩吗？如何能做得更好？何不现在就使自己更进一步？是否能够发挥个人进取心，应视你对于每次机会的觉醒程度，以及你是否能在发现机会时立即行动而定。

8. 生存目标决定着成功的高度

中国电脑行业龙头企业的总裁，柳传志常常挂在嘴边的一句话就是“联想要做百年老字号”！将自己的企业办成“百年老字号”并不是每一个企业家都敢立下的目标，尤其是在我国科学技术还处于相对落后的当时，我国的电子行业落后于国际先进国家的电子行业不说，而国外电子巨头又纷纷抢滩中国市场，有多少家国有电子企业“踪迹全无”。谁还敢说创百年老字号呢？但柳传志就敢。

针对当时不少人对中国计算机产业“红旗到底能打多久”的疑问，柳传志在各种场合都阐述了同一个观点：

联想应该是一个长久性的公司，对于联想来说，立长志是第一位的，联想决不做短跑运动员：今年的利润很高，明年就垮掉。

1995年11月30日，亚洲地区最大的板卡生产基地——联想惠州板卡基地举行开业典礼。在这个本应欢庆的日子，柳传志结合联想的志向与当前的形势发表了一篇语气颇为沉重的演讲：

对于我们来说，现在正面临着大兵压境。我们曾经面临过八国联军，现在则变成了十二国联军、三十六国联军，这种感觉之所以如此沉重，是因为我们还来不及壮大自己就必须承受重压。我们现在是科技不如人家，奖金不如人家，基础不如人家，人才、奖金、实力统统不如人家。这个仗怎么打？民族工业到底怎样生存？现在我们还没有体会到收获的喜悦，但我们坚信今后会有收获！因为我们心中毕竟有一口气——中华民族要求进取的志气！

“扛起民族工业这杆旗，将联想办成百年老字号，逐步融人国际竞争”，这就是联想的战略目标，也是柳传志的志向所在。

那么，柳传志的目标有没有实现的可能呢？我们看一组数字就可以自己做出判断：

1994年联想集团实现年营业额47. 6亿元，销售收入每年递增122%以上。到1994年底，联想集团电脑板卡年销量达到517万块，联想微机年销量达35 000台，1994年年创汇达25亿元。

1993年，联想自行研制生产的微机板卡年产销量500万块，联想微机年产销量10. 5万台。1995年，联想集团的产值总额已达67亿元，其中出口创汇约4.4亿美元。

创业10年，联想集团累计向国家缴纳税金近亿元。

提到柳传志的志向，就不能不说起联想创业阶段的第一次“年终分红”。

1985年底，联想集团的前身——中科院计算所公司的20多名员工以“卖苦力”的方式赚到了70万人民币和7万美元。按规定，这笔钱中的一部分可以作为“红利”分配给每个员工，根据当时中国人的收入，这笔红利对每个人都是很大的一笔收入，是相当有诱惑力的。

在年终会议上，联想的创业者们专门就这笔钱的分配进行了一次讨论。有人主张分掉，有人主张存起来……柳传志始终没有表态。等到大家都发表了意见，柳传志站了起来：

“首先，大家都清楚，这笔钱是大家流血流汗挣来的，对于它的处理一定要慎重。”

“其次，我们办公司的目的是什么？是为了改善一下生活条件吗？”

“还有，我们想不想得到长远发展？我们的‘汉卡’靠什么去开发、推广？……”

短短的几句话，就如同拨云见日，大家的意见统一了。也正是在这次会议上，柳传志第一次明确提出了“把事情做大”的志向。

远大的志向可以说是每个强者都具有的素质，只有具备了这一点，成功者才能在困难面前不致知难而退，才能始终保持勇往直前的信念，这是每一个不打算虚度人生的人都应该谨记的。

所以说，你的目标决定了你成功的高度。

如果你不想混自己的青春和生命，那么就要为自己定一个明确的人生目标，这个人生目标就会影响甚至决定你以后的生活。

当然，环境的影响毕竟不是起决定作用的，成功的关键还在于我们自身是否能以积极的心态去对待人生。在这一方面，一个远大的又切实可行的人生目标又起着很大的作用。只有志存高远，目标远大，你的人生才可能辉煌，你才是真正的强者。

比尔·盖茨小时候是个非常聪明的孩子，而且精力极其充沛。据比尔·盖茨小时候周围的邻居讲，盖茨小时候就喜欢读书，而且记忆力特别好。1967年，盖茨的父母做出了一个重要的决定：送盖茨到著名的私立中学湖滨中学去读书，这个决定改变了比尔·盖茨的人生轨迹。这所私立中学是西雅图相当有影响的学校，很多企业家和议员的孩子都在那里上学，这就意味着盖茨要和西雅图最出色的年轻人竞争。比这个更重要的是，这所中学在20世纪60年代就购置了一台计算机，是美国最先拥有计算机并开设计算机课程的中学之一。

1968年，当比尔·盖茨在湖滨中学第一学期结束的时候，学校开设了计算机课程。有一次，老师带领全班同学到计算机房参观，在老师的监督下，小盖茨在计算机上输入了几条指令，这台计算机马上与几公里以外的另外一台计算机联通，信息马上就反馈了回来，盖茨被计算机这个神奇的东西迷住了。没过多久，盖茨就开始学习设计和编写程序。

由于当时美国的电脑业发展迅速，盖茨和他的好朋友艾伦在湖滨中学时有关电脑的知识已经相当完备，他们的程序编写小组在教师中间都已经相当有名气。后来，盖茨上了哈佛大学，艾伦则在波士顿找了一份程序设计员的工作。1975年2月，他们完成了第一套微电脑程序的开发。盖茨和艾伦开发的BASIC语言程序，在20世纪70年代已达到了相当高的水平。如果用户的执行程序有错，它会立即显示错在哪儿，而不会一错到底，此外，也不容易引起电脑死机。在此后的五六年间，这套程序一直在市场上居于领先地位。

关于这套语言程序，盖茨曾经说："这是我人生最关键的时刻，我已确定了今后的发展方向。"这也就是说，在这时，比尔·盖茨确定了自己的人生目标。

有了目标，就开始向着实现目标的方向去努力。

20世纪70年代中期，当时很多人认为微电脑至多只是一种玩具，但盖茨和艾伦却看到了这种"玩具"所蕴涵着的巨大商机，因为它可以给使用者提供极大的方便，同时它也可以给制造商们提供巨额财富。这种超越于时代的想法使盖茨和艾伦迈出了发展的第一步，也是最重要的一步。1975年5月，两个年轻人做出了对世界电脑业的发展具有决定性的决定：盖茨和艾伦在亚帕克基市创立微软公司，为各种各样的电脑提供软件。随后，盖茨为了尽快实现自己的人生目标，又做出了一个重要的决定：从哈佛大学退学。

我们姑且不说盖茨和艾伦后来的发展，单就他们在这一阶段的经历来说，当他们确定了自己的人生目标，就开始朝着这个目标去努力，包括盖茨从世界著名的哈佛大学退学。可以说，他们将人生所有的"赌注"都押上了。

这就是强者的生存法则！

9. 从你最熟悉的“领地”开始

一个人能在事业和社会中成功，其中的因素是很多的，例如机遇、环境、心态、努力等等。

但很重要的一点是，成功最终要靠你自身的优势。

弄清楚自己到底有哪些优点，弄清楚自己到底是一块什么“料”，这有助于我们成功发展，因为人生的成功靠的就是我们所能提供的“料”。

成功需要我们的优点，需要我们去扬己之长避己之短。

比如，你擅长于形象思维，或者擅长于抽象思维，那么，你就不要强求自己去做自己并不擅长、不适合做的事情，因为你即使做了恐怕也难以有收获。从另一个角度讲，即使你的工作环境暂时与你的自身优势和你的优点有所不合，你这时候仍可积蓄自身的潜能力求在本职工作中闯出一个可以扬己之长避己之短的小环境来。

从社会发展的大趋势和成功人士的经验来分析，一个人要想取得事业的成功，只有自身不断生长着的优势，才能将自身的优势最后转化为胜势。所以我们的“优势”要不断地生长，是因为目前数字信息化社会变化繁复，昨天的优势到了今天便有可能成为劣势。

所以，要赶上时代的步伐，甚至做一个时代的弄潮儿，成为强者，站在时代的风口浪尖上，只有具有不断生长着的自身优势才可达到目的。

在我们的周围，有人将发挥自身的优势理解为不停地“跳槽”，企图在不间断的“跳槽”中寻找到自己，寻找到自己的成功发展之路。其实，这么做未免绝对化了一些。要知道，“常移的树长不大”，一个人要干出一番事业，需要一个相对稳定的目标，需要一种持之以恒的精神，也需要一个相对恒定的外部环境，如果你一味地跳来跳去，最后有可能连你自己也跳乱了。

立足于自己的本职工作，是发挥自身优势、顺势成才的重要途径。当然，本职不仅是指一种定性的职业限制，更是一种力求精进的精神，一种更有利于发挥自身优势的生存条件、生存环境。善于把握自身优势的人，往往是那些立足于本职工作取得成就或为未来进行的腾飞进行人生积累的人。本职工作不是跳板，而是奉献与成功的基石。

这是成为强者的一个重要法则。

爱德温·兰德是一名美国著名的学者，尽管这位获得了200多项专利的学者连一张大学文凭都没有；同时，他还是世界上最富有的企业家之一。如果谁在他的波拉洛依德公司起步发展阶段时买了该公司100美元的股票，那么30年后，这100美元就会变成20万美元。

兰德的名字是和著名的波拉洛依德公司（国内有人又译为“拍立得”公司）连在一起的。兰德是一位世界著名的学者企业家，他年轻时梦寐以求的就是建立一家“科研第一、利润第二”的公司。1937年爱德温兰德创建了波拉洛依德公司，一步一步地逐渐把自己的梦想变成了现实。

爱德温·兰德每年从波拉洛依德公司的利润中提取5%的资金作为科研经费，他一手抓科研，一手抓管理，使公司越来越兴旺。该公司的主要也是重要的产品照相机和感光胶片与波拉洛依德的专业有关，黑白一次成像机就是该公司的杰作。1965年，公司开始着手研究生产彩色胶片和低档照相机。1970年，该公司的年销售额就达到了5亿美元，到了20世纪八九十年代，公司年销售额已达到10多亿美元。

波拉洛依德公司最有特色的，并不是只重视科研这一点，而是兰德的销售和经营思想。兰德的一贯主张是，无论是负责经销的经理的直觉，还是公众的最初反应，都不是一项产品价值可测量的。在很多情况下，看某种东西是否值得下功夫，最好的办法就是把它做出来，投放到市场上去，等几年再看，到那时再判断是否值得为之再投资生产，再多花力气。这在只言“利”的商界，的确是难能可贵的，而且也是非常少见的。

兰德的这种销售和经营思想使他的公司出产了许多独具匠心、世人瞩目的商品。

兰德认为，现有的市场分析方法作用十分有限，先驱者就一定要有远见，能根据计算机提供的商业数据进行前景推断，用自己的产品去开拓市场，创造市场。激光工业的发展，为兰德的观点提供了有力的佐证，因为这项工作就是为自己开辟的市场提供商品的。著名的英特尔公司的总经理诺伊斯也支持兰德的这种观点，他说，如果当年有人考察半导体市场，唯一值得应用的恐怕就是助听器，因为传统的市场研究方法使人不去注意市场反馈的第二级效应。

爱德温·兰德创办的公司以及他的一些经营理念，即使在现今社会也的确令人耳目一新。他的公司以及他的这些理念，其实就是他扬己之长的结果，是发挥自己优势的结果。

由此可见，要成为强者，的确要依靠自己的优势。

10. 追求目标是奋斗的动力

一个人要想成为强者，必须激活自己的动力，消除自己的惰性。

一个人身上的动力最重要，但动力的杀手往往是惰性。惰性是每个人身上都时隐时现的“敌人”，有很多人就是无法靠激励机制调动情绪和干劲，因此无法打败惰性。所以这些人就碌碌无为。成功者的人生习惯则是，让惰性在身上“死亡”掉。

对于一个渴望成为强者的人而言，过去或现在的情况并不重要，将来想要获得什么成就才最重要，除非他对未来没有设想，没有人生目标。

关于人类与其他动物的区别之处，我们过去所强调的的人类会制造和使用工具，人类可以进行复杂的思维，等等，这些当然都是对的。但我们人类与动物的另一个区别常常被我们所忽略，这就是：只有人类生来就被赋予设想、梦想、希望和愿望以及实现它们的伟大的能力。也就是说，人会为自己设定一个人生目标，然后去努力实现它。

你可以为自己设立一个有价值的人生目标，在实现这个目标的过程中，你可以品味挑战和拼搏的喜悦，还可以为发现了一个新的自我而感动。这是一切生物中唯有我们人类才拥有的一项特权，更重要的是，目标会激活我们的内在动力。

心理学告诉我们，人真正追求目标并非是一种安逸的生活状态，而是朝着目标竭尽全力地努力，这才是一个人的价值真正所在。为了实现目标，百分之百地耗尽自己的生命，是一个人最大的喜悦之一。而且，在实现它的过程中，会产生无穷无尽的动力。

一个人要想成功，要想更好地生活下去，必须有一个人生目标。

如果没有一个有价值的目标，你就不可能拥有一个成功的人生。

没有人生目标，你不知道你将去何方，所以，也就没有动力可言。

对于命运的主宰能力和程度来说，人在达到一定的发展层面之后，特别是进入了享受上的层次之后，就会开始出现动力上的“惰性”，这其实是非常正常的。因此，这个时候就需要进行“激活”，也就是刺激，强烈的刺激。要通过强烈的和有效的刺激，达到对人们的动力调动与唤醒，消除惰性，人生目标就可以担当这个刺激物的作用。

除了人生目标的激活内在动力之外，还有其他的一些因素是我们所必须考虑的。就动力的激发方式而言，可能因国家而异，也因人而异。就美国、日本、中国现在的一些做法而言，长期以来就有三种激活内在动力的方式，一种是奖励机制，一种是回报机制，一种是欺骗机制。在这些激活内在动力的方式中，奖励机制是最为简单的一种，因为奖励可以激发人们劳动或者创造的欲望，可以使人产生强大的动力。回报机制，在模式上也是一种“投入—产出—回报”的模式，这种方式也不难理解。相对地说，欺骗机制比较复杂一些，一种是承诺不能兑现演变成欺骗，另一种是机制上就把回报放到遥远的“天堂”或“来生来世”等等，其理由是多种多样的，有些也是可以原谅的，但是，在一些业外人士看来，这无异于是一种欺骗或欺诈。这三种模式都可以调动人的积极性（让人听你的话，“听话—能干”是现代社会对人的最基本要求），激活人劳动或者创造的内在动力，从而消除掉人的惰性。

奖励机制。在人们以往使用这种方法中，主要是物质刺激与精神鼓励两种形式。精神鼓励，就是表彰和宣传以及发给各种荣誉证书，树立良好的社会形象（这很重要，形象也是力量）等方法，现在，世界上许多地方都在用这种方法。另外，就是在物质方面予以奖励，最著名的要算是“诺贝尔奖”之类的了。

回报机制。从世界范围来考察，无论是实行年薪制、月薪制还是周薪制，甚至是按小时付酬制，其本质都是一种回报机制。也就是说，让你“天天得，天天赚”，支付一点赚到一点，永无止境，可见，强大的回报机制的建立是用以遏制和满足人们的野心的。所谓回报机制就是回报与奉献都有止境，你创造多少，就回报你多少，甚至摆出一副让人“富可敌国”的回报架式（至少在形式上如此）。所谓上不封顶，只要你劳动，只要你创造，国家与市场经济的机制就保障你的劳动所得，让你的劳动所得合法化，这种形式普遍存在于我们的生活和工作中。

嫉妒激活机制。与前两种激活的方式不同的是，这种机制主要是用于人们的心理上的，是一种舆论导向式的东西。大千世界，什么样的人都有，特别是对一些人，天生就是温饱即可，小富即安，只要有一点就可以了，就是不愿意做事，成就一番事业。因此，对于这些人，你必须激发他的“努力和获得的欲望”，让他知道，生活本来是可以更美好的，只要你做出努力，一切会更加美好，而这才是我们所追求的。让这些人明白人生的意义所在，让他看到榜样的力量。

遏制机制。世界上对付人的方法是硬的不行就来软的，或者软硬兼施。遏制机制就是这样，在力量的激活上，如果奖励不奏效，回报也不奏效，诱导也不行，那么就遏制，或者干脆就采取系统性的激活方式，“四管齐下”形成合力，予以激活，保持活力。运用法制的武器，对人们的体验领域与野心希望达成的领域、行为进行限制。如果不听从的话，就剥夺其自由和财力等人生力量。剥夺力量，可以消除人们的逆反劲头和人生自主的野心。至于如何剥夺，应该是从剥夺发展开始，到剥夺享受，最后剥夺生存。“不劳动者不得食”，而且是“高层次的食”。比如，在美国有一位网络商务专家说，今后三年之内再不学会网上商务，那么，就可以明明白白地说，他别想赚到一分钱，这就是所谓高层次的不得食。

人生动力的内容，就是生存、享受、发展，其中，动力最强大的是生存，其他逐一次之。因此，要激励人的动力并刺激使之加强，是必须的，越发展越需要刺激。在动力的激励上，要设法永远使之处在生存线这个层面上，永远不让他的生活享受处在稳定状态——可以享受，但就是不稳定、不保险、不安全——他就不得不努力（比如一夜间可以是巨富，也可以一夜间让其变成乞丐），这种不稳定不是别的，就是一点，只要不努力就会摔下来；这种不安全也不是别的，而是职业与职位不保全，竞争是随时存在的，这样才能迫使其好好工作，否则可能出现“生存危机”，至少也是“享受危机”！竞争、诱导和回报的综合办法、系统组合，可以达到这个目的。人是一种高级动物，高级动物也是动物，动物的激励方式有相同性。有些时候，我们是自己把自己太当人了，而制造出了许多错误的理论，从而导致了人的创造力的下降。

记住：要想成为强者，必须激活自己的动力，消除自己的惰性。这一条强者的生存法则，千万不要丢掉！

第四篇 竞争的社会会淘汰迟缓者

直面困境，立刻行动

1. 顽强的意志是战胜挫折的利器

面对命运永不屈服，就能够激发自己奋斗的勇气，就能够找到摆脱困境的道路和方法。

人生随时都有可能遇到困境，或是升学无望，或是就业不成，或是下岗待业，或是生意翻船……困境犹如船底水、云后风，伴随人生左右。困境对人，是痛苦、是挫折，更是一种推人奋进的动力。面对困境把命运的转盘是顺转还是逆转，全在每个人自己去把握。

每个人的命运中都可能会出现困境，是沮丧、绝望，还是振兴精神起来奋斗？刘云霞就属于后者。别看她歌喉婉转清丽、容颜娇柔妩媚，可面对下岗，她比男子汉要刚毅坚强；面对商海的风云诡谲，她比行家里手更机智敏捷。

1981年初中毕业的刘云霞在一家街道工厂工作，后来这家民办小厂越来越不景气，刘云霞不得不回家待业。失业的痛苦对于初涉人世的她来说，仿佛是在风雨下迷路的孩子，一时间看不清前行的方向。她一次次在黄昏里徘徊在上班的小路上，一次次质问如血的残阳，这世界为什么如此不公？当看到昔日的工友下班回来，好羡慕好嫉妒。人家为什么能留用，而自己就不行呢？刘云霞开始反省自己，别人留用并不是全靠后门，自己下岗实在是能力欠缺，贫乏的专业知识已经成为自己再就业的障碍。为此，刘云霞拟订了自学计划，她开始一步一个脚印地学财会、公关、微机、汽车驾驶。她认识到，命运总是为有头脑的人准备着的。

20世纪80年代的城市正是建筑行业大展身手的时候，高楼大厦鳞次栉比，而与建筑配套的运输业却没能跟上脚步。刘云霞看准这个市场空档，毅然说动了竭力反对的父母，拿出2000元积蓄并借了4000元买了一台旧货车跑运输，对男人来讲这都是一种极艰苦的活计，何

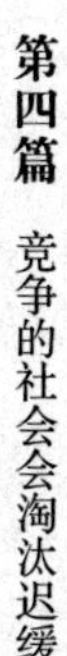

况一个女人？凌晨三四点就得爬起来，晚上不到八九点钟不到家。刘云霞先是拉沙子，后来运砖瓦，有时跑长途好几天在外；饿了啃块硬馒头，吃口咸菜，困了在车上打个盹。一年多的时间里，刘云霞累瘦了，脸晒黑了，但辛苦也得到好回报，1台车发展到了5台，由建筑运输发展到粮食、蔬菜、旧货运输等多方面。下岗后的刘云霞正是用坚强不屈的意志战胜了困境，积极努力用知识武装了自己，靠学得的一技之长创造了成功的机会。

经过一年多的时间，刘云霞已经完全摆脱了困境，开始了创业发展。善于把握商机的刘云霞立即把目光投向了饮食业，经过一段时间努力，于1991年3月建立了沈阳陵东食品采购站，从许多食品、饮料厂家以厂价进其产品，然后在陵东市场对外批发。刘云霞利用消费热点薄利多销的举措颇受欢迎，采购站的生意越做越红火，很快采购站又增加了酒水批发业务，并于1993年成立了亨通食品经销公司。

刘云霞致富的梦想虽然一个个地变成了现实，但她仍不满足。1994年初，她得知位于皇姑区华山路一个商店要转兑，刘云霞决定买过来。可是卖方说已有了买主，刘云霞当机立断，以高出对方的价格买了下来。她要把它改建为酒店，经营餐饮业。当时的市面上，餐饮酒楼林立，竞争激烈残酷，不少酒家纷纷倒闭，而且各种纷繁复杂的社会关系令许多有经验的商家都难以应付。酒店业陷入低潮是竞争水平不高所致，钱越难赚，越有人能赚钱。只要有良好的管理和优质的服务，在低潮中一样可以闯出新天地。1994年3月，经过一番扩建装修，"金运"大酒店在鞭炮声中正式营业，刘云霞和员工热情地迎送着八方来客。

管理酒店，不仅是一种尝试，更是一种挑战，刘云霞明白要想在商海中站稳脚根必须有一个高素质的员工队伍。对招聘来的员工进行岗位培训，都是她亲自制订培训计划，编写教材，给员工授课。针对员工文化底子薄的状况，她亲自去新华书店购回有关书籍，免费发到员工手中。她说金运的员工不仅仅是端盘子的服务员，更是一支文化含量高的服务队伍。她还制定了服务员提升大堂经理制度，激发了员工的竞争意识，有3名服务员提升到大堂经理。大酒店程序复杂，如何提高效率，让顾客放心，这关系到酒店经营的成败。

为此，刘云霞实行了以酒店为主体的微机联网控制系统。顾客结算时用微机把菜单价格打印出来，让顾客过目签字，服务员不可涂改。节省了时间，提高了工作效率。顾客对这一举措十分满意，他们说，到“金运”吃得放心，高兴而来，满意而归，归了再来。

10多年的时光在不断竞争中悄然逝去，吃尽酸甜苦辣的刘云霞所经营的亨通食品经销公司和金运大酒店已经拥有300名训练有素的员工队伍，营业面积由过去200平方米的规模发展到4000平方米，由过去的2000元起家发展到上千万元的固定资产，利润额年均百万元。也许你就是下岗职工，也许你正处在困境中，也许你想挣很多很多的钱，然而你若不能正视自己，不能不断地提高自己，学得一技之长，如若不能及时把握市场竞争中的赚钱时机，如若不能科学管理，善于经营，如何能走上成功之路？刘云霞的奋斗历程实在值得人们深思。

2. 用快乐的心态战胜挫折

在社会生活中，每个人面临的困境都是不同的，但是，不论什么样的困境，只要以快乐的心态面对就能够使自己的生活充满阳光。有一位旧书摊主，是个五十开外的中年男人，头发已有点白了，虽然他看上去满脸疲倦，但他脸上却始终挂着一种温暖而平和的微笑。他的生意不是很好，但他脸上的微笑从没因此收敛片刻，他依然笑对着每一位从他书摊前经过的人，犹如一道令人心动的风景。

他原来在这座城市里一家有名的企业上班，不巧的是他下岗了，更不幸的是妻子又遭车祸，至今仍然躺在床上，本是小康的生活已跌入贫困的深渊。再加上一个读高三的女儿也正是花钱的时候。没办法，只好出来弄点旧书卖，成本不高，周期短，能赚多少算多少，只求能把这个家支撑下去。令人吃惊的是，当他讲述那些常人也许无法承受的不幸时，脸上仍带着淡淡的笑容。

他家很狭窄，他说他本来有套宽敞的住房，但为了妻子的医药费而换给了别人。凡是到他家里去过的人都会被他妻子的一张笑脸所感动，她坐在沙发上，从她身上可看出受伤的痕迹。他妻子的微笑正如他示人的微笑一样温暖而平和，从这张笑脸上根本找不到那种重伤在身、贫困交加的人所表现出来的厌世、焦躁、淡漠与敌视的神情。那张脸虽清瘦苍白，但洋溢出的微笑却如花般灿烂，鲜丽，使整个房间弥漫着一种醉人的温馨。他们好像完全不顾忌外人在旁，他坐在他妻子身旁，微笑着问她好点没有，她妻子也微笑着抚摸着他的脸，问他累不累，那情景让人羡慕而感动。此时，她的女儿放学回来了，她身上散发着一种青春活力，脸上的微笑一如她的父母，在那份温暖和美丽的微笑中每个人都能够读出一种自强与希望。

他们一家人为什么在接踵而至的不幸中，仍能示人以如花般的微笑？这就是快乐的心态。每个人都能够感受到那种蕴涵在微笑后面坚实的、无可比拟的力量——那是一种对生活巨大的热忱和自信，一种高格调的真诚与豁达，一种直面人生的成熟与智慧。只要具备了这种淡然如云微笑如花的人生态度，那么，任何困境和不幸都能被锤炼成通向平安幸福的阶梯。

一位记者到一所很闭塞与落后的山村小学采访，她在钦佩那位40出头的学校唯一的女教师所取得的感人业绩之外，更惊讶的是——繁重得令人难以想象的超负荷的工作，连医生都束手无策的痼疾，在加上接二连三的家庭变故，都没有褶皱她的肌肤，没有留下点滴憔悴的影子。她那红润的，泛着青春光泽的容颜，实在令人惊讶不已。

女记者不由得脱口问道：“你有什么养颜秘方吧？”

她莞尔一笑：“有啊，就是让人心中时时充满爱意。”

因为心存爱意，意外的风雨中，有了陌生人伸来的一柄雨伞；泥泞的路上，有了一双搀扶的胳臂；苍茫的夜色里，多了一盏驱散寒意的明灯；独行的背后，多了一道关注的目光；匆匆的行旅中，多了一声善意的提醒；漫漫的征途上，多了一份诚挚的祝福……

有一位中年妇女，在街道摆了一个修鞋摊，虽然每天辛辛苦苦，但是，也挣不了多少钱。日子很辛苦，却生活得很快乐。她修鞋已有20多年，在老家时就给人修鞋，她钉鞋掌，用的皮子不是旧轮胎，而是轮胎厂机器上下来的新皮子，是她花很多钱直接从轮胎厂买来的。她顺手从箱底拿出一摞有鞋底宽窄，裁得方方正正，薄厚、软硬都很适中的新皮子给我看。想到她给人钉鞋掌只收一块钱，真的是没赚什么钱。

她说："人活着，为人最重要，人活就要活个人格。给人修鞋就跟人吃饭是一样的，你能吃了这顿不吃下顿吗？你今天把人家糊弄走了，人家明天还来吗？你看，最近这地方一整顿，就留下我们这一个摊位，这还不是靠认真做事维下的？住在这片的人都知道我俩，有什么难事都乐意跟我们说。"她指着身后的楼说："这楼里住着一个患脑血栓的老爷子，挺胖的，那天儿女们带他看完病，来求我爱人帮他们把老人背上楼，我爱人二话没说，蹲下身，背起老人，爬上五楼……"

她指着报纸上"简单生活"四个字说："这人不同，过的日子也不同。什么都不缺了，也不见得有好心情，我们这儿天天劳动，吃点苦，受点累，挣点吃喝，从早到晚，老有人在这儿坐一坐，聊一聊，挺乐的。"

劳动本身就是一种快乐，为别人付出也是一种快乐啊！快乐的心态是对人间生活的爱意产生出来的，热爱生活，热爱人类，热爱劳动，就能够在一个人的心里产生出来无比强大的力量，面对困境而不屈服。所以，热爱生活才是生存的根本智慧。

海明威说过，人可以被打倒，但不可以被打败，这就是我们人类应有的信念。

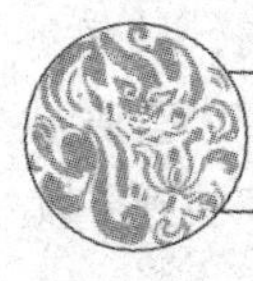

3. 强者不会被相同的困境困住两次

很多人要是没到大难临头，往往不会发挥出他强大的实力，除非不幸的悲哀、丧家的痛苦及其他种种创痛足以打动其生命内核，不然，他内在的潜力是不会被唤起的。

检验一个人的品格，最好是在他遇到挫折的时候，看他受到挫折以后将要怎样。挫折能唤起他的更多的勇气吗？挫折能使他发挥出更大的努力吗？挫折能使他发现新力量、挖掘潜在创造力吗？受挫以后，是决心加倍的坚强还是就此心灰意冷？

所以，人在困境中就会有两种不同的命运成功或者失败，这里的关键就是看一个人怎样去面对困境，是健全坚强还是脆弱病态。对于一个心理健全的人来说，困境常常可以促使他发挥出超常的才能，做出惊人的成绩。

爱默森说："伟大、高贵人物最明显的标志，就是他坚韧的意志，不管环境如何恶劣，他的初衷与希望不会有丝毫的改变，并将最终克服阻力达到所企望的目的。"

跌倒以后，立刻站立起来，向失败夺取胜利，这是自古以来伟大人物的成功秘诀，也是强者的法则。

有人问一小孩子，怎样才能学会溜冰。小孩回答："每次跌倒之后，立刻爬起来！"促使个人成功或军队胜利的，实际上也是由于这种精神。跌倒算不得失败，跌倒后不站起来才是失败。

詹联方小姐只身闯天下，几经起伏获得成功，并且有深切的体会：困境可以打垮一个人，也可以成就一个人，关键就在于对命运不屈服，只要坚持就可能成功。她大学毕业后当了新闻记者，并锻炼出很强的交际能力，后来她只身奔向深圳去创业。但是，开始很难找到工作，连个杂工也找不到。经受到生存的重压，她绝望了，于是走向了大海，想了此一生。当浩瀚的海水浸过她半腰的时候，她想到了父母亲不能失去她这个女儿，便返回来。她决心发挥自己的才能奋斗下去，再去谋职。命运不但等不来，就是用死，你也吓不了它，只有去拼搏，将它打倒在脚下，才能改变它。终于，她在深圳国贸大厦遇到一位有眼力的老板，她当上了每月拿300元的推销员。她不仅找到了饭碗，而且找到了展露才华的机会。

一个时期后，她的出色表现受到老板重视。老板发现她挺有几分灵气，很有交际能力，便把她派往厦门去组建分公司。她决定在厦门扎下根来，好好发展自己。于是她运用当记者时建立的关系，和内地挂钩做生意，使公司业务逐渐扩大。

她不仅经营分公司内的业务，同时还把触角伸到了其他领域，只要有赚钱的可能，她都要一试身手。失败了，立即撤退；成功，乘胜追击，她的资本积累渐渐地有了规模。于是，她辞职自已当老板，首先承办了一个“雅品”酒楼。没有想到这个酒楼开张才一年就亏损300万元，她身负重债，依然鼓励自己绝对不能倒下去。

去找朋友借钱，可是她债台高筑，一般朋友没有那么多钱，有钱的朋友不肯与她见面。最后，她把希望寄托到在北京认识的一个朋友，这是她的唯一希望。她对朋友说：“我以前借的600万元全砸进去了。如果你不再借450万元拯救我，我可能从此倒下去再无翻身之日。那么，你以前借给我的600万元都化为乌有。”

那位朋友进退两难，经过再三的权衡，最终还是冒着风险，答应了她的要求，她再一次得到了起死回生的机遇。

她停止了“雅品”经营，进行全新的创业，筹建了“厦门鑫泉贸易公司”，同时涉足房地产的开发。这一次，她从失败中找到了经验，谨慎从事，逐步探索，一次次的成功，事业像滚雪球似的壮大了起来，几年后形成了以生产金刚石为主体的“厦门鑫泉集团公司”，又引进意大利的生产线，机械设备的质量不仅在国内同业中名列前茅，而且冠盖整个亚洲，下属子公司达10多家。

命运赐予人的可不是一帆风顺。敢于进取的人将自己看成一个皮球，把挫折、打击看作外力，皮球受到外力越大，就一次比一次蹦得高。

生命对于你，恐怕是一页页创痛深刻的伤心史！在检阅过去的一切时，你会觉得你处处失败，碌碌无成！你热烈地期待着成功的事业竟不曾成功，你所亲爱的亲戚朋友甚至会离弃你！你会失掉职位，甚至会因不能维持家庭而失掉你的家庭！你的前途，似乎是十分惨淡和黑暗！然而，虽有上述各种不幸，只要你不甘心永远屈服，胜利就会向你招手并等待你的到来。

要善于检验你人格的伟大力量：你应该常常扪心自问，在除了自己的生命以外，一切都已丧失了以后，在你的生命中还剩余些什么？即在遭受失败以后，你还有多少勇气？假使你在失败之后，从此振作不起，放手不干而自甘永久屈服，则别人可以断定，你根本算不上什么人物；但假如你能雄心不减、进步向前，不失望、不放弃，则人家可以知道，你的人格之高、勇气之大，是可以超过你的损失、灾祸与失败的。

或许你要说，你已经失败很多次，所以再试也是徒劳无益，你跌倒的次数过多，再站立起来也是无用。对于意志永不屈服的人，决没有什么失败！不管失败的次数怎样多，时间怎样晚，胜利仍然是可期的。

无论你做了多少准备，有一点是不容置疑的：当你进行新的尝试时，你可能犯错误，不管作家、运动员或是企业家，只要不断对自己提出更高的要求，都难免失败。但失败并非罪过，重要的是从中吸取教训。

4. 上帝总会眷顾有心人

有位名叫格德纳的加拿大人，他原是一家公司的普通员工，因一直没有得到晋升，一度思想消沉。有一天，他在复印机旁复印文件，因思想不集中，失手把一瓶液体泼洒在文件上，结果把文件搞得一塌糊涂。老板一气之下，借此把他解雇了。当他回家后望着那张使他失业的复印件发呆时，忽然悲伤的眼中露出了喜悦的光彩，因为他发现在被液体污染过的相应部分留下了漆黑的斑块。也就是说，这种液体能使复印机印不了文件，于是，几经试验，他终于研制出一种写字打字印刷图文与普通纸张无异但可以防止盗印的影印纸，并大量生产销售。尽管这种纸张价格昂贵，但因把它使用在保密文件、军事材料、秘密图纸上，能有效地防止别人盗印，所以每年销售量都在1亿张以上。

还有一位叫吉麦的法国人，他曾经是一个贫穷的画家。一次，他在院子里作画，偶然一挥笔，把许多蓝颜料溅到白衬衣上。他太太洗衣时，怎么也洗不干净，最后只好把带有蓝色痕迹的白衬衣挂上晒干，谁知晒干后衬衫比以前更加洁白了：当他经过几次试验，结果仍然一样时，他忽然心里一动，于是，他迅速把它研制成一种可使洗涤物洁白的“漂白剂”，进行大批量生产，从而建立起他的洗涤剂王国。

在人生路上，一种谬误，一次挫折，往往会把自己推到进退维谷的境地，有时甚至会改变整个人生道路。其实，谬误有时既是人生的挫折，又是人生的转折，这往往是个戏剧性的环节。有许多人因倒霉交上好运，或创业，或发财，或有所建树，而其前提是：善待谬误，巧寻转机。

对于没有事业心的人来说，挫折是一场灾难。挫折可以毫不留情地撕碎他们的各种幻想，湮没他们对未来的美好希冀。挫折剥夺了这些人的幻想和希冀，也就意味着他们将一无所有。

可是，挫折对于有强烈事业心的人来说则只是人生中一个小小的涟漪，他们越是受挫折，越是发愤图强。挫折激发了他们内心中无比强大的动力，有这种动力，他们勇往直前，毫不退缩。

内蒙古伊利实业股份有限公司的总经理郑俊怀，就有一种愈挫愈坚的精神。

1983年底，郑俊怀被任命为呼和浩特市回民奶食品总厂的厂长。那时候谁见了这个厂谁头疼，设备简陋、工艺落后、人员素质不高、管理混乱……所有这些条件为这个厂造成的只有一种结果，这就是濒临倒闭。

可在逆境中成长起来的郑俊怀对此没有丝毫的顾忌，他相信，凭借自己的勇气和全厂职工的支持，不怕这个厂不旧貌换新颜。

上任伊始，郑俊怀先为企业规定厂各项生产、经营、管理制度，这使企业很快就走上了发展正轨，接着，他把生产新产品作为事业发展的突破口。

为了确保新产品在春节期间上市，到了腊月二十八，郑俊怀和工人们都不休息。经过多次试验，他们的新产品一毛钱一支的奶油冰棍终于面市了。可是在市场上，这种新产品却不受人们喜欢，他们首次开发的新产品以失败而告终，他们厂的信誉也受到了前所未有挑战。在这种情况下，职工们的情绪非常低落，没想到自己的心血就这样白白花费了。有些工人甚至心灰意冷，什么事都不想做，郑俊怀却好像没发生什么事似的，他安慰他的职工们说："这算什么，我们要做的是大事，做大事就不能向困难低头。自古以来。哪个做成大事的人没有经历过失败。"他的鼓舞使工人们又重新振作起来。

与此同时，他也寻找失败的原因。后来他找到了原因所在，企业要想发展，必须开发出新的高质量的乳制品，而不是一毛钱一支的奶油冰棍。

1984年的正月十五，当别的人家都沉浸在家庭团圆的幸福中时，郑俊怀却独自一人到上海考察冷饮市场和生产设备去了。在那里他看上了一种生产雪糕的设备，但是这种设备非常抢手，即使付现款也得等一年才能提货，并且当时的回民奶食品总厂根本就没有钱，这个难题摆在了郑俊怀面前。

郑俊怀马上返回呼和浩特向银行要求贷款，可他的厂是个小厂，又面临亏损，企业信誉又不高，银行拒绝贷款给他。

面临艰难处境，郑俊怀劲头儿十足，他每天都在银行里死缠硬磨，就这样坚持了一个多月，他这种"得不到贷款誓不罢休"的精神感动了一位农行领导，他才贷到了10万元资金。

贷到款后，郑俊怀马上派两位厂领导去上海。这两位厂领导走之前对郑俊怀说："我们一定尽力把设备买回来。"郑俊怀生气了："把'尽力'那两个字去掉，你们一定要把设备买回来。"两位厂领导犯了难，说："人家要是不卖呢？"郑俊怀说："我怎么把款贷出来的，你们就能怎么把设备买回来。"两位厂领导茅塞顿开，到了上海后不辞劳苦，一遍一遍地找厂家，这家厂的厂长终于也被打动，卖给了他们设备。

挫折不能打消企业家的信念，在企业家的眼中，挫折是为了保持身体健康而必须吞下的一剂良药。

设备到达厂里后，郑俊怀为了抢时间不分昼夜地与工人们一道工作，并肩作战，不到一个月，设备就安装完毕，靠这套日产雪糕10万支的设备，回民奶食品总厂当年的利润达到了10万元。就是这10万元利润，鼓舞了职工们的信心，使企业向着成功迈出了一大步，郑俊怀也成为真正的强者。

5. 战胜挫折的唯一方法是行动

对待挫折的态度是强者和弱者的分水岭。

从理论上分析，在我们这个世界上，每个人成功的概率都是相同的。但是，事实却不是这样，成功发展的毕竟只是极少数人，原因就在于人们对待挫折的态度不同。从某种意义上说，对待挫折的态度是能否成功的分水岭。在挫折面前低下头的人，最突出的习惯是一遇挫折就放弃努力。而成功者的习惯恰好与之相反，敢于在挫折面前挺直腰板，反复地从各个方面与挫折周旋和较量。因此，在成功者的人生辞典中有这样一句话：

我的习惯正在于有办法改变自己的命运！

在遇到挫折时，我们往往很快就会放弃努力，不再坚持尝试，而且我们不再努力的理由通常是不充足的。我们常说："这是不可能的。"或者说："我无法改变自己。"其实，我们是能够改变的。

在我们奋斗的过程中，人人都会遇到挫折。

在心理学上，挫折是指一个人在从事有目的的活动时，在环境中遇到种种致使其动机不能获得满足的障碍和干扰，从而产生的一种复杂的情绪状态。

挫折使人产生或轻或重的挫折感，这是一种消极的情绪状态，有人称之为"心理停滞状态"。这种状态，有时会造成非常严重的甚至不可挽回的后果，而这种后果，本来是完全可以避免的。

日本一家著名企业在一次高级管理人才的公开招聘中，发生了这样一件事情：一个平素成绩优异，对未来充满自信的大学毕业生，因为未被录取而自杀了。

两天后，招聘结束。当企业负责人查询电脑整理资料时，意外地发现，那个自杀的应聘者其实是成绩最好的，只是由于电脑的失误，才导致他落榜。

这的确是一件令人深深为之惋惜的不幸事件，而更令人深思的，还是那位企业负责人在真相大白后说的一段话：“我为电脑操作失误深表歉疚，为这位大学生的不幸感到惋惜。但从企业的角度，我却感谢这次事件和这场特殊的考试，我为我的公司庆幸。”

这位负责人的话值得深思，不能对待挫折的人无法胜任许多正常的工作，不能战胜挫折的人决不可能成为事业上的成功者。

不同的态度，不同的反应，其实反映了个体之间挫折容忍力的差异。

挫折容忍力是指一个人遭遇挫折时心理的承受能力，是指个人经得起打击或经得起挫折的能力。能忍受挫折的打击，具备良好的适应能力，以保持正常的心理活动，这是心理健康的标志，也是成功发展者所必须具备的重要心理素质之一。

挫折不等于失败。失败尚且有可能转化为成功，何况随处随时都可能发生的那些一时一事的挫折呢？

著名成功学家拿破仑·希尔曾经这样解释失败与挫折：

“这里，先让我们说明‘失败’与‘暂时挫折’之间的差别。且让我们看看，那种经常被视为‘失败’的事是否实际上只不过是暂时性的挫折而已。

“有时候，我甚至认为，这种暂时性的挫折实际上是一种幸运，因为它会使我们振作起来，调整我们的努力方向，使我们向着不同的但却是更正确或者更美好的方向前进。”

由此可见，假如一个人能够具备正确的挫折观的话，挫折不仅不是坏事，而且还可以成为一种积极的心理动力。它可以增长一个人解决问题的能力，引导一个人以更好的方法或更好的途径去实现自己的人生目标。

这种向自己挑战的内在冲动一旦化为行动，世界上任何挫折都不会使我们屈服。

对于一个强者来说，遭遇挫折，正是他向自己挑战的时机。

他要向怯弱挑战，变怯弱为无畏。假如不能战胜怯弱，他就无法在成功的道路上继续走下去。他要向不幸挑战，变不幸为幸运。对于一个拥有积极心态的人，每一个不幸中都潜藏着幸运的种子。他要向面临的各种各样的问题挑战，因为问题中已经包含了解决问题的办法。他要向贫困挑战，变贫困为富有。努力奋斗的人不会永远贫困，至少在精神上，他不会向贫困低头。他要向困难挑战，因为他知道，生命中的每一个困难，都是对一个人战胜困难的能力的考验。他要向一切不满意的事物挑战，在挑战中改变自己的命运，改变自己的世界。

只有成功发展者，才能在磨难和挫折中继续生存，才有勇气去迎接困难的挑战，才有毅力去战胜逆境和获取新的成功。

一位美国著名电视节目主持人曾经举过一个十分有趣的例子：

爱荷华州的农民以种植马铃薯为生，他们每年都习惯于将收获的马铃薯按体积的不同分为大中小三类，然后分类包装，以不同的价格出售，分类包装占用了他们大量的精力和时间。

可是有一个农民却从来不这样做，他是当地农民中收入最高的人。

有一天，他的一位邻居忍不住问他：“为什么你从来不用对马铃薯分类？”他回答道：“其实道理很简单，我只是把所有的马铃薯装上车，然后将车开到最崎岖的路上。经过8英里山路的颠簸，小的马铃薯自然会滑到下面和四周去，而个头较大和体积中等的马铃薯则会自然地留在上层和中央。”

这个道理不仅适合于区分马铃薯，也能给人以启示：崎岖的生活道路和艰难困苦的环境，往往更能使一个坚强的人充分体现出他们自身存在的价值。

挫折是难以避免的客观现实，不如意是人生路上自我反省的一面镜子，是每一个生活在现实社会中的人必有的经历。只要有了正确的思想方法，烦恼自然就会离你而去。

6．心动不如行动

梦想是强者的起跑线，决心则是起跑时的枪声，行动犹如跑者全力的奔驰，唯有坚持到最后一秒，方能获得成功的锦标。

除了思考之外，成功关键还在于行动。因此，我们主张，既重心动，更重行动。

决定是银，行动是金。只有行动，理想才能变为现实；只有行动，才能一步一步迫近成功；只有行动，才会有结果。

行动的重要性人皆共知，只要你认真回想和总结自己的一生，你就会发现，你的所有成功、所有收获，哪怕是最小最细微的，都是行动的结果。从小时候，你刚生下来时的呀呀学语，到试着跨出人生的第一步，到你走上社会，在人生的大海里畅游，练得一副好身手，无一不是行动的结果。

然而，当我们把目光扫视人群，你就会发现，人群中不同的人对行动就会有不同的理解，不同的人就会有不同的行动。有的人行动是在迫不得已时，才跨出一步半步，有的人则以积极的姿态时时刻刻积极行动。同样都是行动，但这两种不同的行动态度、行动方式却会产生两种截然不同的行动结果，形成反差很大的两种人生。

在美国，有一位名叫西尔维亚的女孩，其父亲是波士顿有名的整形外科医生，母亲在一家声誉很高的大学担任教授，她的家庭对她有很大的帮助和支持，她完全有机会实现自己的理想。从念大学的时候起，她就一直梦寐以求地想当电视节目的主持人。她觉得自己具有这方面的才干，因为每当她和别人相处时，即便是陌生人也都愿意亲近她并和她长谈，她也知道怎样从人家嘴里“掏出心里话”，她的朋友们称她是他们的“亲密的随身精神医生”。她自己常说：“只要有人愿给我一次上电视的机会，我相信一定能成功。”

但是，她为达到这个理想而做了些什么呢？其实什么也没做。

她一直在等待奇迹出现，希望一下子就当上电视节目的主持人。这种奇迹当然永远也不会到来，因为在她等奇迹到来的时候，奇迹正与她擦肩而过。

你明白为什么这样的人注定不会成功了吧？光有梦想是不够的，要想成功你必须为自己的理想认真地制订追求到底的决心，并且马上行动！

哥伦布还在求学的时候，偶然读到一本毕达哥拉斯的著作，他知道地球是圆的，他就牢记在脑子里。

经过很长时间的思索和研究后，他大胆地提出，如果地球真是圆的，他便可以经过极短的路程而到达印度了。自然，许多有常识的大学教授和哲学家们都耻笑他的意见，因为，他想向西方行驶而到达东方的印度，岂不是傻人说梦话吗？

他们告诉他：地球不是圆的，而是方的，然后又警告道，他要是一直向西航行，他的船将驶到地球的边缘而掉下去……这不是等于走上自杀之途吗？

然而，哥伦布对这个问题很有自信，只可惜他家境贫寒，没有钱让他实现这个冒险的理想，他想从别人那儿得到一点钱，助他成功，他一连空等了17年，还是失望。他决定不再等下去，于是启程去见西班牙国王，沿途穷得竟以乞讨糊口。国王赞赏他的理想，并答应赐给他船只，让他去从事这种冒险的工作。接下来的问题是，水手们都怕死，没人愿跟意随他去，于是哥伦布鼓起勇气跑到海滨，捉住了几位水手，先向他们哀求，接着是劝告，最后用恫吓手段逼迫他们去。一方面他又请求国王释放了狱中的死囚，允许他们如果冒险成功，就可以免罪恢复自由。

一切准备妥当，1492年8月，哥伦布率领三艘帆船，开始了一个划时代的航行。

刚航行几天，就有两艘船破了，接着又在几百平方公里的海藻中陷入了进退两难的险境。他亲自拨开海藻，才得以继续航行。在浩瀚无垠的大西洋中航行了六七十天，也不见大陆的踪影，水手们都失望了，他们要求返航，否则就要把哥伦布杀死。哥伦布兼用鼓励和高压两种手段，总算说服了船员。

也是天无绝人之路，在继续前进中，哥伦布忽然看见有一群飞鸟向西南方向飞去，他立即命令船队改变航向，紧跟这群飞鸟。因为他知道海鸟总是飞向有食物和适于它们生活的地方，所以他预料到附近可能有陆地。

果然，哥伦布很快发现了美洲新大陆。

可以想象，如果哥伦布再等下去，必然会一生蹉跎“空悲切，白了少年头”，美洲大陆的发现者可能改换他人了，成功者的桂冠永远不会属于他哥伦布了。哥伦布最终成了英雄，他从美洲带回了大量黄金珠宝，并得到了国王的奖赏，以新大陆的发现者名垂千古，这一切都是行动的结果。

7. 挫折是成为强者的起点

有这样一则故事：

在某个地方有一家很大的农户，其户主被称为耶路撒冷附近最慈善的农夫。每年拉比都会到他家访问，而每次他都毫不吝惜地捐献财物。

这个农夫经营着一块很大的农田。可是有一年，先是受到风暴的袭击，整个果园被破坏了；随后，又遇上一阵传染病，他饲养的牛、羊、马全部死光了。债主们蜂拥而至，把他所有的财产扣押了起来。最后，他只剩下一块小小的土地。可是，他却说：“既然神赋予的东西，神又夺回去了，还有什么说的呢？”

面对挫折，他处之泰然，一点没有怨天尤人。

那一年，拉比像往年一样，又到了农夫的家。见他家道中落，拉比们都对他表示了同情，也无意再请他捐献。

这位农夫的太太却对丈夫说：“我们时常为教师建造学校，维持会堂，为穷人和老人捐献钱，今年拿不出钱来捐献，实在遗憾。”

夫妇俩觉得让拉比们空跑一趟，于心不安，便决定把最后剩下的那块地卖掉一半，捐献给拉比。拉比非常惊讶在这样的状况下，还能收到他们的捐款。

有一天，农夫在剩下的半块土地上犁地，耕牛突然滑倒了，他手忙脚乱地扶起耕牛时，却在牛脚下挖出个宝物。他把宝物卖了之后，又可以和过去一样经营果园农田了。

第二年，拉比们再次来到这里，他们以为这个农夫还和以前一样贫穷，所以又找到这块地上来。附近的人告诉他们：“他已经不住在这里了，前面的那所高大的房子，才是他的家。”

拉比们走进大房子，农夫向他们说明了自己在这一年所发生的事，并总结道：只要不吝惜财物，乐于捐献行善，它必定会倒回来的。

这位农夫的经历告诉我们，面对挫折，决不能害怕胆怯，去做那些你害怕的事情，害怕自然会消失。

人生如行船，有顺风顺水的时候，自然也有逆风大浪的时候。

如果你的人生一直顺风顺水，那该有多好啊！这种可能性不是没有，但你却没有这么好的运气。

那么，有没有可能将逆风大浪变为顺风顺水呢？

有，这就要看掌舵的船夫是不是高明了。高明的船夫会巧妙地利用逆风，将逆风也做了行船的动力。

人生、事业的发展也一样。如果能够始终以一种积极的心态去对待你人生中可能遇到的“逆风大浪”，并对其加以合理的利用，将被动转化为主动，那么，你就是人生征途上高明的舵手。

比如，你经营着一家商场，然而最近你宝贵的经营场地的门脸要被市政工程占用为人行道，这对经营活动来说甚至是致命的，看来，损失似乎是注定的。

然而未必。

日本三越百货公司银座分店的经理冈田茂就遇到了这样的困境，起初他为此大伤脑筋，但经过仔细的分析研究之后，他认为：既然无法改变这一既定的事实，倒不如干脆适应这种情景，把店面的一隅改装成为完整的人行道。他坚持这样做了，结果当行人通道通行无阻后，行人增加了，使店里的货物销售额一下子就增加了三倍。

冈田茂的这种做法，与我们常见的那些总是想方设法侵占店前通道以扩大所谓的营业面积，结果使门前通道堵塞，迫使许多行人不得不改道而行，进而导致大幅度降低商场经营活力的做法，形成了极为鲜明的对照。

当然，对于我们人生征途上遇到的挫折，一定要加以具体的分析。有些挫折，是因为我们所选择的方向不对，这时候我们恐怕就不能考虑将逆风化为顺风的问题，而是需要重新选择一下我们的人生之路，否则，你即使将逆风转化为顺风，也只能是距离我们的目的地越来越远。

这时候，你需要的是调整自己的航向。

8. 只有奔跑才能有所收获

人如果没有行动，即使再简单的事情也做不成。

每个人都会做梦，每个人都梦想着自己能够成功，而且，有些人关于自己的事业计划想的是头头是道，第一步应该做什么，第二步应该做什么，第三步……。

是啊！谁不希望自己能够成功呢？做一个成功的强者是多么令人羡慕的事情啊！这个世界谁是主宰？是成功者！是强者！

如果事业成功在梦想里就能够实实在在的实现，那该是一件多么美妙的事情啊！

可惜，梦想终归是梦想，计划终归是计划，人生目标终归是人生目标，它们都能变为现实，但却都不是现实。在目标和成功之间，在梦想与现实之间，在计划和结果之间，需要的是两个字：行动！

如果没有行动，即使再简单的事情也做不成。

人是有惰性的，惰性就具体表现在做事拖拖落落上面。做事拖拖落落，主要就是指制订成功的计划不去采取行动，也包括已经认识到自己的缺点而不去改变。这两方面的拖拖落落，都是成功发展的大敌。

做事情拖拖落落，就是指把不愉快或者已经成为负担的事情推迟到将来再做的行为。更严重的是，这样久了，拖拖落落就成为了习惯。不管做什么，如果不拖拖落落，他反而不习惯了。所以，如果你是这样的人，从今天开始，你就应该意识到，做事拖拖落落，实际上是在浪费你的生命。所以，如果你只是活在自己的梦想之中，活在计划之中，这其实也是在浪费着你宝贵的生命。

做事拖落、总是沉浸在梦想中的人，最喜欢的事情就是要花很多时间思考要做的事情，担心这个担心那个，找借口推迟行动，同时，又因为自己没有完成任务或者没有改变某个缺点而懊悔。本来，在这段时间里，他们完全有时间把自己担心没有做的事情做完，或者把没有改变的缺点改变过来。

然而，他们就是不能将自己的计划转化为行动。

而治疗这种疾病的灵丹妙药就是：立刻采取行动。

我们就看看“利用行动治疗”的种种心理上的恐惧感：

如果你因为工作上失误而烦恼，应采取的行动是：使自己更埋头努力，专心于把目前的工作做得更好、更完美。

如果你对“我可能要生病”烦恼，应采取的行动是：如果真的生病了，就趁着这个机会好好休息休息。

如果你因为一位朋友而烦恼，应采取的行动是：立刻驱车或乘车去拜访他，拜访完了你也就心安了。

如果你为别人嘲笑你的仪容而烦恼，应采取的行动是：到理发馆或美容院去。

如果你对退休以后的经济来源感到担忧，应采取的行动是，从现在开始进行一些投资计划。

如果你对当众讲话感到恐惧，应采取的行动是：训练自己勇敢地站起来，自然地开口讲话。

如果你总是沉浸在发展的计划中不能自拔，应采取的行动就是：行动！

还有几种方法可以使你立刻开始行动：

确定一项任务是否非做不可。如果这项任务真的不重要，就干脆把它取消好了，而不是计划了以后又后悔。

把任务委托给其他人。你不喜欢做，就把它委托给一个更适合做、更乐意做的人，你和他就都成了赢家。

弄清楚到底有什么好处，然后行动起来。从你的目标与理想的角度去分析这个任务，如果事关重大，对你的发展大目标有着举足轻重的作用，你就拿出你全部的干劲去做。

养成好习惯，重新训练自己，用好习惯来代替坏习惯，这一方法屡试不爽。

世界著名的成功学家拿破仑·希尔本人就在将目标变为现实这一方面为我们做出了很好的榜样。

1908年，年轻的希尔在美国田纳西州的一家杂志社工作，同时又在上着大学。由于他在工作上的杰出表现，杂志社派他去采访伟大的钢铁制造家、经济巨人安德鲁·卡耐基。卡耐基非常欣赏前来采访他的这位积极向上、精力充沛、富有闯劲、有毅力、理智与情感又处理得恰到好处的年轻人，他对希尔说："我向你挑战，我要你用20年的时间，专门用在研究美国人的成功哲学上，然后提出一个答案。但除了写介绍信为你引荐这些人，我不会对你做出任何经济上的支持，你肯接受吗？"年轻的希尔信任自己的直觉，勇敢地承诺说："我接受！"

数年后，希尔在一次演讲中说："试想：全国最富有的人要我为他工作20年而不给我一点薪水。如果是你，你会对这建议说yes或者no？如果是一个识时务者，面对这样一个'荒谬'的建议，肯定会推辞的，可我没有这样干。"

在卡耐基对希尔的挑战中包括明确的目的，即研究美国人成功的哲学，以及达到目的的时限，20年。经过这一次长谈后，在卡耐基的引荐下，拿破仑·希尔遍访了当时美国最富有的500多位杰出人物，对他们的成功之道进行了长期研究，终于在1928年完成了专著《成功定律》一书。

从1908年俩人约定，到1928年，正好是20年。《成功定律》这本书轰动了全世界，激发了千千万万个人发财或者成名，走上了成功之路。而7年之后，拿破仑·希尔则成为美国历史上最受人民爱戴的总统罗斯福的顾问。

与此同时，拿破仑·希尔又开始撰写后来有很大影响的另一本书《思考致富》，该书于1937年出版。随后，他又将《成功定律》与《思考致富》两本书加以总结，得出了成功学领域的著名的17个成功定律，而明确的成功目标正是这17个定律之一，而将目标变为现实的步骤正是拿破仑·希尔的亲身经历所得。

所以，如果你想发展，你就要赶快拟定一个实现自己目标的可行计划，马上行动！

从此以后，你要习惯于“行动”，而不要再耽于“梦想”。这才是一个强者的所为！

9. 困境之中孕育着顺境

敢于进取的人，不受环境地域的限制。不管到什么艰苦地方，都能为自己定下位置，立定坐标，天天发奋向上，稳扎稳打，一步一个台阶，困境实际上就成为顺境。

现在，大学生就业中普遍存在着一种倾向：认为只有在大城市里找到工作，人生才会进入顺境。如果被分回偏僻的乡村小镇，那么，你就会被命运抛弃，人生就陷入了难以摆脱的困境。其实命运不会抛弃任何人，而是人们在抛弃命运；困境不会限制于人，而是人们自限于困境；时运不会拘束于人，而是人们自拘于时运。有优越条件可利用的人，无须去操劳就能得到一个好的位置，一般说来，这样的人有个安乐窝，不愿冒险求发展。只有那些在条件差的地方不服气的人，上进心强，奋斗不已，进展很快。敢于进取的人，不受环境地域的限制。不管到什么地方，都能为自己定下位置，立定坐标，天天发奋向上，年年不断迁升，稳扎稳打，一步一个台阶，困境实际上就成为顺境。

客观地讲，从事业发展的角度来看，不发达的地域反而给自己的机会多些。这些地区的经济及各项事业有待于起飞，急需人才，所以那些有志气、有专长、能吃苦的人，如果下决心到这样艰苦的地区开拓事业，同样可以找到机会，同样能够大有作为。

有一位法律学校的毕业生，家在一个小县城里。毕业时，很多同学利用关系千方百计想留到大城市里，他没有任何关系只好回县城。当时还很沮丧，后来他才意识到，回到偏僻地方也许是一次难得的机遇。因为当一个好律师，必须有很多实践机会。他发现整个县城没有一个正式律师，他是唯一一个受过正规训练的人，成了宝贝。领导十分器重他，把很多案子交给他来办。由于他潜心学习，很动脑子，办了好多大案子、棘手案子，很有成就，很快崭露头角，成了顶梁柱。后来，有一个考取正式律师的名额，自然非他莫属，他刚22岁就成了一名正式律师，并当上了律师事务所所长。相反，与他同期毕业留在大城市的同学，由于省城人才济济，实习的机会少，几年之后有的还没有单独办过案子，还是见习律师，有的还在当文书，做助手。彼此见面的时候，同学们反而用羡慕的目光看他，说他是幸运儿、机遇好。其实，应该说这是落后艰苦地域给了他磨炼提高的好机会，使他很快成才。正是从这个意义上说，艰苦的地域可以向有志青年提供有助于成长的机遇。

对青年人来说，择业时想到大机关工作，以为条件好，有发展前途，这是可以理解的。但是，从长远看，那些有真才实学的人恰恰需要到基层、到艰苦的地方去，在那里可以得到很多在大城市难以得到的锻炼机会。不过，有一个前提，就是必须准备吃苦，没有吃苦精神就不可能有机遇。有一位医学院毕业生，在别人拼命往大医院挤的时候，他却把目光投向了县医院。他作为一个本科毕业生到小医院后，很快表现出自己的才华，成了主力。在那里他遇到很多疑难病，亲自处理，积累了丰富的临床经验，在领导支持下他做了不少有价值的试验，写出了很有见解的论文，在全国学术刊物上发表，很快就成了很有造诣的名医，在评定高级职称时，他被破格晋升，成为最年轻的高职人员。他的出色表现引起上级单位重视，不久他被调到了省城大医院工作，一到单位就担任科主任职务。而他的同学大都还是中职，工作平平，只能给他当下手，反而认为是他的命运好。很显然，他的好运，可以说是他正确选择发展地域的结果。

他们的经历从一个侧面说明，在青年时代还是多选择一些有实践机会的艰苦地区去发展，条件差、生活艰苦，这时好像陷入了人生困境，但是，在这种地区有大量的机会存在，同时你也经历了锻炼，对现实社会生活有了正确认识，也就容易成熟，自然也就会在事业上作出相应的成绩。

10. 勇敢地面对挫折

当你正处于苦难之中的时候，你应该想到，这实际上是命运对你的考验，因为他打算委你以重任。

有个人做了一个梦，梦见自己正与上帝一同在沙滩上散步，天空中闪现过一些生活的场景。

他注意到每个场景都有两组足迹印在沙滩上——一组属于他，一组属于上帝。

当最后一组场景消失时，他回头注视足迹，发现有许多地方只有一组足迹，而这些刚好发生在他人生最低潮的时候。

他便问上帝："上帝，你曾说一旦我决定跟随你，你会一路陪着我走下去，但是，为什么在我人生最糟糕的时候，却只有一组足迹？为什么在我最需要你的时候，你却离弃了我？"

上帝回答说："孩子，我爱你！而且永远不会离开你。在你经受考验的时候，你只看到一组足迹，那些是我背着你时留下来的。"

永远不要气馁，在最艰难困苦的时候，上帝已经背起了你。

渥道夫受雇于一家超级市场，担任收款员，有一天，他与一位中年妇女发生了争执。

"小伙子，我已将50美元交给您了。"中年妇女说。

"尊敬的女士，"渥道夫说，"我并没收到您给我的50美元呀！"

中年妇女有点生气了，渥道夫及时地说："我们超市有自动监视设备，我们一起去看一看现场录像吧？这样，谁是谁非就很清楚了。"

中年妇女跟着他去了。录像表明：当中年妇女把50美元放到桌子上时，前面的一位顾客顺手牵羊给拿走了，而这一情况，中年妇女、渥道夫，还有超市保安人员都没注意到。

渥道夫说："我们很同情你的遭遇，但是按照法律规定，钱交到收款员手上时，我们才承担责任。现在，请你付款吧！"

中年妇女的说话声音有点颤抖："你们管理有缺陷，让我受到了屈辱，我不会再到你这个让我倒霉的超市来购买商品了。"说完她气冲冲地走了。

超市总经理吉拉德在当天就获悉了这一事件，他当即做出了辞退渥道夫的决定，一些部门经理，还有超市员工都找到吉拉德来为渥道夫说情和鸣不平，但吉拉德的意志很坚决。

渥道夫很委屈，吉拉德找他谈话："我知道你心里很不好受，因为我要辞退你，一些人还说我不近人情。"

吉拉德走过去，和渥道夫坐在一起。

他说："我想请你回答几个问题。那位妇女做出此举是故意的吗？她是不是个无赖？"

渥道夫说："不是。"

吉拉德说："她被我们超市人员当做一个无赖请到保安监视室里看录像，是不是让她的自尊心受到了伤害？还有，她内心不快，会不会向她的家人、亲朋诉说？她的亲人、好友听到她的诉说后，会不会对我们超市也产生反感心理？"

面对一系列提问，渥道夫都一一说"是"。

吉拉德说："那位中年妇女会不会再来我们超市购买商品？像我们这样的超市在我们这座城市有很多，凡是知道那位中年妇女遭遇的她的亲人会不会来我们超市购买商品？"

渥道夫说："不会。"

"问题就在这里，"吉拉德递给渥道夫一个计算器，然后说，"据专家测算，每位顾客的身后大约有250名亲朋好友，而这些人又有同样多的各种关系。商家得罪一名顾客，将会失去几十名、数百名甚至更多的潜在顾客，而善待每一位顾客，则会产生同样大的正效应。假设一个人每周到商店里购买20美元的商品，那么，气走一个顾客，这个商店在一年之中会有多少损失呢？”

几分钟后，渥道夫就计算出了答案，他说：“这个商店会失去几十万甚至上百万美元的生意！”

吉拉德说：“这可不是个小数字。虽然只是理论测算，与实际运作可能有点出入，但任何一个高明的商家都不能不考虑这一问题。那位中年妇女被我们气走了，至今我们还不知道她姓甚名谁、家住哪里，因此无法向她赔礼道歉，挽回这一损失，为了教育超市营业人员善待每一位顾客，所以做出了辞退你的决定，请你不要以为我的这一决定是对你乱加罪名。”渥道夫说：“我不会这么认为，您的这一决定是对的。通过与您谈心，使我明白了您为什么要辞退我，我会拥护您的决定。可是我还有一个疑问，就是遇到这样的事件，我应该怎么去处理？”

吉拉德说：“很简单，你只要改变一下说话方式就可以。你可以这样说：‘尊敬的女士，我忘了把您交给我的钱放到哪里去了，我们一起去看一下录像好吗？’你把‘过错’揽到你的身上，就不会伤害她的自尊心。在弄清楚事实真相后，你还应该安慰她、帮助她。要知道，我们是依赖顾客生存的商店，不是明辨是非的法庭呀！怎样与顾客打交道，是我们的重要课题！”

渥道夫说：“与您一席谈，胜读十年书，谢谢您对我的教益。”

吉拉德说：“你是个工作勤恳、悟性很强的员工。若干年后，你会明白我的这一决定不只对超市有好处，而且对你有益处，按照我们超市的规定，辞退一名员工是要多付半年工资作为补偿的。如果半年后，你还没有找到合适的工作，那么你再来我们超市，我们是欢迎你来的。”

渥道夫，这个20多岁的青年，无限感慨地离开吉拉德和他领导的这家超市。以后，他没有再回到这家超市，他筹集了一些资金，干起了旅馆事业。10年时间过去了，吉拉德、渥道夫已拥有了上亿美元的个人资产。

一次集会上，渥道夫和吉拉德不期而遇，他紧握着吉拉德的双手说：“感谢您传授给我一个宝贵的经营诀窍，它使得我取得今天的成绩。”

吉拉德说：“你说这，让我感到迷惑了，我好像没有向你传授什么诀窍呀。”

渥道夫说：“10年前那次长谈，您已经间接说出了您的经营要诀，就是让每一个顾客满意地离开商家。”

吉拉德说：“你真是一位聪慧的人，要知道这可是我的经营秘诀——秘不可传呀！”

随即，两人大笑起来。这天，他们谈得很开心，他们都是依靠同一秘诀，干出了辉煌的业绩。

大凡强者，其成功的经历肯定不会一帆风顺，在成功之前肯定会经历许多的磨难，甚至要遭遇人生的许多超乎想象的苦难。面对这些磨难和苦难，一般人就会退缩，甚至无法从磨难和苦难中走出。而成功者会将其看作是命运对自己的一种考验，只要渡过了磨难，战胜了苦难，人生的前面就会是艳阳天。

既然我们懂得了这个道理，因而在生活中，我们就能正确地对待人生中遭遇的磨难和苦难，将其视为对我们身心的一种考验，只有这样才能做成大事。

第五篇 这个世界是崇尚强者的世界

应对竞争，脱颖而出

1. 物竞天择是自然之道

培根这样说过："知识就是力量。"所以，在今天的世界里，与人竞争，就是知识的竞争，智能的竞争。只有我们掌握了最先进的知识和技能，才有力量参与竞争，才能够在改革开放的时代为自己争取到生存权。

从进化论的角度和观点出发，竞争是不可避免之事，"物竞天择，适者生存"，从生物界到植物界，从动物界到人类社会，到处都存在竞争。唯有通过竞争，社会才能发展，人类才会进步。在社会发展过程中，需要通过竞争发现人才，而人才只有积极参与竞争，才能够脱颖而出，不参加竞争者将最终被淘汰。既然是这样，我们与其被迫去竞争还不如走向前去，勇敢地接受这"竞争"！走向前去，勇敢地面对"竞争"，参与竞争。

但是，要勇敢地面对并加入"竞争"这并不是一句空话，并不是一句口号，也并不具有"咒语般"的魔力。因为，第一，既然是在现代社会里的"竞争"，那么大家就应该是平等的，没有特权的存在，也没有"优惠的待遇"存在，而有的只是共同的存在基础，共同的竞争舞台与共同的"市场选择器"。因此，我们都应该放下思想的包袱，放下心理的负担。因为，列祖列宗不能蔽荫我们万世，父辈母辈也不能辅佑我们今生，关系和明友也不能神通广大，到处显灵，所以，我们青年人应该彻底清醒地认识到，我们必须竞争，靠自己。

第二，既然是"竞争"，就必然是十分重要的，因为不重要的，我们根本没有必要去竞争，那样只是白费气力和成本，是不科学的。因此，既然是重要的，则其激烈、残酷的程度也必然是可想而知的，在竞争过程中是没有同情可讲、没有怜悯可说的，"优胜劣汰"短短四个字就为它的残酷性做了最直接、最透彻的注释了。

因此，当我们鼓足了勇气，壮足了胆量，要面对与加入这“竞争”时，需要清醒的是，我们参加的不是一场“万圣节”的假面舞会，或者去“迪斯尼乐园”寻找一些刺激，也不是去超市或商场悠闲购物，或饭后茶余闲庭信步；需要清醒地认识到的是，我们进入的是一个没有硝烟的战场，参加的是一场永远没有结束的战争。

俗话说“打铁先要自身硬”，“不打无准备之仗”。为了能在这激烈残酷的竞争中“适者生存”，我们首先要把自己培养成一个有“竞争能力”的人，从而能立于不败之地。

学习掌握计算机知识是今天社会能否参与竞争的基本技能，在人类发展的历史上，没有任何一件工具能够像计算机这样彻底改变了人类社会的面貌。自从第一台电子计算机ENIAC在1946年诞生，到今天为止，也只是短短半个世纪的时间，而在这短短的50年中，人数社会已跨人了一个崭新的时代，那就是信息时代。信息时代是计算机的时代，计算机将会在人们日常生活或工作中发挥着决定性的影响作用。从大量的文字处理到数据处理，从普通创作到建筑设计，从通讯到查询，从游戏娱乐到VCD享受，可以说计算机（连同互联网）已深入到我们现代生活的各个角落，成为我们生活的再也难以分割的组成部分了。在这样的竞争激烈的计算机时代，青年人要想走上社会，有个好的工作职位，不懂计算机则将是寸步难行，几乎不可能。今天的“机盲”就如同过去的“文盲”一样可怕，所以青年人应该认识到这一历史发展趋势，尽快掌握计算机知识，以适应社会，充分享用信息时代之美餐，为自己赢得更好的生活条件和事业成功增加砝码。

掌握一门外语是进入世界大舞台参与竞争的入场券，众所周知，因为英国早期的全球范围内的殖民扩张以及当今美国之霸主地位，使得英语几乎成了世界通用语言，所以要想参加国际交流和合作，应该掌握英语。

英语广泛地应用在当今世界的政治、经济、文化、科学等交往中，对于政治交往，当今世界之最大事务，也就是联合国了。虽然联合国有五种正式的官方语言，但由于总部设在纽约，其雇佣的工作人员多为美国人，因此，在平时事务的处理中，英语还是占着绝对地位的。在经济的交往中，国际间贸易的往来、函电、传真的处理，具体术语的定义，简略语的应用，无不都是以英语为基础的。

在科学界，发表的科技文献中，以英语发表的文献占据了所有科技文献的大部分，此外，许多科学会议的工作语言也是英语。英语还广泛运用于交友、谈判、交易、旅游、教育、娱乐等很多方面，即使是生长于中国的青年人也无法避开英语的影响。激烈的竞争是现实的，是不容我们退缩和怯弱的，也不是“夸夸其谈”“纸上谈兵”，而是凭借自己的实力打一场没有硝烟的战争。所以为了生存，为了成功，为了自己也为了国家，让我们做好充分的准备，掌握过硬的本领和技能，抛弃旧有的观念的束缚，清醒地认识世界和未来，树立强烈的竞争意识和风险意识，去大胆竞争，并热爱竞争。

2. 竞争中不会有谦让

我们现在的社会就是一个竞争的社会，每个人的生存权利只有在竞争中去获得。但是，我们中国人受传统思想的束缚，总是存在着君子谦让的习惯，这样常常在激烈的商品竞争中失去机会。这里有一个笑话，但是能够说明现代竞争机制的残酷性。有这么两个好朋友，他们一起去森林散步，一切都很浪漫，他们边走边谈论着人生，谈论各自的理想，非常投机合缘。突然这时候，从树林里冲出来一只大老虎，两个人都想逃命。正当一个人拔腿要跑的时候，却发现另一个人却正在换跑鞋。他十分不理解，深感迷惑地说：“现在都什么时候了，你还换什么跑鞋呀？你这不是在耽误时间吗！就算你换上跑鞋也一样跑不过老虎的！”

可是这个人边换鞋边回答道：“我为什么要跑过老虎呢？我只要跑得比你快就不会被老虎吃掉了！”

这个故事说明了一个道理：竞争是无情的。无论平时是怎样的好兄弟、铁哥们儿，一旦相互之间有了利益冲突，一切情面都会变得不堪一击，再好的兄弟也会变成死对头。

相信大家都听过一句话："商场无父子。"即使是父子，只要到了生意场上，就是竞争对手。如此激烈的竞争，我们怎能无动于衷呢?

物竞天择，适者生存，这是竞争的本质和普遍规律。竞争的这种优胜劣汰的根本属性使得它既是一种激励机制，又是一种淘汰机制。作为激励机制，它可以使胜利的人获得竞争目标，需要得到满足，受到世人的敬慕与舆论的赞扬。而作为淘汰机制，它则会使失败的人失去竞争目标，需要得不到满足，并且往往还会受到世人的轻视和舆论的嘲弄。可以说，正是在竞争的刺激和压力之下，才迫使社会成员不断进取，超越他人，最终融汇成社会进步的巨大洪流，推动人类社会不断进步。因此，竞争从某种意义上来说也就可以被看作是社会进步之母，文明公平的竞争对于推动社会发展有着巨大的作用。

马克思在谈到资本主义社会的竞争时就曾指出："这是一个规律，这个规律一次又一次地把资产阶级的生产甩出原先的轨道，并迫使资本加强劳动的生产力，因为它以前就加强过劳动的生产力；这个规律不让资本有片刻的停息，老是在耳边催促说：前进！前进！资本主义经济正是在竞争机制的推动下飞速发展，使资产阶级在不到两百年的阶级统治中所创造的生产力，比过去一切时代创造的生产力还要多，还要大。"我国三十多年改革开放的实践也充分说明了竞争对经济发展的巨大推动力，市场经济竞争机制的引入，使我国三十多年来的国民经济得到了飞速发展。

市场是最公正的法官、最没有感情的裁判员，所有的竞争者均享有平等的机会，但竞争的结果却只能是"择优录取"，"优胜劣汰"。

一位老总曾经谈过这样一件事：一次，他的公司招聘一名经理，有许多人前去应聘，他一眼就从应聘者中看中了一位小伙子。面试开始了，一个又一个的应聘者走进了他的办公室，可是那个小伙子却一直没有露面。这位老总感到很奇怪，于是就让他的秘书去了解一下情况。秘书回来报告说，那位小伙子遇到了同时来应聘的一些朋友和亲戚，于是就让他们先进来面试了。终于，那位小伙子进来了，果然他显示出了高于其他应聘者的能力，但最终这位老总却没有录用他。当有人问他为什么时，他说道：“虽然他有着超出其他人的才干，但最重要的是他缺乏竞争性。他既然能把应聘的优先权让给别人，那么难保他不会把重要的商机让给竞争对手。才能是可以培养的，而竞争意识则是内生的，我不能把自己的公司交给一个没有竞争性的人去管理。”

竞争性正在逐渐成为衡量一个人能力的标准之一，正如这位老总说的，没有竞争意识的人是不可能获得成功的。看到这里，你是否也应该停下来想一想这些问题：我是一个有竞争性的人吗？我的竞争意识到底有多强？

要想在今天的激烈竞争中获得自己的生存权，就必须改变传统的观念，大胆表现自己，积极表现自己，把机会抓在自己手里。因为只有你自己获得了生存，才能真正帮助你愿意帮助的人。而竞争的根本目的就是要把真正有才能的人推上重要的位置，发挥聪明才智，给社会创造财富。如果做个谦谦君子，把机会让给才能不如你的人，实际上就是对社会的犯罪。

3. 多学本领才能在竞争中脱颖而出

知识经济需要人们不断接受新知识，掌握多种技能，适应社会需要。因为在劳动力市场上劳动力供大于求的情况下，人们以“多技之长”让自己处于优势的主动地位，是大势所趋。

随着社会主义市场经济体制的深化改革，市场对人才是求贤若渴，但此时市场需要的并非只是有“一技之长”的人才。譬如说，××外资公司拟招聘一批业务员，除了学历及外貌上有要求外，伶牙俐齿也不可少，但是仅仅如此还不行。我们可以看到在同一个职位的竞争下，仅“一技之长”者往往会被拒之门外，如业务员的聘用除了要求应聘者有一定的业务知识外，聘用公司很多还考察应聘者的工作经验是否丰富、对市场变化的感觉是否灵敏，等等，有时除了要会讲流利的普通话和简单英语外，还要求应聘者熟悉该公司在某个区域被群众接受的程度或是会讲当地方言，等等。这样一来，如果你只是个“一技傍身”的应聘者，你能敌得过掌握多种技能的人吗？一句话，科技时代渴求多面手。对于应聘者来说，要想走在时代前端，不想落后于人，就应时刻充满就业危机感，多充电，多涉及各个领域的专业知识，努力使自己成为“多技傍身”的多面手，在不断的实践中脱颖而出，成为时代的佼佼者。

在相当长的一段时间里，从我们的企业到诸多就业者本身，一直把拥有“一技之长”作为就业谋生的手段，而在百姓中间那所谓“纵有良田千顷，不如一‘技’在身”“一招鲜，吃遍天”等顺口溜更是传遍五湖四海，传得百姓们大嘴一张一张的尽躺在“一技之长”的快乐中睡大觉。

可是，当我们的地球转入21世纪，走进网络时代，当我们的企业面对滚滚波涛的信息潮流，当社会上的三百六十行早已被三千六百行甚至三万六千行所取代的时候，“一技之长”还管用吗？答案显然是否定的！比如说，在过去，从事会计岗位的人，只需知道会计原理，懂得做会计报表，进行财务成本分析，会打算盘就够了。可是在今天，他要是不懂使用电脑，不能通过“信息”汇总和分析，对企业的整个生产成本进行管理，那么他这个会计铁定当不长久。靠一技之长吃一辈子的老黄历，曾经“造就”了国内无数“一张文凭吃一辈子，舒服一辈子”的就业现象，也造就了一大批思想僵化、头脑简单、知识单一、能力低下的“铁饭碗”拥有者。

而今天当整个世界都进入信息爆炸、知识爆炸时代的时候，如果一个企业和社会还依然用拥有多少博士、硕士、大学生来权衡自己的“竞争”水平，就必然导致企业竞争力的减弱和衰败。有资料表明，在发达的国家，每个员工都得花50%甚至更多的时间来更新自己的技术，“学习、学习、再学习”。几乎每一个员工都是各种岗位上的多面手，如此，我们的大学毕业生，我们的就业应聘者，我们的员工，还有什么理由躺在拥有“一技之长”就不愁没人要的“床铺”上做“就业一辈子”的春秋大梦呢？道理很简单，由于求职者仅有“一技”，在求职时可选择职业的机会，必定会受到局限。倘若有“五技傍身”，那并不仅仅是面前可选择的职业是“一技之长”的5倍，而且对于一个身怀“多技之长”的择业者，谁能不刮目相看呢？因为他们属于人才之列，任何一个用人单位，都不会放过人才的。

所以，人类社会中的强者，属于那些掌握了众多本领的人。

20年前，某外国驻华使馆曾在他们国家聘一位女性文秘人员来华在使馆内工作。应聘的女青年有几千人，最终是一位并不太年轻的女士“击败”千名“对手”，来到了中国。她的优势在哪里？原来，她不仅是一位业务水平极高的文秘人员，她还具备园艺设计师、电气维修师、汽车修理师、烹调师和高级水暖修理工等资质证书和操作技能证书。自她到使馆任职之后，不但使馆内的绿化环境有了大幅度的改善，而且电气故障率迅速下降，她成了该使馆最受欢迎的人。

从这个实例不难看出，随着现代社会的发展，光有“一技之长”，在择业竞争中必定会处于劣势或被动地位。在劳动力市场上劳动力供大于求的情况下，人们以“多技之长”让自己处于优势的主动地位，是大势所趋。在“多技之长”尚处于方兴未艾的阶段时，正是向“多技之长”进军的最佳时机。

4．竞争需要有强者的心理素质

具有竞争实力的人特别突出的特征就是敢于行动，积极行动，绝不犹豫不决，就是那句歌词：该出手时就出手。

竞争的本质就是优胜劣汰。竞争是实力的较量，实力强者得以保存和发展，实力弱者被淘汰和灭亡；竞争是智慧的较量，有才能者得到胜利，平庸愚劣者遭受失败；竞争是意志的较量，意志坚强者能够经受竞争风浪的考验，意志薄弱者则会被竞争的大潮所吓倒。

所以，参与社会竞争，首先就是要提高自己的心理素质，在心理上能够适应社会的竞争机制。那么，竞争需要什么样的心理素质？我们需要从以下几个方面注意培养自己的心理素质。

第一，你需要建立自己的优越感，要有良好的自我感觉，这是你参与竞争的前提，没有这种感觉，你就会处处感到自己不如人，就无法与人竞争。

良好心态的重要性不言而喻，培养自己的优越感是形成良好心态的必要条件，它可以是语言方面的、能力方面的、专业方面的。换句话说，你必须要有自己的东西，不同于别人，能反映你个性的东西。例如，思维的方式、语言的特点……

第二，必须克服胆怯、害羞的心理，大胆表现自己，才能参与竞争，适应竞争。

你也许有这种经历，在某个场合，你打算上台发表自己的看法或作个自我介绍，你在下面经过10多分钟的思想斗争，最终还是放弃了；在前方不远处，有一个陌生人向你走来，你打算跟他（她）打个招呼或进行一次有效的沟通，当你离他（她）只有1.5米时，你偏离了航向——头一低，从旁边拐过去了。事后你可能一直在后悔，为什么要害怕呢？朋友，如果你上了台，即使没有开口或讲得很糟，我都会为你骄傲，你踏出了重要的一步，下次你的表现会更好！你就敢于正视对方的目光，这是自信的一种体现，是积极有效的沟通的前提。目光接触是非语言交流当中表达信息最多、最有效的方式之一，“眉目传情”和“眼睛是心灵的窗户”是对此最精辟的总结。而且这也是一种起码的礼貌，在交谈过程中如果对方东张西望、左顾右盼，你又会做何感想？

第三，给自己以挑战，多经历一些事情，就多一份勇气和经验，也就有了竞争的资本。

以前你不敢想的，现在要敢想；以前你想了不敢做的，现在就去做吧！别想歪了，违法的事可千万别干。例如，独自走一条从未走过的漆黑的小道或胡同（女孩要注意安全）。这是我大一暑期广州之行的深刻体会：“我希望自己经历更多，因为我相信能学到更多！”有很多东西，你必须亲自经历，要不然别人怎么教你，你可能都不会，更不会理解那种感受。其实，人生不正因为经历过才显得更有意义吗？

第四，广泛的阅读，丰富自己的思想，提高自己的思想品位，就会产生独到的见识。

这是增加你财富和“谈资”（谈话的资本）的最好的办法，可以看一切你感兴趣的书，可以是《李嘉诚自传》《方与圆》，钱钟书先生的《围城》，还有戴尔·卡耐基、奥里森·马登、大卫·休谟等的著作以及各种期刊、杂志、报纸。我想提醒的是，不要以为看了一本著作，你的思想就会有大的飞跃。不可能的，这当中有一个从量变到质变的过程，关键是学会思考，带着问题阅读，并将这些知识转化为一种内在的、你自己的东西。

第五，敢于表达你自己的意见，努力凸显自己的个性，坦然面对现实问题。

如果我问你，你怎么理解“人文”？你觉得高校（上大学）对你最大的影响是什么？不要用“我不知道”来搪塞我，你要就你自己的意识、思维所认为的来回答（也就是你怎么想就怎么讲），哪怕别人认为很怪异、荒唐、可笑。你要敢于表达自己的意见，毕竟这是你自己的思想，而这背后潜藏着的是巨大的勇气。

每当你知道自己想做的事情时，就要利用生活提供的每一个机会立即行动！当你的大脑灵光一闪、有一种意识形成时，就要拿笔把它记下来，然后立刻去做。社会需要这样的人，因为，你不管思想多么有价值，最终不变为行动就等于不存在。

5. 能知进退方为强者

强者的生存法则，就要善于看准机会，把握机会，该退则退，该进就进，退步是进步的根本，我们现在常常喜欢说的一句话就是：退一步是为了进三步。其实在现实社会生活中，没有人能够一生中只进不退。退一步就是要有所舍弃，舍不得既得利益，就得不到更大的利益，所以，该舍时要舍，舍芝麻是为了抓西瓜。

有时候，当机会有损于长远利益和发展的时候，就要舍得放弃。放弃是痛苦的，但是一定要这样做。今天的放弃，正是为明天捕捉更大的机遇，得到更大的发展。比如教练李明珠培养出了陈露这个花样滑冰冠军，出现过多次机遇的选择。对于滑冰运动员来说，参加世界花样滑冰锦标赛是难得的机会，可是在日本比赛时，李明珠教练却下决心叫陈露放弃了这次机会。

当时，在日本进行的世界锦标赛，原计划陈露是要参加比赛的，而且已经到了日本。但是，当时她的脚伤得很重，每天的训练都是靠打封闭针才能上场，预赛时要打三针封闭，预赛后伤情更加严重。当时很多人认为陈露此次有希望得冠军，陈露自己也认为来日本就是为了拿冠军，很想拼一下。可是，李教练不放心，带她到日本的医院去检查。医生说，千万不要用强刺激手段来对付局部脚伤，这样会落下病根，造成终身遗憾。此时，她就面临着一次机遇的抓与放的选择。李明珠决定让陈露放弃这届比赛，她的决定引起很大的反应，很多人反对她这样做，连陈露也不甘心。但是，为了长远利益，最终还是放弃了比赛，当国家体委同意这个意见时，她们两人都哭了。事实证明，她们的选择是正确的。当时，如果不放弃比赛，陈露有可能夺得冠军，但是她的运动生涯也可能就此结束；而放弃的结果是，她拿冠军推迟了一年，但是她的运动寿命却得到了延长，得到了拿更多冠军的机会。如此看来，不善于放弃也就是不会选择把握命运的人。

在商务谈判中，如果双方都坚持自己的意见，只进不退，只要获得利益，不愿付出代价，那么，就无法达成协议。所以，智慧的做法就是适当做出让步，退一步求其次，常常能够获得真正的合作，因而也就能够达到自己的目的，懂得退一步海阔天空的道理，你就能够在市场竞争中求得自己的生存。能够站住脚，才能谋求以后的发展。

我们时常钻进牛角尖而不知自拔，因而看不出新的解决方法。

强者的秘诀是随时检视自己的选择是否有偏差，合理地调整目标，放弃无谓的固执，轻松地走向成功。这才是一种聪明的选择！

一个非常干练的推销员，他的年薪有六位数字，很少有人知道他原来是历史系毕业的，而在干推销员之前还教过书。

这位成功的推销员这样回忆他前半生的道路：

事实上，我是个很没趣味的老师。由于我的课很沉闷，学生个个都坐不住，所以，我讲任何东西他们都听不进去。我之所以是没趣的老师，是因为我已厌烦了教书生涯，对此毫无兴趣可言，但这种厌烦感却在不知不觉中也影响到学生的情绪。最后，校方终于解聘了我，理由是我与学生无法沟通；其实，我是被校方免职的。当时，我非常气愤，所以痛下决心，走出校园去闯一番事业。就这样，我才找到推销员这份自己胜任并且感觉愉快的工作。

真是“塞翁失马，焉知非福”，如果我不被解聘，也就不会振作起来！基本上，我是很懒散的人，整天都病恹恹的。校方的解聘正好惊醒我的懒散之梦，因此，到现在为止，我还是很庆幸自己当时被人家解雇了。要是没有这番挫折，我也不可能奋发图强起来，而闯出今天这个局面。

坚持是一种良好的品性，但在有些事情上，过度的坚持，会导致更大的浪费。

历史上，永动机就曾使很多人投入了毕生的精力，浪费了大量的人力物力。因此，在一些没有胜算把握和科学根据的前提下，应该见好就收，知难而退。

有人认为，如果没有成功的希望，而去屡屡试验是愚蠢的、毫无益处的。

有的人失败，不是没有本事，而是定错了目标。成功者为避免失败，时刻检查目标是否合乎实际，是不是切实可行，是不是符合主观的、客观的条件，这也是强者的生存法则。

6．强者总是会奇招制胜

竞争需要智慧，也就是说只有打破传统思维方式，改变思路，才能够脱颖而出。“南辕北辙”是一则令人发笑的寓言，想往北去却向南策马，这哪能达到目的呢？然而在现实中，这类从相反方向上来达到自己的目的的事例却不少，这便是逆向思维。如果你能巧妙地运用逆向思维，那么你会感到成功离你更近一些。

有一所学校，每年都要举行一次智力竞赛。这一年，智力竞赛又拉开了序幕。报名参加比赛的有几百名学生，竞争非常激烈。终于，百里挑一，全校选出了6名最聪明的学生，大家都等着看哪一位能获得第一名。

校长把参加决赛的6名选手带进了教学楼第一层，指着6间教室，又指指大门，说：“我现在把你们分别关在6间教室里，门外有人把守。我看你们谁有办法，只说一句话，就能让门外的警卫把你放出来。不过有两个条件：一、不准硬闯出门；二、即便放出来，也不能让警卫跟着你。”

校长说完，微微一笑：“好了，孩子们，请吧！”

6位学生各自走进了一间教室，思考着如何用一句话，就能让警卫叔叔放自己走出大门。然而，3个小时过去了，却没有一个人发出声响。正在这时，有个学生很惭愧地低声对警卫说：“警卫叔叔，这场比赛太难了，我不想参加这场竞赛了，请您让我出去吧。”警卫听了，打开了房门，让他走了出来。看着这个临阵退缩的小家伙垂头丧气地走出了大门，警卫惋惜地摇摇头。

然而走出大门的小家伙随即又回来了，他走到大厅里，对校长说：“校长，您看，按您的要求，我办到了！”

校长伸出手一把抱起了这个孩子，高兴地说：“孩子，你是这次竞赛的胜出者！你是最最聪明的！”

此例中的主人公运用了逆向思维，以退为进，很轻松地赢得了“最最聪明的孩子”的称号。

英国伦敦的一条街道上，同时住着3家裁缝，手艺都不错，可是，因为住得太近了，生意上的竞争非常激烈，为了抢生意，他们都想挂出一块有吸引力的招牌来招揽客户。

一天，一个裁缝在他的门前挂出一块招牌，上面写着这样一句话：伦敦城里最好的裁缝！

另一个裁缝看到了这块招牌，连忙也写了一块招牌，第二天也挂了出来，招牌上写的是：全英国最好的裁缝！

第三个裁缝眼看着两位同行相继挂出了这么大气的广告招牌，抢了大部分的生意，心里很是着急。这位裁缝为了招牌的事开始茶饭不思，“一个说伦敦最好的裁缝，另一个说全英国最好的裁缝，他们都大到这份儿上了，我能说世界最好的裁缝？这是不是有点儿太虚假了？”这时放学的儿子回来了，问明父亲发愁的原因后，告诉父亲不妨写上这样几个字。

第三天，第三个裁缝挂出了他的招牌，果然，这个裁缝从此生意兴隆。

招牌上写的是什么呢？原来第三块招牌上写的口气与前两者相比很小很小：本街最好的裁缝！

“本街”最好，那就是这三家中最好的。你看，聪明的第三家裁缝没有再向大处夸自己的小店，而是运用了逆向思维，在选用广告词时选了在地域上比“全英国”“伦敦”要小得多的“本街”一词，这个小小的“本街”却盖过了大大的“伦敦”乃至大大的“全英国”。

在竞争过程中要想生存，就要多用心思，多思考，找到一个与众不同的思路，就能够打开局面，获得成功。

7. 强者并非天设地造的

自卑也能促使成功，令人难堪的种种因素往往可以成为发展自己的跳板，关键看你是否能够从陷阱里超越出来。

有些人可能会以为，成功者都是天设地造的，他们生来就是强者，而天性自卑的人不可能成为成功者，不可能成为强者。这实在是认识上的一个误区。

自卑感的产生，往往并非认识上的差异，而是人们感觉上的差异，其根源就是人们不喜欢用现实的标准或尺度来衡量自己，而是相信或假定自己应该达到某种标准或尺度。在这些的人心中，他们总是在心里想“我应该如此这般”“我应该像某种人一样”等等。但是，这种追求只会滋生出更多的烦恼，使自己更加压抑和自卑。实际上，你自己就是你自己，不必“像”别人，也无法“像”别人，更没有人愿意让你“像”自己。因此，要想不被周围的环境将自己打垮，走出自卑，就需要敢于面对挑战，并张开双臂去迎接它、战胜它、超越它。这时候，你需要一种补偿心理。

所谓补偿心理，就是一种心理适应机制或者说机能。任何个体在适应社会的过程中总有一些偏差，为了克服这些偏差，于是人们从心理上寻找出路，力求得到补偿。自卑感越强的人，寻求补偿的愿望就越是强烈。从心理上看，这种补偿，其实是一种“位移”或者“变位”，克服自己生理上的缺陷和心理上的自卑感就成了许多成功者发展的动力，变成了他们超越自我的一种动力。而“生理缺陷”愈大的人，他们的自卑感也就愈强，同时，他们成功的本钱也就愈多，这一点已为许多成功人士的经历所证实。

解放黑奴的美国总统林肯，为弥补自己早期的知识贫乏和孤陋寡闻，拼命自修，甚至在烛光、灯光、水光前读书，知识的营养对他自身知识的缺乏做了全面的补偿。贝多芬从小听觉就有缺陷，直到耳朵全聋了还克服自卑写出了优美的《第九交响曲》。

自卑感有使人前进的反弹力，又是促使人发展的动力。由于自卑，人们会清楚甚至过分地意识到自己的不足，这就促使你努力纠正或者以别的成就或者自身的其他长处来弥补这些不足。这样的经历将使你的性格受到磨砺，而坚强的性格正是获得成功的心理基础。自卑能促使成功，令人难堪的种种因素往往可以作为发展自己的跳板。所以，一个人的真正价值，首先取决于能否从自我的陷阱里超越出来，而真正能够解救你的这个人就是你自己，这也即我们常说的“上帝救自救者”。

要摆脱自己心理或生理方面的缺陷而带来的自卑感，就要善于寻找和运用别的东西来替代、弥补这种自卑意识。

在这一方面，历史上最伟大的足球运动员、球王贝利克服自卑的经历，或许对我们会有所启示。

当得知自己被巴西最著名的俱乐部桑托斯队看中时，贝利紧张得彻夜未眠，他翻来覆去地想着：“那些著名的球星们会笑话我吗?万一发生了那样尴尬的事情，我还有脸回来见家人和朋友吗？”甚至，他还无端猜测：“即使那些大球星们会愿意和我踢球，也不过是想用他们绝妙的球技，来反衬我的笨拙和愚昧。如果他们在球场上把我当成戏弄的对象，然后把我像白痴似的打发回家，我该怎么办？怎么办？”

一种前所未有的怀疑和恐惧使贝利寝食难安，因为他缺乏自信。尽管他是同龄人中的佼佼者，但忧虑和自卑，却使他情愿沉浸于幻想的世界，而不敢真正迈进渴望已久的现实之中。

贝利终于身不由己地来到了桑托斯队，那种紧张和恐惧的心情，简直无法形容。

“正式练球开始了，我已吓得几乎快要瘫痪。”贝利后来说。

贝利就是这样走进了一支著名的俱乐部。原以为刚进球队只不过练练盘球、传球什么的，然后就去长时间地做“板凳队员”，谁知第一次教练就让他上场，还让他踢主力中锋。紧张的贝利半天都没回过神来，双腿好像长在了别人身上，每次球滚到他的身边，他都好像看见别人的拳头向他打来。在这样的情况下，他几乎是被别人逼着上场的。但是，当他迈开了双腿后，便不顾一切地在场上奔跑起来，也渐渐忘了是和谁在一起踢球，甚至忘记了自己的存在，只是习惯地接球、传球和盘球。在快要结束时，他已经彻底忘记了桑托斯队，而以为是在故乡的球场练球了。

那些使贝利深感畏惧的足球明星们，并没有一个人轻视他，对他都非常友善。如果贝利的自信心稍微强一些，也不至于受到那么多的精神熬煎。问题是他的自卑使他一心只顾虑到别人会怎么看他，而且是以一种极为苛刻的标准作为衡量的尺度。而通过他忘却自我，专注于足球本身，就保持了一种泰然自若的心态，这也正是贝利战胜自卑的心理法宝。

强者都不是天生的，强者也会有软弱的时候，强者之所以是强者，正在于他善于战胜自己的软弱。

8．全力以赴才能成为强者

有了人生的目标，然后全力以赴地去努力，去奋斗，去实现，人生的乐趣就在这全力以赴的奋斗过程中。

前面我们说过，对于一个人来说，过去或现在的情况并不重要，将来想要获得什么成就才最重要，除非你对自己的未来没有任何设想。

有了人生目标，并全力以赴地去努力、去经营、去实现，只有我们人类能够做到这一点。

据史料记载，二战期间，德国法西斯在奥斯维辛集中营关押了大量的同盟国战俘和老百姓。在集中营，这些人过着非人的生活，每时每刻他们都有可能去和死神相伴，时刻挣扎在死亡线上，几乎可以断言的是他们没有活着走出集中营的可能。但是，仍有一些人凭着自己顽强的信念，挣扎着活到了德国宣布投降的那一刻。然而可惜的是，在听到纳粹投降、德国战败，“我们获救了”的消息之后，他们竟然一个个相继死去。

这些被法西斯俘获的战俘和老百姓，他们能够在那么艰难的环境下顽强地活着，可为什么竟在将要获救的时候死去？因为对于他们来说，纳粹投降，目标实现了；但同时，他们的目标也消失了，目标消失了，信念没有了，人生还有什么意义呢？

当我们乘着人生之船驶入大海洋时，我们的前方，都应有一个目的地，一个停靠的码头，否则，即使是一艘10万吨的豪华客轮，也只能在茫茫的海洋上徘徊不前。与此相反，只要我们有了人生的目标，即使我们只有一只小舢板，也完全有可能达到人生成功的彼岸。

我们很多人可能都知道《为学》中那个仅凭着自己的一双脚板、一只钵就去了佛家圣地南海的小和尚，他之所以成功，就是因为他的心中有信念、有目的，并全力以赴地努力去实现它。

“塑胶大王”、台湾塑胶企业首脑王永庆是台湾的巨富之一，他所经营的塑胶、纤维和合板等行业共有10多家分公司，资产总值20多亿美元。但是多年以前，王永庆不过是一家米店的小工，家贫如洗。

王永庆是如何成功的呢?

一次，在美国华盛顿企业学院演讲时，王永庆谈到了他一生坎坷的经历。他说：

“先大环境的好坏，并不足奇，成功的关键完全在于一己之努力。”

15岁时，王永庆小学毕业被迫辍学，一个人背井离乡，来到台湾南部的一家米店做小工。聪明的他每天在完成送米的工作外，还悄悄地观察老板怎样经营米店，学习做生意的本领。第二年，16岁的王永庆请求父亲帮他借了200元做本钱，自己在嘉义开了一家小米店。开始经营时困难重重，因为附近的居民都有固定的米店供应，王永庆只好一家一家去走访，好不容易才争取到几家住户同意试用他的米。王永庆知道，如果服务质量比不上别人，自己的米店肯定会关门。于是，他全力以赴，在“勤”字上下功夫。他把米中的杂物一粒一粒拣干净，有时为了一分钱的利润宁愿深夜冒雨把米送到用户家中。他的服务态度使用户非常满意，主动替他宣传，介绍新的客户。接着，王永庆为了改善纯粹卖米的困境，自己开设了一个碾米厂。当时他的隔壁也有一个碾米厂，而且条件比他的碾米厂要优越许多。为了同这家碾米厂竞争，他每天工作十六七个小时，业务上终于胜过了那家碾米厂。

到了20个世纪50年代中期，王永庆已经成为富甲一方的大商人，但他仍不满足，仍在全力以赴地奋斗着。他看到烧碱生产过程中有百分之七十的氯气弃而不用，为之可惜！就打算废物利用，于是便筹集了50多万美元，创建了台湾第一个塑胶公司。

塑胶这一行业对王永庆来说是完全陌生的，当时有一个化学家还讥笑他肯定会破产。王永庆认准了就绝不放弃，他发誓要把塑胶事业做成功。当时日本生产的塑料粉充斥台湾市场，质量好价格低，台湾生产的塑胶产品很难与之匹敌。这时候，一些股东们心灰意冷，纷纷要求退股，台塑面临着夭折的危险。但这时候，王永庆毫不退缩，他变卖了自己的所有产业，毅然购买了台塑料的所有产权，独立经营。

王永庆分析了台塑公司不景气的原因除日本产品的竞争外，还由于台湾地区所需量极为有限，而“台塑”产品则明显供过于求。面对困境，王永庆果断决定继续增加生产，他认为大量增产可压低生产成本及售价以便吸引更多的岛内外客户。在增加产量的基础上，王永庆筹集资金70万美元更新设备，改造生产技术，经过全力以赴、艰苦卓绝的努力，王永庆终于如愿以偿，达到了增加产量、提高质量、降低售价的目的，逐渐打开了岛内外市场。

台塑公司之所以成为台湾最大的民间综合性企业，根本原因在于其首脑王永庆奋斗不懈、全力以赴，一步也不放松，一点也不偷懒。王永庆后来说：“管理合理化的过程是艰难的、缓慢的，但效果却是根本的、无限的。要懂得这些道理并不难，问题是人的惰性往往在不知不觉中引导着追求舒服的、易行的经营方式；又由于惰性使然，在因循苟且之间存在天真的幻想，耽于表面的功夫，这种心智的障阻比科技的落后更可怕，更无可救药。”当时，王永庆看出企业发展到一定规模后由于人多事杂，单靠人力来管理控制是不够的，必须依靠组织的力量来推动，依靠制度的力量来管理。王永庆特别强调说：“企业的经营者应摒弃一些惰性与杂念，从本身开始，痛下一番心理建设的功夫，踏实地从艰难的、根本的、比较乏味的管理问题着手，逐步引导其企业走向合理化经营的坦途，舍此而外别无他路。”

为了使台塑企业合理化经营，王永庆在集团成立了“经营管理委员会”，探讨如何改进各公司经营问题以及如何培养和使用人才、实行分层负责制的问题。

王永庆的全力以赴终于有了收获，台塑公司每年营业额超过了1亿美元。同时，随着电脑的逐渐普及，王永庆又同美国惠普科技公司合作创建电脑软件公司，向信息产业进军。

对于一个奋斗者来说，全力以赴才能成为强者！

9. 培养成为强者的智慧

一个人要成为强者，必须得到别人的支持和帮助，还需要别人的配合，而要想得到别人的支持、合作，你必须有相当的管理才能和卓越的领导才能。

没有人天生是领袖，没有人天生就具有出色的管理才能。领袖的素质和管理才能是通过后天的努力和学习学来的，它是可以通过培养获得的。

一个人事业的发展，与他的“领袖气质”与出色的管理能力是不能分开的，它们如影相随，因为这种素质和能力能够使你做出你本来不会做或无法做的事情。

那么，究竟怎样培养我们的领导才能和管理才能呢？也就是说，如何使别人乐于和我们合作，支持与帮助我们的发展呢？

要做到这一点，你必须成为一个受别人欢迎的人。

要让自己成为一个受欢迎的人，一味地取悦别人并不是最好的方法，关键是要培养你的特质。

下面这几个方面可以使我们尽快地培养起自己的领导才能：

跟那些你想去影响的人们交换意见。这是使别人比如你的同事、朋友、顾客、员工依照“你所希望的那种方式”去做的秘方，具体的做法是：

要考虑并且体谅别人的处境。换句话说，就是你要设身处地地为别人着想。别人的兴趣、收入、智慧与背景等等，都跟你大不相同。

接下来你可以问自己：“如果我是他，这件事情应该怎样做才好呢？”

然后就要实行“如果我是别人，别人会让我怎么做”的那种行动。

考虑问题尽可能地周到，处理事情的时候要多思考还有哪些不符合人性的地方。人人都用自己的方法来领导别人，但是总有一种最好的、最理想的符合人性的方法。

下面这两种方法是使用“人性化管理”方式使你成为更好的领导人的具体方法：

遇到跟人事有关的难题时，要及时地问自己：“处理这件事最合乎人性的方法是哪一种？”

把别人都看得很重要，而且是真心实意的。要时常关心下属的业余生活，时常想到，一个人活着的最主要的目的，其实就是享受生活。这是一个很普通的原则：你越是关心一个人，他就越是会努力地为你工作，为你服务，你的成就也就越大。

尽量追求进步。相信自己和别人还可以进步，更要推动帮助进步的行动，在每一个行业中只有精益求精的人才能够不断地升迁。领导人，尤其是真正的领导人非常缺乏，而安于现状的人认为每一件事情都很正常才需要再去改进的人比那些激进人士认为有待改善的地方更多，想些办法可以做得更好更多。为了使你始终保持旺盛的上进心，有两件事情是你必须要做的：

每一件事情都要研究如何改善。

每一件事情都要订出更高的标准。

腾出一点时间和自己交谈、商量或从事有益的思考。领导人物都特别的忙碌，事实上也是如此，他们真的很忙，但我们常人常常忽略的一点是，领导人物每天都要花许多时间来单独思考。无法忍受孤独的人，竭力使自己的大脑中一片空白，他们尽量避免动脑筋，在心理上自己已经被自己的思想吓坏了。这些人会随着岁月的流逝而变得心胸狭窄，眼光日益短浅，行为也会变得幼稚可笑，当然不会有坚忍不拔、沉着稳健的作风，忽略了自己大脑的思考能力的人不可能成为一个出色的管理者和领导者。

领导阶层和管理阶层最主要的工作就是思考，迈向领导之路的最佳准备也是思考。因此，希望你每天都能抽出一定的时间练习合理的单独思考，并且往往朝着成功的方向去思考。久而久之，你就会发现，你自己已经培养起了你的领导气质，你的管理者的才能。

这时候，你距离强者就越来越近了！

10．强者需要破釜沉舟的精神

勇气是上帝给的，机会却要靠你自己去把握!

我们常说不要将自己置于悬崖边上，给自己要留条后路，但有时候，人要有一点破釜沉舟的精神。

在生活中，经常能够听到别人这样告诫自己：不要把话说得太满，要给自己留条后路，等等。这无疑是正确的，因为世界上没有绝对的事物，事物在未有结果以前，所有的可能都是存在的。比如，我们给别人做某种承诺时，就不能将话说得太满，否则，当不利于你承诺的可能性成为现实时，我们自己便没有了一点回旋的余地，反而会给人一个我们不诚实的不良印象。

但是，当千载难逢的机会降临到我们面前的时候，当某件事情的发展到了一个生死攸关的关键时刻，人需要有一点破釜沉舟、置之死地而后生的精神。

项羽当年引兵渡河，让手下的士兵只带了三天的粮食，而且砸碎了所有的行军锅，意在表示绝不后退的决心。项羽的这种精神，无疑也鼓舞了他的士兵，结果他们取得了胜利。

可能你会说，“破釜沉舟”只是一个故事，我们今天不会遇到那样的情景。

这话你也不要说得太满，说得太绝。商场如战场，有时候一桩生意，有可能就因为你缺少了一种毕其功于一役的劲头而告失败。

我们的人生又何尝不是如此呢?

一位原籍北京的中国留学生刚到澳大利亚的时候，为了找一份能糊口的工作，骑着一辆破自行车沿着环澳公路走了数日。在这期间，他替人割草、放羊、收庄稼、刷盘子，只要有人能给口饭吃，他就会暂时停下他那疲惫的脚步。

有一天，正在唐人街一家餐馆刷盘子的他，偶然在报纸上看到了一条澳洲电讯公司的招聘启事。他担心自己的英语不地道、专业不对口，就选择了线路监督的职位去应聘。

过五关斩六将，眼看着就要得到那年薪35 000澳元的职位了，不想，招聘主管却问了他一个出人意料的问题："你有车吗，会开车吗？这份工作时常要外出，没有车寸步难行。"

初来乍到，糊口都成问题，能有车吗？但为了得到那个极具诱惑力的职位，他不假思索地回答：

"有！也会开！"

"那么，三天以后你开着车来上班吧！"主管说。

几乎身无分文的他三天要买车、学会开车这谈何容易，但为了生存，这位留学生向他的一个朋友借了500澳元，在旧货市场上买回了一辆旧得不能再旧的甲壳虫轿车。

第一天，他看着朋友开车；

第二天，他自己颤抖着双手在草地上歪歪扭扭地开车；

第三天，他开着那辆老爷车，左右摇晃着去上班了。

如今，这位中国留学生已经是那家电讯公司的业务主管了。

我们不清楚这位留学生的专业水平，但我们不得不佩服他的胆识。

这位中国留学生当初在应聘时如果稍一犹豫，不拿出一点置之死地而后生的破釜沉舟的劲儿，不把自己置于悬崖边上，说不定至今仍在哪家餐馆刷着盘子，或者给哪个农场主剪着羊毛。

正是因为面临这种无退路的境地，人才能集中精神奋勇向前，才能最大程度地调动自己的潜能，从生活中争得属于自己的位置。

很多企业家在经营过程中都敢用一时的损失和痛苦换来巨大的市场和利益，明知不可为而为之，靠的就是比别人看得更宽，想得更全面、更深远，思维更具有深度。也就是说，他们靠置之死地而后生的勇气而制胜。在许多重要的场合，大家都能看到某个项目的损失，往往采取短期行为。那么，在这样的场合，胜利大多归属于甘于吃亏、善于吃亏的企业家。因为，这种明知不可为而为之和甘于吃亏其实就是一种破釜沉舟的做法，这个理论在格力电器的总经理朱江洪那里得到了生动的印证。

朱江洪，格力电器总经理，是一个不鸣则已、一鸣惊人的人物，在他的运筹之下，格力空调的地位扶摇直上，一举夺得产品质量评价、市场占有率、售后服务三项全国第一。

朱江洪是个思维高深的优秀企业家，善于吃亏，善于以暂时的损失赢得市场。他灵活把握市场的辩证运动规律，能够清醒地主动地把自己置之死地而后生。

在朱江洪任广西百色某机械厂厂长的时候，就曾导演了一幕“苦肉计”。1984年春节前几天，他收到西藏水泥厂驻京办事处一封求购函。丰富的商战经验告诉他，这只是一封试探性的求购函，同样的求购函肯定像天女散花一般投向全国各地的机械厂，同行们也无疑都知道这个事实。

但朱江洪进一步意识到，西藏代表着中国很特殊的一块特殊的市场，在西藏市场有了一份份额，不愁在其他发达地区没有市场。他决心促成这桩生意，第二天一早就派销售科长动身赴京，并明示即使经济上吃亏也要签合同供货。

朱江洪的这种破釜沉舟或者说深谋远虑一般人都没有意料到，就连西藏水泥厂的代表也吃了一惊，马上签了约。事实的发展也正如朱江洪预料的，这桩生意没赚到钱。为履行合同，工人牺牲春节休息时间加班加点生产设备。时值隆冬，运输路线长、道路状况险恶，厂里派出5辆车经云南把机械直送雪域西藏，其中有一辆车专门拉上所需汽油，来回折腾了将近50天，滑坡、塌方、暴风雪，事故不断，可以说是吃尽了苦头。

这桩生意虽没赚到钱，但却给朱江洪赢得了市场和荣誉，用他的话讲就是：“我们有资格吹牛了：除了台湾，我厂产品覆盖全国！”

果然，没用几年，朱江洪所在的机械厂生产出10种产品50种规格，企业产值3000万，利润800万，各项指标都一跃成为全国同行业的“大哥大”。

朱江洪的经营哲学与他的思维逻辑完全一致：该争的绝对要争，不该争的绝对不争，该吃亏的就要敢于吃亏，该破釜沉舟的时候就要破釜沉舟，否则，就有可能错失无数次机会。

将自己置身于悬崖上的破釜沉舟的精神，从某种意义上说，是给了自己一个向生命的高地冲锋的机会，给了自己一个成为强者的机会。

第六篇 相信自己天生是一名强者

自尊独立，建设团队

1. 孤独地行进在无垠的旷野中

一个人越是不同凡俗就越伟大，也越孤独，孤独使他更加深刻、更加明智地观察生活的高度。

也许是因为我们人类的孕育过程是孤独的，要独自在母体中进行孤独的预演，而不像群生的浮游生物那样，从生命形成的一刹那，就生活在一个群体中，处于一种“社会化”的状态，因此，伴随我们人生的，除了“社会”之外，也还有孤独。这种深层次的孤独促使着我们在生活中要有适当“孤独”，一个人独处。

一个人适当地独处，对我们的人生，不但没有坏处，而且对于涵养一个人的沉思气质和培养一个人独立思考的能力、习惯，都有很大的好处。

人是社会的人，需要在一定的社会里才能健康成长。但是，不知道你是否留意，婴幼儿是很喜欢一个人玩耍的，即使有家长或别的孩子在场，他也很少顾及，这或许是孩子在母体中独处的一种记忆吧！老人不喜欢孤独，但却喜欢独处，像是对母体中独处的一种美好回忆在生命的起点和终点，我们都表现出一种生命本来的色彩，这不能不说是个很有趣的现象。

我们所以说“适当的孤独”，为的是和诸如幼年丧母、中年丧妻、老年丧子以及由于各种各样的原因而被抛出人群的茕茕孑立的孤独相区别，后一种孤独对人生只有坏处绝无益处。“适当的孤独”，是人生某种独特价值的秘密阵地，是容纳难以摆脱的情感的舞台。这种孤独，在繁琐的世界中寻找简练，在闹市中寻找静区，在世俗的冲击中寻找脱俗，在违心的随俗中寻找自洁。在不平的人生遭际中寻找平静。可以说，适当的孤独是我们人生的一种修炼。

适当的独处，不是陷入某种所谓的境界中而无力自拔，无力自拔不是一种人生境界，而是对人类理性的弃绝，对“红尘”的厌恶。适当的孤独，是对人生爱极的表现，是推动人类文明、修炼我们人生的一种内驱力。

试想一下，在劳碌了一段时间后，避开纷杂的人事，在某个安静祥和的环境中，一个人静静地呆着，什么都可以想，什么也可以不想；不想说的话不说，不想做的事不做，不想见的人不见；没有人世间的尔虞我诈，只有一个人的世界。这，是不是一种境界？

在适当的独处的这段时间里，你可以好好审视一下你过去的人生，也可以好好设计一下你未来的人生；你可以想想自己过去的一生中，哪些人、事、物给你留下了美好的感情，又有哪些人、事、物让你不堪回首；你也可以像世间所有的杰出人物一样热情奔腾地面对生活，同时又同自己的心灵悄悄对话。

当然，你不会忘记，你“适当的独处”并不是目的，不是为了远离人间，恰恰相反，适当的独处是为了更好地同世间的人同歌共舞，是为了在人间更高更远的腾飞，也就是说，适当孤独是为了日后更远大的发展。

对事业的执着追求一是表现为时间上的不间断。事业上的成功需要人们坚持不懈地追求，没有耐心和恒心，就很难在事业上取得成功。而且，追求事业的成功也是很孤独的。

然而，对事业的执着追求并不是仅仅表现在时间，还表现为人们在追求事业过程中遇到挫折时的态度。事业成功是要经历一个长期过程的，在这个时期，人们很可能会受到来自外界环境的各个方面的干扰。能不能排除这些干扰，矢志不渝地追求事业，也体现了对事业的态度执著与否。在排除外界干扰、孤独地执着于事业这方面，台湾女作家三毛堪称表率。

三毛的一生，可谓多灾多难，各种各样的挫折形成一种强大的压力，抑制着这位天分极高的女作家的发展。然而，三毛凭着她的勇气和毅力，一次又一次地战胜了挫折，排除了大量的外界干扰，也甘于孤独，成就了自己的事业。

1976年对于三毛来说是个运气不佳的年份。先是在年初，三毛遭遇了一场车祸，为此花费了一笔可观的医疗费，此后她的健康状况一直下滑。三毛患有子宫内膜异位引起的卵巢瘤，她称之为“情绪性大出血”，在这一时期也屡屡发作。

可是，屋漏又逢连阴雨，丈夫荷西此时失业，找不到工作，家庭经济陷入窘境。他们分期贷款的房债又一日紧似一日，小两口没有办法，只有每天吃一顿饭，从牙缝里省钱。

荷西的求职信，匆匆地寄往世界各大公司，尽管他持有一级职业潜水执照，是一名优良的潜水工程师，可是时运不济，他的希望每次都像肥皂泡一样落空。

最后三毛只得向台湾求援，她写了一封信给蒋经国，说荷西是中国女婿，想在台湾找一份工作，待遇不计。蒋经国回信道歉，称台湾暂无荷西合适的工作，夫妇俩没有办法，只得在每天清晨，到海边打鱼，来填饱肚子。

就是在这种艰难的条件下，三毛也没有忘记写作，相反，她更加勤奋了。因为她的事业此时不仅仅是一种目标，还是她的谋生手段。就是在这一年，她的名著《撒哈拉的故事》和《雨季不再来》结集出版，其中《撒哈拉的故事》轰动文坛，极为畅销，三毛从此一举成名。

1979年三毛的丈夫荷西不幸丧生后，三毛曾经停止过文学创作，因为荷西丧生对她的打击太大，她需要时间一个人来抚慰受伤的心灵。

可是，停止文学创作并不是说三毛放弃了她的事业。她开始到世界各地旅游，一是为排遣心中的郁闷，一是为以后的创作收集素材。

经过一段时间的酝酿，她的作品集《梦里花落知多少》于1981年面世，1982年又出版了游记作品集《万水千山走遍》。三毛完全摆脱了丈夫去世的阴影，再次回到了她的事业上。

丈夫的早逝可以说是对三毛最大的外界干扰，这件事曾使她产生自杀的想法。然而，经过一段时间的调整，三毛终于摆脱了这种干扰，走上了正轨，又开始了对事业的追求，这一点不正是我们应该学习的吗？

所以，如果你想更客观更真实地观览人生，观览人世，审视自我，为你人生的再度升华提供食粮，你可以暂时地拉开一段与“尘世”的距离，去适当地独处一阵。你会发现自己飞得会更高！

2. 众人拾柴火焰高

帮助别人往上爬的人，他自己会爬得更高。

在我们人与环境的互动过程中，个体与群体的关系，也是一是饶有趣味的话题。如同爱和友情一样，人与人的合作也是，你必须付出才能得到东西。在我们走向成功的征途上，会有许多的同伴，你需要他们的合作，他们也需要你的帮助。

你可能已经注意到，大凡胸怀大志并取得成功的人大多善于从自己的同伴那里汲取智慧和力量，从同行者那里获得无穷的前进动力。这里，我们姑且不说马克思、恩格斯、居里夫妇以及贝尔兄弟式的合作，而只是指更广泛意义上的智能互补和人才合作。

由于当代科学技术和社会的发展，对于一个立志开拓希望获得成功的人来说，已经不仅仅需要个体的精进，而且需要知识的高度集结作为成功的基石。因此，你越是善于从群体中求知，越是不断地开拓新的求知领域，你就越是有益于人与人之间的优势互补，使你的智能结构越是完美，越是富有应变能力，进而越是能够应付变化繁复的社会发展和科学技术的发展。

这还会给我们人类以另一层深刻的启迪。当今，人类为了解决自然科学与技术科学乃至于各个领域的某些重大问题，单靠个人单枪匹马的个人奋斗已很难奏效，往往需要人才的兵团作战和多学科的交流。即使是在经济领域，即使你只想做生意，你也需要团队合作。所以，掌握适当的时机和在适宜的范围内，善于组织人才的交流和分工的变化，有助于我们触发和选择新的思维角度，进而获得新的突破，这也更有助于个人的生存和发展。

所以有人说过：大公无私的团队合作精神，不但会为我们这一代带来好处，同时也会为下一代带来好处。

四川长虹的老总倪润峰曾有一句广为人知的名言：厂长就是抓机遇的。但是，对于一家企业来说，要想抓住机遇就必须有一支能打硬仗的的队伍，只有一支能打硬仗的精诚团结的队伍，才能无往而不胜。倪润峰就此曾精辟地指出："一个强手如林的市场，企业前10年拼的是技术，而后10年拼的是人才。"

1989年，中国的市场持续疲软，各厂家为渡过难关纷纷减员限产，企业富余人员骤然增加。在这种情况下，89届毕业的大学生就业市场也就自然"疲软"：许多大学生找不到工作。倪润峰敏锐地意识到：这是一次太好的人才储备的机遇。他决定趁此机会多吸纳一些毕业生，然而，国家的人事制度卡得很死，按惯例，长虹每年只接收十几名大学生，这自然不能满足倪润峰的胃口。于是，倪润峰使出了浑身解数：到人事部门去申请指标，到各学校去洽谈……

那一年，长虹接纳了300多名大学生，其中清华、同济等重点院校的高才生就不下数十名。自然，这批高素质的人如今大多已成为长虹的技术骨干、管理专家、谈判能手……当时间进入20世纪90年代，等到其他各生产厂家意识到人才的重要性的时候，倪润峰的人才储备优势则已使长虹厂在产品开发、市场开拓方面领先了同行一大截。

俗语说："一个好汉三个帮。"要想得到帮助，首先自身要是"好汉"。反过来，"好汉"只有充分认识到人才的重要性、尊重人才、礼遇人才，才能得到别人的帮助，才能将团队效应发挥到极致。倪润峰的成功在很大程度上实际上是团队的成功，是"众人拾柴火焰高"的结果。所以说，发扬团队精神，正是倪润峰成功素质中不可缺省的一环。

因而，我们欲获成功，需要我们有团队合作精神，认同团结和伙伴意识，你绝对会受益匪浅。在这里，贪婪与自私没有半点生存空间。

3. 团队是生存的需要

人是群体的动物，离开了群体，人就不能健康成长，也就难以生存。现代青年要适应社会和认识社会最好的方法就是走向某个社会群体，使自己社会化，承担社会责任，就意味着使自己成为一个社会的真正的公民，使自己与社会相融合，以社会的责任为己任，以社会发展的目标为个人努力的目标。

群居是人类的特性，现代人同样离不开群体，而且群体的组织形式越来越发达，除家庭，社区外，还有学校，工厂、商店、军队、政府部门等等具有严密组织的社会群体，以及协会、俱乐部、旅游团等非正式的社会群体。人无法离开群体而生存，鲁滨孙是不现实的。鲁滨孙的故事告诉现代人，人类必须依赖相互间劳动成果的交换而存在。随着分工的越来越细，现代社会作为功能交换的体系越来越发达。个人对群体的依赖虽然如旧，但个人对群体的选择性却越来越强，通过对群体的选择和确定，个人不断发掘自己的潜力，发挥自己的才能。

但是，许多青年人由于家庭教育或者学校教育的缺陷，形成封闭性性格，不与外界来往，独自与世隔绝，逐渐丧失了生存的勇气和信念。同时，由于网络世界的开放，很多年轻人沉迷于这种虚幻的世界，一个人在这个虚幻的世界里自由驰骋，逐渐脱离了人群，成为现代社会生活中的异类。这种情况说明了人是群体的动物，离开了群体，人就不能健康成长，也就难以生存。

所以，现代青年要适应社会和认识社会最好的方法就是走向某个社会群体，使自己社会化，承担社会责任，就意味着使自己成为一个社会的真正的公民，使自己与社会相融合，以社会的责任为己任，以社会发展的目标为个人努力的目标。譬如，青年人应该参加共青团，在这个群体中，你就会有意识地发展自己的才能，打下在社会中生存的基础。

树立公民意识，一个人如果把自己作为一个公民看，就意味着他把自己融入了这个社会的群体之中。群体中的每一个人都要承担一定的责任，当然，并不是说没有良好地适应社会、承担起应尽的社会责任的人就不叫公民，但这只是年龄加法律意义的公民。在这里，我们并不关心一个人是不是一个公民，而是关心他是否与社会相适应，也就是，是否是公民化的。遗憾的是，确实有不少青年对社会的适应是不良的或不完善的，也就是说没有完成其公民化，或是这一过程有所偏差。

青年人想要“公民化”，适应社会，则需要勇敢地独立出来，丢开家庭的温暖呵护或束缚，参与社会，用自己的思维来思考分析社会，做出判断。一般来讲，我们可以通过以下方式了解社会并走向社会。

首先，在群体之中要学会和各种人交往，这是群体生活的必然要求，因为群体就意味着交往，不会交往，就不能适应群体生活。

因为无数个体差异以及相互之间的复杂错综的关系形成和建立起了丰富多彩的社会，了解社会，就需了解个体，适应社会，就是要学会怎样同各种人打交道。

有些青年人为什么会在没有走上社会之前缺乏对社会的了解，就是因为他们的交往关系过于简单，交往范围狭窄。他们交往的范围除了家里的亲人和亲戚以外，也只能是同年龄的小伙伴和同学。亲人和亲戚对自己往往充满关心和爱护，展现给自己的是美好和善良的一面，他们迁就自己，没有给自己造成各种困难以考验和锻炼自己，加上中国人传统的观念，总把“孩子”视为“孩子”，只要没走出家门，没有嫁娶，就没有给予其对社会事务的平等参与权。家长往往以“小孩子”不懂事理为由，拒绝其对社会活动或所谓的成人事务的参与。由于人为的限制，阻碍了青年人对社会的了解。

现代的社会文明开放，高度发展，充满竞争压力，青年不能也不可以在封闭环境下成长了，花房里的花是经不起风吹雨打的。并且现代的青年人自我意识很强，充满了对了解社会的渴望，追求独立和自主。我们的交往视野扩大了，范围更宽了，可以有很多机会同各种人交往，使我们迅速成熟起来，增强对社会的全面认识，因为每个个人往往反映了社会的一点滴。我们应学会同各种人打交道，从中体会人生和社会。

其次，广泛参加社会活动，培养群体意识。

社会活动一方面给我们提供了锻炼和发挥自己能力的机会，另一方面帮助我们认识了社会的复杂，对我们现有的观念形成强烈的冲击。对于我们青年人来说，其实参加社会活动的机会很多，既有家长、学校或政府的安排，也可以自愿参加。

所谓社会活动，就是群体活动，多参加不同的社会活动，就可以使我们全面认识社会生活，提高生存本领，适应社会的发展。

第三，把自己的生命融进群体之中去，与大家同享福共患难。现代社会生活中，每个个体都会遇到自己难以解决的困难。这时候，只要你向群体坦露自己的心思，就会得到群体的帮助。相信群体组织，积极参与群体组织，这是强者的生存法则。

4. 领袖最善于利用他人的长处

在奋斗的过程中，发现人才只是为利用人才提供了一个前提，而能不能利用好每一位人才，在个人追求成功的道路上又有着更重要的意义。

常言道："有奇才者必有怪癖。"这句话虽然有些偏颇，但却揭示了一个事实，有些人才往往有与众不同的思维、性格、爱好。而以对待常人的态度来对待这些人才是不行的，对这些人才应该为他们创造自由发展的机会，更为重要的是成功者要有容人之量，这样不仅可以充分发挥出人才的作用，还能够吸引更多的人才加盟到自己的阵营，为取得更大的成功创造条件。

从刚刚懂事起，我们其实就已经开始成为社会的人，成为社会的人的一个明显的标志就是要与人相处，与人合作。我们人生学习的第一课，实际上也就是和别人相处。最初，和我们相处的是我们的父母；之后，有托儿所、幼儿园的阿姨和小朋友；再后，又有从小学到大学期间的老师和同学；等到我们走上了社会，我们的交际范围进一步扩大，各式各样的人物走进了我们的生活，和我们打交道，有些会成为我们一生的朋友、知己、伴侣。除了和我们朝夕相处的生活伴侣，和我们打交道最多的，还是我们工作上的同事，生意上的伙伴，我们的下属，这些人其实都是我们的合作者。

我们的合作者，我们的下属，有些也会成为我们人生的朋友，而有些则只是合作者、只是下属而已，只有工作上的关系或者生意上的关系，不会有多少情感上的投入。

如何和合作者、自己的下属相处，看起来似乎是一个很简单的问题，但在实际生活和工作中，并非如我们想象的这般简单，其中也有许多人陷入了求全责备的误区。

更重要的一点是，在对合作者求全责备的时候，你也该想想，你也不是完人，也并非十全十美。如果你的合作者、你的下属是十全十美的完人，他们会不会和你成为合作者，成为你的下属？更何况，国与国、党与党之间尚可以进行“求同存异”的合作，现在不过是从事某项工作或做一笔生意。这个时候，你要想到你与合作者只是“有限合作”。

所谓“有限合作”，是指社会成员之间在某一方面、某种程度的合作。如，对某项学术问题的共同兴趣，某项技术的合作开发，以及生意上的买卖双方，等等。为了实现这种“有限合作”，我们就可以不计其他方面的好恶，甚至包括政治信仰，等等；甚至，即使你的合作者、你的下属“一半是天使，一半是魔鬼”也不要紧，因为你完全可以和那“一半天使”同游天堂，而不要去管那“一半魔鬼”是不是要下地狱。而与此相关联的是，我们的舆论在这一问题上，也不应该用“人以群分，物以类聚”的老观念，而应该去挖掘其中新的内涵，这也即是所谓的“人尽其才”吧！

几千年前，孔老夫子就曾语重心长教导我们说：“三人行，则必有我师焉。择其善者而从之，其不善而改之。”看来，孔夫子比我们一些现代人更懂得对合作者、对自己的下属不能求全责备的道理，比我们一些现代人更“现代”。

美国的乔布斯和沃兹是“苹果Ⅱ”微电脑的开发者，他们的一个重要的合作者是马克库拉。其实，最初光顾乔布斯和沃滋两位年轻人的并不是马克库拉，而是乔布斯的老板介绍来的一个名叫唐·瓦尔丁的人。

当唐·瓦尔丁来到乔布斯的家中，看见乔布斯穿着牛仔裤，散着鞋带，留着披肩长发，蓄着胡志明式的大胡子，不管怎样看都不像是一位企业家。于是，唐·瓦尔丁觉得不是很妥当，因为乔布斯和沃滋的外表将这位先生给吓坏了，他终于没有敢问津这两位奇怪的年轻人的事业，而是把乔布斯和沃滋介绍给了另一位风险投资家马克库拉先生。

马可库拉原来是英特尔公司的前市场部经理，对微电脑十分精通，他先考察了乔布斯和沃滋的“苹果”样机，最后，马克库拉问起了关于“苹果”电脑的商业计划，但因为乔布斯和沃滋对商业买卖一窍不通，两人竟然面面相觑，说不出任何话来。但马克库拉并没有因此失望，而是决定和这两位年轻人合作，并出任董事长。

唐·瓦尔丁，一个因为和一个伟大的公司、伟大的创业擦肩而过而被人们熟知的一个人，他很可能是一个很好的人，但就是因为乔布斯和沃滋的外表将他给吓坏了，他因为求全责备而丧失了有可能是他一生中最重要的一次机会。而马克库拉却与他相反，没有对乔布斯和沃滋求全责备，而是与他们进行了深度的合作，所以他成功了，他抓住了他自己人生中的一次最重要的机会。

所以，在我们的人生中，在我们发展事业的过程中，我们可能会遇到各式各样的人物，有许多人肯定和我们不是同一类人，无论是志趣还是性格都与我们不合，甚至与我们格格不人，但这些都不要紧，要紧的是他对我们的事业发展是不是有用。在这时候，求全责备不是强者的生存法则。

5. 你的团队是你最大的资产

良好人际关系的主要目标是以积极的有预见性的方法，有效地激励和影响他人，最大限度地开发人的潜能，使每个人都能做出最适宜的行为表现，并且在这一过程中体验到积极的情感，从而使他们在自尊自信的心情下实现各自的理想。

在这个世界上没有人能独自成功，你或多或少地都需要他人的帮助，而自珍自重感情的需要是每个人居于核心地位的驱动力。聪明机智的父母、教师和经理们都懂得如何使人建立起自珍自重的情感，以使他们能够成功地达到预期的目的，所以在与他人相处的时候，尊重他人，有助于你取得成功。

良好人际关系的主要目标是以积极的有预见性的方法，有效地激励和影响他人，最大限度地开发人的潜能，使每个人都能做出最适宜的行为表现，并且在这一过程中体验到积极的情感，从而使他们在自尊自信的心情下实现各自的理想。我们必须懂得和承认这一事实，他人是非常重要的，所有的人在某件事情上都有求于他人。在家庭成员中，我们需要亲情和支持；在雇员中，我们需要合作和忠诚的劳动；从雇主那里，我们需要得到鼓励、理解和公平的劳动报酬。

有些观察力强、经验丰富的从业者会告诉你，在任何工作中要想成功，你必须具备三项主要的品质。第一，你必须愿意干这项工作；第二，你必须具备干这项工作的知识和能力；第三，你必须能和他人和睦相处。在各项品质中，多数人认为，具备能和他人和睦相处的能力是最重要的，大量事例也证明了这一点。有不少人之所以能够居于大公司里的监督人、经理等领导职位，并不是因为他们强烈希望得到这个职务或者在工作上有什么特殊的才能，而是因为他们有很好地处理人际关系的能力。美国富翁、大慈善家洛克菲勒在评论人际关系的重要性时说："管理他人的能力是所有能力中最重要的能力，所以我愿意给管理者支付更高的工资。"

研究表明，事业上的成功，85%归功于待人的技巧，只有15%归功于技术知识。令人遗憾的是，在各种培训课程的计划安排中，这个数字正好颠倒过来了。这是由于人们总是认为如何开创和保持有效的人际关系是一个人与生俱来的能力，然而事实并非如此。你只要看到今天81%的新工作岗位是服务性岗位，就会认识到处理人际关系的技巧是多么重要。现在让我们仔细考察一下人际关系在各种组织中所起的作用。

一个人在原来岗位上是胜任的，而被提升到更高的职位以后却不能胜任了，对于这种现象，人们常常用彼得原则加以解释。这就是说，负有更高水平的责任主要是要求有更高的技能。根据彼得的说法，前述现象的产生，是由于提拔了技能上不称职的人。

这是对这种现象可以做出的一种解释，即一个人被提升后，他的责任首先是对别人的工作进行监督，检查别人对实现组织目标做出的贡献。但是你不能够假设，一个售货员被提升为商店经理后，由于他有熟练的售货技能，就能自动地懂得如何管理和调动全体店员的积极性。由此我们不难推知，一个人被一步步提升之后，他所具有的良好的人际关系就显得越来越重要，因为他对别人以及整个组织的影响作用随着他的提升变得越来越大。

仅仅运用建立良好人际关系这一关键性技巧所形成的结果就可以否定彼得原理的效用。我们发现了这样一种新的现象，这对专业经理人员会有启发：那些始终一贯地表现出能与他人合作共事并通过他人的努力共同达到目标的人，最容易得到提升的机会，而且实践证明，他们的才能完全适应他们所任职务的要求，这显然是与彼得原理对立的。

现在让我们再回到前面讨论的问题上来。一个人自尊感的水平同这个人与他人相处的能力成正比，一个人喜欢自己的程度，决定这个人全部人际关系的质量，决定这个人喜欢和他人在工作中有效合作的能力。反之，一个人一旦建立和发展了良好的人际关系，别人也会十分喜欢和尊重他。这是一种十分有益的互动：你成全了别人，别人就会成全你。

要建立良好的人际关系，就必须掌握正确的方法。一般来说，正确的方法有三条：第一，要通过赏识重视他人的价值；第二，要从他人的角度观察问题；第三，要善于听取他人的意见。

然而，尽管如此，我们现代人却过于在乎别人对自己的反应和评价，我们总是生活在别人的价值观里。

所以，尽管我们每一个人都在生活着，但我们却未必就掌握了生活的真谛。

我们的为人，我们做事情，总是习惯于按照别人的反应来决定，而很少按照我们自己的意愿去行动，这也正是我们现代人的悲哀所在。尤其在我们向“成功”“幸福”“美丽”等美丽的字眼去攀登的路上，我们太过于在乎别人对我们的评价和议论，别人的评价和议论似乎已经成了一种约定俗成的标准。

就如一位心理学家所说的那样：“简直不可能得出这样的印象：人们常常运用错误的判断标准——他们为自己追求权力、成功和财富，并羡慕别人拥有这些东西，我们低估了生活的真正价值。”

在别人的评价和价值观里，我们就像那个被老巫婆施了魔法套上了红舞鞋的小姑娘，想停也停不下来，只有不停地跳、跳、跳。

一位47岁的职业女性南希，在别人的眼中是一位成功者，可是她却说：

“虽然我的一些成就让人刮目相看，我却想不透大家夸赞我什么。我这一辈子一直在努力，成就这样或那样的事，可现在我却怀疑‘成就’究竟是指什么了。我永远在压力下生活，没有时间结交真正的朋友，就算我有时间也不知道该如何结识朋友了。我一直在用工作来逃避必须解决的个人问题，所以我想一个任务接着一个任务地去完成，不给自己时间去想一想我为什么要工作，这真是疯狂。假如时间可以退回去十年，我会早一些放慢脚步考虑一下，那就不会像现在这样感觉匮乏了。”

当初有许多各行各业的男女，以害羞、内向、能力不足的模样进入销售界，可是他们像被施了魔法一样，在几周之内就变得有信心、有能力，而且是更富有生产力的人。这到底是什么原因呢？在许多情况下，这些人过去一直生活在消极的环境中，而且周围的人也不断地在他们心灵中注入消极的因素，并且告诉他们哪些事情不能做。现在每一个人都开始鼓励他们说，他们能做些什么。他们从训练师、经理与同事那里听到了积极的叙述，他们每天都看见这种方式在各方面产生的结果。由于他们发现了这种喜欢自己的做法实在是更有趣，所以他们几乎立刻开始改变自己的自我形象。

请你记住：你会获得你周围的人的大部分思想、举止与个性，即使是你的智商也会受到你的环境与伙伴的影响。

6．让每一位成员都觉得自己最重要

如果他能够使自己周围的人都觉得自己很重要，那么，他本人其实就更重要，这就是强者的生存法则。

了解了这一点，我们在管理公司的人员、业务等的时候，我们在处理人际关系的时候，就可以利用人性的这一弱点，去描绘我们的成功。具体的做法是尽力地使别人感到他自己是不可缺少的，不可替代的，这一做法可以应用于许多不同的情况之中。

因为人们都渴望别人能感觉到“他们是你生活的一部分，在你心中占有一点分量”，如果能满足他们这项需求，你就能轻易获得他们的赞美、尊敬，以及通力合作的回报。

所以，一个聪明的领导者、老板、教师，甚至一个家长，他都会给自己的下属、员工、学生、家庭成员等提供一个让他们表现自我的机会。只要他意识到自己对于单位、公司、班集体、家庭是不可或缺的，他付出再多的努力和劳动也是愉快的，因为他感到在别人的心目中，他是很重要的。

当然，如果你是一个下属，就要想方设法给你的上司一个表现自己重要的机会，使你的上司感觉你是一个需要帮助、需要教导、值得投资的对象。如果你满足了老板的这种心理需求，你以后在公司的日子就好过了。

所以，要尽力使你的同事们、顾客们、孩子、丈夫或妻子，也就是任何一个跟你亲近的人都觉得你确实是很需要他们的。

在这一方面，日本松下公司的做法很值得我们借鉴和学习。

松下公司正是在创造和培育人作为公司的根本思想的指导下，十分重视对“创造产品的人”的培育和训练使用。正因为这样，公司的人上至部门经理下至普通的员工，都觉得自己对于松下公司是十分重要的，所以，其工作的积极性才得以最大程度的提高。

松下公司把“训练和职业发展”作为企业的方针，公司20多万职工，每一个人都会受到长时间的培训，公司对各部门的经理要求更为严格，每6个月就要进行一次标准化的成绩考核。通过对公司员工的培训，不仅训练出具有高度生产能力的工人，而且培育出一批具有实际工作能力，同时又具有丰富生产和销售经验的人才，这些人才成为企业不断向前发展的动力。在企业正常发展的情况下是如此，即使在公司受到世界性经济衰退的影响其经营受到挫折的时候也是如此，因为每个人都觉得自己对松下公司很重要，因而在公司遇到困难的时候，大家都争先恐后地为公司走出困境出谋划策。松下集团在新加坡开设的分公司曾一度销售额大幅下降，生产量压缩，但松下公司并没有采取其他公司在这种情况下常用的裁减人员的做法，而是用大约30万日元的资金对1300多名工人进行了综合教育与业务培训，反复强调他们对于松下公司的重要性。这样，不但提高了工人的生产技术水平，而且使广大员工感到公司在十分困难的情况下仍然如此重视他们，跟他们同舟共济，密切了员工与公司的关系。

令松下公司的老板松下幸之助引以为自豪的就是他能够从一些看似平凡的人身上取得不平凡的效果。松下幸之助的具体做法就是让这些平凡的人觉得自己并不平凡，而且他们后来的表现就证明了他们的确不平凡。松下幸之助从来不去一些著名的大学里选择人才，而是十分注意从公司内部职工中发现人才，然后量才使用，在使用的过程中注重实际工作能力和工作业绩，用人不分亲疏，他把许多年轻人直接提拔到重要的工作岗位上。如1986年松下幸之助提拔名不经传的山下俊彦出任松下公司总经理，而将自己的女婿松下正治由总经理改任董事长。这次的人事安排令人十分惊讶，因为山下俊彦不仅与松下幸之助毫无血缘关系，而且又十分年轻。但是，松下幸之助慧眼识才。山下俊彦出任总经理后，根据世界市场形势的变化和家用电器的发展趋势，及时果断地改变原公司的生产体制，由生产家用电器单一制造系统扩展为生产电子科技产品等多门类的生产体制，使公司销售额逐年增加，从而造就了松下电器公司新的发展阶段——山下时代。

山下俊彦所以能够如此，就是他自从被提拔到公司总经理的位置后，他充分感觉到他自己对于松下公司的重要性，因而其工作的主动性就大大提高，这才造就了松下公司的又一次辉煌！

这实际上是松下幸之助的一次巨大成功！

7. 强者是处理人际关系的高手

善于处理人和事的人，从不把应酬的学问当成是只求一时功利的人生战，而是作为以诚待人、宽于待人的一种方式。

我们中的大多数人平日工作在一个相对比较和谐、彼此合作默契的环境中，对于待人处事的艺术，考虑得较少。这也是正常的，因为一般的人都不愿在这件事情上伤神劳心。但正是由于这个缘故，当人们走出了自己熟悉的工作和生活圈子，到外面的世界去的时候，就很容易碰壁，经常陷入被动之中，甚至有时会产生寸步难行的感觉。

其实，在大多数情况下，人们遇到的此类遭遇并不是难以解决的困难，而是由于他们没有很好地掌握一些待人处事的艺术，没有学会随着环境而改变的应变艺术，即没有掌握所谓的“应酬的学问”。

将“应酬”上升到学问的高度，这并非在小题大做，世界上有许多国家的高等学府开设有专门的“应酬学”，以增强学生们与人交往的能力，提高办事的效率。

首先，我们要明白“应酬”不是虚与委蛇，不是虚情假意，也不是看人下菜碟，应酬是指因时、因地、因人制宜的待人处事的艺术，是我们在生活中善于把握对方的心理状态、找到解决问题的最佳方案和化被动为主动的一种本领，是我们的工作和生活中迅速适应人、事、环境并使自己永远处于比较主动之地的一种学问。我们平时说某个人应酬得体，这不仅表现在仪表的适度和大方，更重要的表现在他内在的心理容量和文化素养方面。应酬得当的人，既不会使人感到油滑，又能获得对方的尊重和好感。

要掌握好待人处事的艺术，要求我们在心理上保持较大的宽容度，这是我们在待人处事方面富于弹性，宽于待人，留有较大的回旋余地的基础。当一个人在生活工作中比较宽容时，他就很少将自己认为“理所当然”的想法强加给别人，他总是给自己同时也给他人留有较大的缓冲余地，不至于将别人挤到“墙角”。这样的人，即使在和一个陌生人初次接触的时候，也不会使对方产生很大的压力，从而让对方产生容易合作的感觉。我们在生活中能见到这样的艺术高手，他们即使在一个相对生疏的环境下也能应对自如，甚至如鱼得水，某些难以解决的问题、难以处理的人际关系遇到他们就会迎刃而解。这样的人，似乎天生就有一种亲和力和征服力，他们都是驾驭应酬艺术的高手。

大凡成功者，在成功之前，都要率领着一支队伍东挡西杀，南征北战，才能开辟出一块领土，取得一些成就。而在这个过程中，这些成功者就像指挥着千军万马的元帅，他们需要优秀的将军辅助，因此能不能选好将军，能不能利用好将军，常常决定了事业发展的成败。

8. 领袖的任务是激励自己的团队

在你领导团队的过程中，你的一切管理手段，如评价你的下属的工作技巧，对新来的员工进行培训，对老职员进行再教育，化解各式各样的矛盾冲突，组建一支最有活力、最能干的团队，奖罚制度的建立，以及各种日常工作管理制度的拟订，等等，这些管理手段的唯一目的，就是为了激励别人。

激励理论是行为科学关于个体行为理论的核心。“激励”，英文为“motivation”，一般是指一个有机体在追求某些既定目标时的愿意程度，含有激发动机、鼓励行为、形成动力的意义。

激励是行为的钥匙，又是行为的键钮，你按动什么键钮就会产生什么样的行为，因而，在我们的生活和工作中，每一个人都需要激励。作为一个管理者，对自己的团队和组织，为了实现既定目标，就更需要激励全体成员。在一般情况下，激励表现为外界所施加的吸引力或推动力激发成自身的推动力，使组织目标变为个人目标。

一个人的行为，必然要受到来自外界的推动力、吸引力的影响，这种吸引力和推动力，通过个体的消化和吸收，产生出一种自动力，使个体由消极的“要我做”转变为积极的“我要做”。自动力越大，行为也就越积极，反之亦然。而自动力的大小，固然与推动力或吸引力的强度有关，但却无法离开自身的因素，同样强度的推动力与吸引力，对于不同的人可能会产生强弱悬殊的反动力，对人的行为产生不同的影响。

在实际的工作中，差不多所有的激励理论，都渗透着一个共同的基本原理——人们都愿意做那些能够得到报酬的事情。

著名成功学家拿破仑·希尔在这一方面有着亲身的经历，他曾这样说：

“当我是一个小孩时，我被认为是一个应该下地狱的人。无论何时出了什么事，诸如母牛从牧场上放跑了，或堤坝破裂了，或者一棵树被神秘地吹倒了，人人都会怀疑：这是小拿破仑·希尔干的。

“而且，所有的怀疑竟然都还有什么证明！我母亲死了，我父亲的弟兄们都认为我是恶劣的，所以我便真正是颇为恶劣的了。如果人们竟是这样看待我，我也不致使他们失望的。

“有一天，我的父亲宣布：他即将再婚。我们大家都很担心：我们的新‘母亲’是哪一种人，我本人断然认为即将来我们家的新母亲是不会给我一点同情心的。这位陌生的妇女进入我们家的那一天，我父亲站在她的后面，让她自行对付这个场面。她走遍每一个房间，很高兴地问候我们每一个人——就是说直到她走到我面前为止。我直立着，双手交叉着叠在胸前，凝视着她，我的眼中没有丝毫欢迎的表露。

“我的父亲说：‘这是拿破仑，是希尔兄弟中最坏的一个。’

“我绝不会忘记我的继母是怎样对待他的这句话的。她把她的双手放在我的两肩上，两眼闪耀着光辉，直盯着我的眼，使我意识到我将永远有一个亲爱的人。她说：‘这是最坏的孩子吗？完全不是。他恰好是这些孩子中最伶俐的一个，而我们要做的一切，无非是把他所具有的伶俐品质发挥出来。’

“我的继母总是鼓励我依靠自身的力量，制订大胆的计划，坚毅地前进。后来证明这种计划就是我事业的支柱，我决不会忘怀她教导我‘当你去激励别人的时候，你要使他们有信心’。

“我的继母造就了我，因为她深厚的爱和不可动摇的信心激励着我努力成为她相信我能成为的那种孩子。”

这就是激励的力量！

所以，你作为一个公司或者一个部门的管理者，自然也可以用信任的方法激励别人。你应该告诉别人：“我知道你在这个工作中是会成功的，所以我和别人承担了保证你成功的义务。我们都在这儿，等待着你……”

9. 爱心是交际的通行证

在人际关系中生存，就必须有所付出，而得人心的关键，就是需要一颗爱心。有爱心，就能够处处体贴人，替别人着想，别人也就愿意为你效劳，你也就能够在人际关系中生存、发展，实现自己的梦想。

真诚地对他人感兴趣。在成功的商人德林的眼里，每一个客户、每一个亲友，对于他来说，都是非常重要的，都是值得关注的。他有一个与众不同的“绝招”就是：每当德林的亲友或客户每年的生日到了的时候，就会收到德林的庆贺信函或礼仪电报。这对于一般人来说，通常是难于做得到的，而德林确实做到了。因此，在别人的眼里，德林常常是世界上唯一不会忘记自己生日的人。原来，许多年来，德林一直都在刺探他人的“情报”，留心打听亲友和客户们的生日。怎样打听呢？虽然德林不是那种好打听别人隐私的人，可在打听别人生日上却是例外。因为，德林热衷于“一个人的生辰跟一个人的人生和性情关系的研究”（显然这是借口），因而他会请求亲友或客户们将他们的生辰告诉他。当对方说出某月某日时，德林就对自己重复地说着这个日子，等对方一转身，德林就把对方的姓名和生日记下来，事后再转记到一个生日专用本子上。在每年的年初，德林就把这些生日标明在他的月历上。要知道，一个能够年年记住自己生日的人，你难道能不感觉到他的可爱和可亲吗？你难道不乐于和这样的人交朋友、打交道吗？

真诚地为他人着想。德林对于不平不公的事，总会先站到对方的角度进行换位思考，注意多想别人的难处。所以，他很少对人言，别人也很少会与他结怨。大学刚毕业那阵，他给一家网络公司搞设计，主管德林这个部的王经理脾气暴躁且喜欢挑剔，他与部属总是搞不好关系，因而办公室招聘的人换了一拨又一拨，几乎没有一人能够干得长久。当经理又来找德林的碴时，德林意识到自己该是“识时务”——辞职的时候了！因此，德林不得不悄悄地拐弯抹角寻出路，开始为自己寻找其他合适的工作。不过，即使到了这个即将说“再见”的地步，德林也并不多么怨经理，他觉得“源头”是因为公司老板的脾气不好，潜移默化地将这种心情传染到经理们身上。因此，决定在临走之前给老板写一封信，感谢他曾经给了自己就业的机会，同时，他也“仁至义尽”地向老板提个“醒”。他问老板是否知道，老板召见他的经理们的时候一个个诚惶诚恐、头脑开始变得迟钝的景况？德林坚信如果公司里的气氛能够变得更好一点儿，公司的生意会变得更加兴隆。因为一个宽松的环境对挖掘员工的潜能来说，是多么的重要呀。因此，德林在信的末尾这样向老板建议何不将爱充斥于公司上下之间呢？没想到，德林写出这封信后不仅没有被“炒鱿鱼”，相反，还受到了重用。也正是因为德林的这封信，办公室的气氛改善了许多，大家也不必再对王经理的脸色提心吊胆了，工作时脸上的肌肉都松弛了许多。原来，老板看了德林写的信后，深受感触，他就这个问题召开公司高层会议，进行专题研究。在会上，老板意味深长地对王经理说：“一个预感自己就要离开公司的人，都还在替公司着想，有这样的员工难道你不感到自惭形秽吗？”德林虽然身在危难之时，却还在为他人着想，所以他能够化险为夷，能够因“祸”而得福。

真诚地给他人以赞赏。几年后，德林独自开起了一家计算机销售店，旗开得胜，这可引起了邻近的计算机销售店林老板的嫉恨。林老板无中生有地指责年轻的德林“不地道，卖水货”，德林的好友为此感到非常气愤，怂恿德林向法院起诉，控告林老板的诬陷。德林却不仅不恼，反而笑嘻嘻地说：“和气才能生财，怨怨相报何时了？”当顾客们再次向德林述说起林老板的攻击时，德林心平气和地对他们说：“我和林老板一定是在什么事情上产生了误会，也许是我不小心在什么地方得罪了他。林老板是这个城里最好的老板，他为人热情，讲究信誉，他一直为我所敬仰，也是我学习的榜样。我们这个地方正在发展之中，有足够的余地供我们两家做生意。日久见人心，我相信林老板绝对不是你们所说的那种人。”林老板听到这些话，深深地为自己的言行感到羞愧，不久后的一天，他特地找德林，向德林表达了自己的这种心情；还向德林介绍了自己经商的一些经验，提了一些有益的劝告。这样，德林真诚的赞扬消除了两人之间的怨恨。德林的话正是印证了这样的一个道理：世界上没有一个人不会为真心诚意的赞赏所触动。也正如百老汇的一位喜剧演员所曾经感叹：“即使一个星期能赚上10万美元，如果没有一个人发出会意的笑声和掌声，这种生活也如同下地狱一般。”

真诚地给他人以帮助。德林得知有家新开张的外商投资的大公司需要进购一大批计算机，于是，德林专程去拜访了公司的董事长，当德林被迎进董事长办公室时，一个秘书模样的年轻小姐从门外探进头来，告诉董事长，她这天没有什么邮票可以给他。“我在为十三岁的儿子搜集邮票。”董事长对德林这样解释道。德林说明他的来意，董事长却很遗憾地告诉他："你的信息来得太迟了，因为我们公司的计算机的订购工作已经结束。"董事长还善意地将公司的订购单拿出来给德林看。虽然生意没有谈成，但董事长的儿子需要邮票的事，却深深地印在了德林的脑海里；第二天早上，德林再次找上门去，传话给董事长的秘书，说他有一些邮票要送给董事长的儿子，是否让他进去？董事长即使得到升迁，大概也不可能会表现出如此这般的热诚。董事长翻阅着德林给他的邮票，满脸堆着微笑："我的约翰肯定会喜欢这几张中国邮票，这对他来说简直将是一些无价之宝！"当董事长提出要用钱将这些邮票买下时，德林却断然拒绝："我要是为了卖钱的话，也就不会拿到这儿来了。我们虽然生意没有做成，情意还在嘛。这些邮票对于我来说，并没有多大用处，送给你的儿子做个纪念吧。"德林的这一举动令董事长感动不已。这一天，他们花了一个多小时谈论邮票，从此也交下了非同一般的友谊。一年后，这家公司扩大业务，需要添置一批计算机，董事长主动打电话给德林，使德林顺利地做成了一笔大生意。的确是如此，人与人之间的相处，如果采取的是"用得着人时再去求人"的处事方式，注定只能"培养"出短暂的友谊，无疑这种友谊也是不可能维持多久。那种不图回报的对人给予真诚帮助，不仅仅是高尚之举，也会是一种长期的感情投资，这对授予者来说，将是一笔无价的无形资产。

古人曰："敬人者，人恒敬之，爱人者，人恒爱之。有爱敬之诚，动获人心，而道无不通也。"德林"利他"的人格魅力，不仅是一种做人的高境界，更是一种处世生存的大智慧。他的这种做人与处世的哲学，难道不值得我们每个人学习和借鉴吗？

10．强者属于最具有团队精神的人

能和美国亿万富翁——"钢铁大王"卡耐基攀亲附缘，并在他的提携下走向事业的巅峰，让很多人不敢想象。可是，一个年轻人只用了一把椅子，就轻易地与“钢铁大王”齐肩并举，从此走向令人羡慕的成功之路。

那是一个阴云密布的午后，大雨瞬间倾泻而下，行人纷纷逃进就近的店铺躲雨。这时，一位浑身湿淋淋的老妇，步履蹒跚地走进费城百货商店。看着她狼狈的姿容和简朴的衣裙，所有的售货员都对她爱理不理。

这时，一个年轻人诚恳地对她说：“夫人，我能为您做点什么吗？”老妇莞尔一笑：“不用了，我在这儿躲会儿雨，马上就走。”随即老妇又心神不定了，不买人家的东西，却借用人家的屋檐躲雨，太不近情理了，于是，她开始在百货店里转起来，哪怕买个头发上的小饰物呢，也给自己躲雨找个光明正大的理由。

正当她眼露茫然时，那个小伙子又走过来说：“夫人，您不必为难，我给您搬了一把椅子，放在门口，您坐着休息就是了。”

两个小时后，雨过天晴，老妇人向那个年轻人道了谢，并随意地向他要了张名片，就颤巍巍地走了出去。

几个月后，费城百货公司的总经理詹姆斯收到一封信，写信人要求将这位年轻人派往苏格兰收取装潢一整座城堡的订单，并让他负责自己家族所属的几个大公司下一季度办公用品的采购任务。詹姆斯震惊不已，匆匆一算，只这一封信带来的利益，就相当于他们公司两年的利润总和。

当他以最快的速度与写信人取得联系后，才知道这封信是一位老妇人写的，而她正是美国亿万富翁“钢铁大王”卡耐基的母亲。

詹姆斯马上把这位叫菲利的年轻人推荐到公司董事会，毫无疑问，当菲利收拾好行李准备去苏格兰时，他已升格为这家百货公司的合伙人了。那年，菲利21岁。

随后的几年中，菲利以他一贯的踏实和诚恳，成为“钢铁大王”卡耐基的左膀右臂，在事业上扶摇直上、飞黄腾达，成为美国钢铁行业仅次于卡耐基的富可敌国的灵魂人物。菲利29岁时，已经为全美国的近百家图书馆捐赠了800万美元的图书，他希望用知识和爱心帮助更多的年轻人走向成功。

生活中的奇迹，其实就发生在你不经意的言行之间，一句亲切的话语、一个友善的致意或一项小小的援助计划，都能让对方体会到你的爱心和真诚。同时，也能够成为你事业发展的基石！

有一句俗话，人人为我，我为人人，话听起来似乎很简单，不就是人们互相帮助吗？的确，道理的确简单，就是人与人之间互相帮助，互相扶持，共同渡过人生的难关，或者共同走向人生的成功。

人类世界有个规律，一些看似简单的话语实际做起来难度却不小。

有人说过，人都是自私的，因为生命本身具有排他性。当然，这种排他性并非说我们都要视他人为敌人，甚至不允许别人生存，这种排他性主要是指别的生命与你一起消耗着有限的能源，占据着不变的生存空间。当别人的存在没有威胁到我们存在的时候，我们倒还能相安无事；而一旦别人的生存威胁到我们的生存，人类就开始有了争斗以至于发生大规模的战争，用战争的形式和别人争夺生存空间。

当人类意识到无休无止的争斗与战争只会加速人类的灭亡之后，人类开始采用发展科学技术来拓展生存空间，并挖掘有限的能源的潜力。

但是，人类从一开始诞生就已经合作了，如果我们人类没有一点合作精神，那么，今天在地球上占据统治地位的恐怕就不是两条腿的人了。为什么要合作？道理也很简单，不合作就意味着灭亡，意味着种群的灭绝。

或许因为人与人的合作是难得的，所以，人类的先哲们用许多语言来说明合作的重要性，鼓励人们去爱自己的同类，去帮助自己的同类，“人人为我，我为人人”即是其中之一。

或许你会说，求助，是人类的一种自助方式，这没错。而助人，也成为一种自助方式，似乎就不好理解了，明明是给别人以帮助，怎么会有自助作用呢？

从心理学的角度去分析，当你去热忱地帮助别人解决某一个问题的时候，会产生一种在自我状态下难以萌生的“智能受激状态”，一个具有积极心态的人在这种情况下就会促使自己的身体与精神机能处于一种“总动员”的状态，使自己的能力有出色的表现。

其次，别人求助的问题或事情，有可能是你从来没有遇到过的，所以，你为别人解决了问题，做了事情，也会给你以启迪，迫使你从新的角度去思考你原来所学的知识和你原来积累的经验。这样，你不仅帮助了别人，同时也得到了别人哲学意义上的帮助。

同时，助人与自助也是人类智慧合作的一种方式。在这个世界上，我们每个人都是彼此不同的，各有各的资质与技巧，各有各的能力，各有各的长处和短处。你今天在某个问题上助了别人，而在另一个问题上，你也需要别人的帮助。所以，你今天看似在助人，实际上是在自助。

在生活中，善于助人者并擅自助者，也就是说是从生活中善于施舍与获取最多的人，除了具有一般成功者的共性之外，还有以下的共同点：

无论做任何事情，他们总是全力以赴；无论是工作还是游戏，也无论是沉闷枯燥或紧张刺激的、琐碎的或者重大的，他们都能专心致志，尽他们最大的力量，非经最大的努力绝不罢休是他们的信念。

他们能从帮助别人这单纯的事情中获得特殊的满足与深切的愉快。在日常生活中，为一个朋友、一个主顾、一个病人、一个顾客，甚至一个素昧平生的陌生人，做一些分外的事情，他们都觉得这是极有意义的事情。

用这两条原则衡量一下你自己，你是不是强者？

第七篇 绝不放走送上门的机遇

捕捉机遇，主动出击

1. 强者需要机遇

坐待幸运从前门进来的人，往往忽略了从后窗进入的机遇。

拿破仑·希尔曾经说，你的失败也许是因为你需要“另一点东西”把成功带给你。

你成功了，也许就是因为你多走了一些路，找到了别人未找到了的“另一点东西”。

这“另一点东西”就是机遇！

在我们的社会中，在你我的周围，许许多多的人悲叹自己怀才不遇。他的怀才不遇很可能是真的，一个人生存在世界上，希望每当自己的才能有一点增进时，社会就理所应当地予以承认。从理论上来说，这样要求也是合理的，但是，在现实生活中，要真正做到这一点，却是很难很难的，因为这需要一个过程，一个你显露自己的才华和社会的理解相互适应的过程，而这一过程的长短，就在于你对于机遇的把握，你才华的功力和才华显露的形式是否适当，时机是否恰到好处。

机不可失，时不再来！

在人类的历史上，在通往失败的路上，处处是错失了的机会。坐待幸运从前门进来的人，往往忽略了从后窗进入的机会。强者并不一定是天才，有时候只需要你找出新的改进办法。

在现代社会，一个成功的人士，他们的成功，常常就是因为他们抓住了万分之一甚至更小的机会。机会抓住了，所以他们成功了。

机遇对于每个人都是公平的，但是机遇不会无缘无故地降临。机遇只属于那些有准备的人，缺乏准备者即使面对着机遇也往往是惘然无觉，最终只好与机遇擦肩而过。

在这一方面，我国当代著名作家梁晓声是一个很好的例子：

梁晓声所遇到的机遇，看起来似乎是从天而降，实际上都与他默默的准备有直接的关系。

在“北大荒”生产建设兵团下乡时期，梁晓声曾经在团宣传股做报道员。在这样的环境下，自小就喜爱文学的梁晓声并不甘于与身边的人一样的平庸地生活，他开始试着写一些小文章寄到建设兵团的《兵团战士报》。这些文章虽然幼稚，思想性和艺术性都不高，但是它们的发表却使梁晓声深受鼓舞，而正是它们给梁晓声带来了一生中最为重要的机遇。

机遇到来之前，正是梁晓声人生中比较困难的一段时期。当时他已经失去了宣传股报道员的位子，被“精简”到木材加工厂去抬大木。这种重体力劳动使梁晓声吃尽苦头，极度的疲劳使他吃不下饭，浑身无力，有一次险些被压趴下。当时他自己还不知道，他已患上了急性黄疸型肝炎，肝功能损伤严重。

一天，他正硬撑着和伙伴们抬大木，连长把他叫过去，说有一名复旦的老师要见见他，叫他立即到招待所去。

“负担？什么负担？”当时的梁晓声尚不知“复旦”为何物。

到了招待所才知道，来人是复旦大学政治经济系的一位姓陈的教师，他热情地询问了梁晓声都读过哪些文学书籍，最喜欢哪些作家……能有一位大学老师认真地听一个知青谈文学，这使梁晓声很高兴。他谈了许多，把自己的很多想法都说了出来，陈老师显出很高兴的样子。

过了3天，陈老师又把梁晓声找到招待所，对他说：

“你的档案我已经寄到复旦大学了，如果复旦复审合格，你就是复旦大学中文系创作专业的学生了。”

梁晓声惊呆了！

原来，那一次招生，整个东北地区只有两个复旦大学的名额，却分在了梁晓声所在的兵团，而其中一个又分在了一师一团。陈老师在招待所里，偶尔读到《兵团战士报》，发现了梁晓声的一篇小散文，觉得他很有文学天赋，便到宣传股，把梁晓声几年来发表的小诗、小散文、小小说统统找到，认真读了，然后他又亲自到招生办去交涉。就这样，梁晓声的名字同“复旦大学”连在了一起。

后来，梁晓声在回忆起这一段经历时，禁不住感叹道：

机遇决定了多少人的命运啊！

可是，当时兵团里的知青那么多，为什么幸运之神就降落到梁晓声的头上了呢？这得归功于他所做的积累和准备。为了实现自己的理想，在兵团那样艰苦的环境里，梁晓声始终坚持写作，默默地锤炼自己。尽管他发表在《兵团战士报》的还都只是些不成熟的小文章，但正是这些小文章，使梁晓声胸前戴上了复旦大学的校徽。

如果梁晓声不做这样的准备呢？如果他没有在《兵团战士报》上发表那些小文章呢？那么也许这些机遇就不会光顾梁晓声了。

可见，机遇属于强者，而只有在有准备的人那里，机遇才成其为机遇。

所以说，当“另外一点东西”降临到你的身边时，一定要抓住它。否则，机不可失，时不再来，错过了它，有可能一生就错过了！

2. 抓住了机遇你就会成为强者

机遇是一个美丽而性情古怪的天使，她会忽然降临在你身边，你若稍有不慎，她又将翩然而去，不管你怎样扼腕叹息，她却从此杳无音讯，不再复返了。

你肯定听说过这个故事：一个苹果从树上掉下来，恰好掉在了牛顿的头上。牛顿也正是由于受此启发，发现了万有引力定律。

事业和人生发展有时候就是这样，你苦苦追求、苦苦思索，甚至你处心积虑、心机用尽，你未见得就能取得成功；可就在你已经对自己的事业不抱什么希望，要失去信心时，成功却不期而至，让你顿时有一种柳暗花明之感。成功的机会有时就来自偶然，世界上第一个防火警铃就是在实验室的一次偶然中产生的。杜妥·波尔索当时正在试验一个控制静电的电子仪器，忽然他注意到他旁边的一个技师所抽的香烟把仪器的马表弄坏了。起初他的第一反应是非常的懊恼，因为必须中止实验，重新再装上一个马表。但很快他又想到，马表对烟的反应可能是一个有价值的资讯。这个短暂并且看似很不起眼的偶然事件，促使波尔索发明了第一套防火警铃系统，一套拯救了成千上万人生命的系统。

不仅仅是防火警铃的发明来自于一次偶然事件，拯救了更多人生命的青霉素的发明也是如此。被称为“杂交水稻之父”的袁隆平，也是有一次在稻田里，突然发现了一棵自然杂交的水稻，由此，他想到目前我们人类所认定的水稻不能杂交有可能是个错误的结论。于是，他成功了，成为足以改变人类命运的世界级的农业科学家。

可能你会说，苹果树上的苹果都快将我的头砸烂了，我也没有发现什么定律；可能你也会说，我也整天泡在稻田里，怎么就没有发现一棵自然杂交的水稻。

这就是你、我、他这些普通人和牛顿、袁隆平的区别。

如果世界上没有牛顿，我们人类有可能到现在也不知道万有引力定律；如果没有袁隆平，我们可能至今仍不知道水稻也可以杂交。

如果牛顿、袁隆平就像你、我、他一样，在那次看似偶然的发现之前，对于物理、对于水稻一无所知，那么，苹果即使在牛顿的头上砸一百次，袁隆平即使在稻田里再碰到一千棵自然杂交的水稻，也于事无补，不会有什么大发明。

牛顿、袁隆平所以能在看似偶然的机会中有了创新发明，取得了人生的成功，原因不在于他们碰上了那次偶然，而在于他们平时付出了艰辛劳动的必然。

这才是问题的关键！

我们知道世界著名的美国希尔顿饭店有限公司，这是一家国际性的饭店垄断组织，该跨国公司在世界各地设有200多家饭店，其规模在美国旅店业中名列榜首。

国际希尔顿饭店有限公司的创业者康拉德·希尔顿在年轻时，将自己当时的全部积蓄5000美元购买了第一家只有两层的红砖楼的小旅馆，发展到1945年购入了世界最大的芝加哥史蒂芬斯大饭店，第二年又购入了纽约一家大饭店，康拉德·希尔顿从此成为美国饭店业的首领并赢得了美国“饭店大王”的称号。

康拉德·希尔顿（也即是人们常说的老希尔顿）是如何发迹的呢?

康拉德·希尔顿的父亲是北欧挪威人，后移居美国，在美国新墨西哥州的圣安东尼奥市落户和经商，20世纪初去世。

第一次世界大战期间，老希尔顿应征入伍，参加了欧洲战场作战，战后复员回家。作为一个复员退伍军人，他的生活有过一段非常不稳定的时期。这时，他的父亲死于一场车祸，他却无意子承父业去急急忙忙地做商品生意，而是对生活和前途感到十分惘然。他几乎走遍了新墨西哥州，想要在这种漫无目的的流浪式的走动中重新认识自己，寻找未来生活的寄托。他也留心各行各业的生意状况，决定把银行业作为他的事业。当时拥有5000美元的老希尔顿终于越过了州界，冒险进人德克萨斯州那个到处是石油和发财机会的小镇上。老希尔顿看中了一家接近火车站的银行，询问经理要多少钱才肯出售，经理出价75 000美元。

多年以后，老希尔顿在他的自传《做我的客人》中写道：“价目和我衣袋里金额之间的差额并没有使我烦恼，当时我充满信心地想：‘对于好的东西，你总能够获得把它弄到手的款项。’”

所以，当那家银行的经理开出了价钱之后，老希尔顿一口答应，准备照价购买。但是，一件看起来似乎微不足道的事情改变了历史。那位银行主在几天之后却给他来了一份电报说：“售价已经涨至80 000美元，不必争论。”老希尔顿接到电报非常愤怒，决定放弃当银行家的念头。

老希尔顿后来回忆说：“就是那样，那封电报改变了我的一生。”

碰壁之后，老希尔顿余怒未消地来到一家旅店投宿，谁知旅店走廊上的人群像罐子里的沙丁鱼一样拥挤不堪。老希尔顿好不容易挤到柜台前，主人却毫无歉意地对他说已经没有了地方，要碰运气还得在8小时后腾出地方时再来，并警告老希尔顿不要在走廊上里游荡。

老希尔顿憋了一肚子气，但他忽然灵机一动地问：“你是这家旅店的主人吗？”

对方点头称是，然后向老希尔顿诉起苦来，说：“我被它捆得死死的，赚不到一毫钱，不如到油田去赚实在的钱。”

老希尔顿又用激将法问道：“这家旅店准备出售吗？”

旅店的主人说：“任何人出50 000美元就可以买去。”

三小时后，老希尔顿经过仔细查阅了这家旅店的账簿，便决定买下这家旅店。经过一番讨价还价，卖主最后同意以40 000美元出售。老希尔顿立即四处筹措现金，终于在生意截止前几分钟将钱送到。

阴差阳错，老希尔顿抓住了一个偶尔遇到的不是机遇的机遇，他成功了。那个银行家的失信，成就了世界上一位著名的饭店大王。

在人的一生中，机会可能会以多种方式降临到我们面前，有时候就以偶然的方式不期而至。要抓住这些机会，捕捉这些偶然，进而取得成功，就需要在平日里付出劳动，有能够捕捉这些机会和偶然的心理准备。

而在另一方面，养成寻找机会的习惯，打开你的心灵，寻找一切可能的机会，因为它们无处不在，经常出现在我们的眼前。

3. 错过了机遇也就错过了成功

机遇不会自己送上门来，需要我们去争取。

我们每个人在自己奋斗的过程中，都会遇到各式各样或大或小的机会。幸运女神会叩响我们每一个人的房门，只是，成功者抓住了机会，经过自己的艰苦奋斗，他成功了，所以他成为幸运儿。而其他人，当幸运女神会叩响他的房门时，他正在呼呼大睡，幸运女神只好离开。这样，机会一个又一个、一次又一次从他的身边悄悄溜走了。

但是，我们还必须看到，我们所面临着的每一次机会，只是为成功提供了一种可能性，而不是必然性，机会和成功之间并不是等号。

更重要的是，我们要看到，机遇不会自己送上门来，需要我们去争取。对懒惰者而言，即使是千载难逢的机遇也毫无用处，而成功者却能将最平凡的机会变为千载难逢的机遇。

机遇藏在哪儿？很多人不善于培养自己发现眼前机遇的习惯，总以为机遇远在他方。成功发展者都是有心者，都习惯发现眼前的机遇，因为机遇是不会主动“暗送秋波”的。

在生活中我们常常会舍近求远，到别处去寻找自己身边有的东西。而往往的情况是，机遇就在您的脚边，正确地讲，是在你的眼里、手里。

“那天晚上碰到了不幸的‘中美洲’号。”一位船长讲述道，“天正渐渐地黑下来，海上风很大，海浪滔天，一浪比一浪高。我给那艘破旧的汽船发了个信号打招呼，问他们需不需要帮忙。情况正变得越来越糟糕。’亨顿船长朝着我喊道。‘那你要不要把所有的乘客先转到我的船上来呢？’我大声地问他。‘现在不要紧，你明天早上再来帮我好不好？’他回答道。‘好吧，我尽力而为，试一试吧，可是你现在先把乘客转到我船上不更好吗？’我回答他。‘你还是明天早上再来帮我吧。’他依旧坚持道。我曾经试图向他靠近，但是，你知道，那时是在晚上，夜又黑，浪又大，我怎么也无法固定自己的位置。后来我就再也没有见到过‘中美洲’号。就在他与我对话后的一个半小时，他的船连同船上那些鲜活的生命就永远地沉入了海底，船长和他的船员以及大部分的乘客在海洋的深处为自己找到了最安静的坟墓。”

亨顿船长在曾经离他咫尺却被他忽略了的机遇变得遥不可及的时候才意识到这个机会的价值，然而，在他面对死神的最后时刻，他那深深的自责又有什么用呢？他的盲目乐观与优柔寡断使得多少乘客成为了牺牲品！其实，在我们的生活当中，又有多少像亨顿船长这样的人，他们在最欢乐的时刻又是多么的易受打击，多么的盲目，在命运的面前又是多么的软弱无力啊！只有在经历过之后，他们才顿然清醒地明白那句古老的格言：机不可失，时不再来。然而，这时已经迟了。

正所谓：“一失足成千古恨，再回头已百年身！”

懒惰者在他们着手的事情上总是不能很好地把握时机，要么是太早了，要么是太迟了。在他们还是孩子的时候，他们就老是迟到，做家庭作业和交作业也总是比别人要晚。就这样，他们迟到的习惯慢慢地养成了。到了成年以后，需要他们承担责任的时候，他们才开始后悔，他们想如果能再回到从前，让生命再来一次的话，他们一定会好好地把握住机会，也许他们还会有一个崭新的明天。他们又回忆起以前，自己曾经白白浪费了多少可以赚钱的机会，或是白白放过了多少可以弥补这些损失的机会，而现在却是已经无法弥补了。他们懂得该如何在将来改善自己的生活，完善自身，或是帮助别人；然而，他们却看不到此时此刻有什么机会。他们永远无法抓住机会，无法把握机会。

4. 机遇与强者的生命同在

我们在谈到各类成功人士的时候，一般会频繁地提到一个名词：黄金年龄。

究竟多大的岁数才算是发展乃至成功的黄金年龄呢？对于这一问题，估计没有几个人能给你一个明确的答案。十四五岁是一个体操运动员的黄金年龄，二十六七岁是一个足球运动员的黄金年龄，三四十岁是一个作家的黄金年龄，四五十岁是一个医生的黄金年龄，五十多岁是一个政治家的黄金年龄，六七十岁时，托尔斯泰不照样写出了震惊世界文坛的作品，而哈默，开始从自己的养牛业进军石油业、买下了西方石油公司的时候，已经是58岁的人了。

上面说的这些都只是大概，如同世界上没有绝对的事物一样，“黄金年龄”也不是绝对的。对于发展而言，对于成功来说，只要你去做了，只要你一直在寻找着发展的机遇，那什么时候也不算晚。

在中国，有一位20世纪60年代的大学毕业生，上大学时她学的是经济专业，毕业之后分配到国家政府部门的某个部门工作，每天上班、下班，喝茶、看报，就这么一天一天地打发着日子。工作十多年了，一直是一个普普通通的公务员。

学经济的她，有一个“业余爱好”：文学创作。担心别人知道说她“不务正业”，她晚上就在家里偷偷地写，偷偷地自己欣赏。自己写得多了，欣赏得多了，她觉得自己写得还行，于是就偷偷地寄到杂志社。虽然几经坎坷，但她的处女作《从森林里来的孩子》还是在北京一家颇有影响的刊物上发表了，并获得了当年的全国短篇小说奖。这时候，她就不再偷偷地写了，因为再想偷偷地写也不可能了。

处女作发表的这一年，她37岁。

一个对年龄再不敏感、再麻木不仁的女性，对于“37岁”这个年龄恐怕也不能不敏感不能不麻木不仁吧。毕竟，这已经不是一个小岁数了。

然而，她成功了！在文学创作领域，她获得了巨大的成功。20世纪80年代，她又以长篇小说《沉重的翅膀》获得了茅盾文学奖。

我们无法了解她在获得成功的时候，心里会做何感想，但有一点可以肯定，早年，她开始偷偷地爱好文学，学着写作的时候，她恐怕不会想到在她人到中年、一般人大都放弃许多想法的年龄，才发表她的处女作。

那一瞬间，她一定百感交集。

这位人到中年才发表自己处女作的女作家，就是我国当代著名作家张洁。

“人过三十不学艺”，古人的话不是让我们30岁就放弃学习，而是希望我们在青春年少时珍惜时间。

一个人的生理年龄，属于自然规律，我们自然不能违抗。但是，生理年龄毕竟不是起决定作用的；况且，即使年龄大了，也不是就万事皆休，还有很多可以去做的事情。

有这么一个成功者：

他和爱人都是20世纪60年代的医科大学毕业生，毕业之后，他们被分配到在西北某城的一家国营医院里上班，两口子为人正直，业务能力强。这时的他们，也就像我们千千万万个普通人一样，过着平平淡淡、平平常常的上班、下班吃饭睡觉的生活。

很快，他们都是50多岁的人了。照我们大多数人的想法，50岁，该知天命了，再熬上三年五载，就要退休安享晚年了！

其实，有这样的想法并不奇怪，因为我们身边的人，不大都是这样过来的吗？

然而，一次不公平的遭遇改变了他们的人生道路。

在中国，大凡业务能力强、技术水平高的人往往都有一个算不上毛病的毛病，即他们总是想着我是凭自己的能力吃饭，不愿意与领导走得很近，再加上这类人大多恃才傲物，为人正直，所以这类人领导一般都不怎么喜欢，跟领导的关系也就一般。在中国目前的大环境下，即使是一些口碑较好的领导，也会做一些上不了台面的事情。这些事情，领导做了，大家都心知肚明，私下里也三言两语常常议论，可一般就是不说到会上、说到当面，所以这类事情领导做也就做了，谁也不会过于较真。谁让人家是领导呢？谁又让咱们不是领导呢？

他们两口子是治疗脑血管疾病的专家，业务能力自然是没说的。所以，这时候他们那种中国传统知识分子的拗劲儿就上来了，非得要跟领导较个真，非得要领导将那些上不了台面的事情拿到桌面上，并要领导同志对大家有个“说法”。

领导当时确实是给了个“说法”，但领导还是领导，你还得在他的手下吃饭，20世纪80年代末，他们所在的医院进行“优化组合”，单位里几百号人，优化来优化去，独独就将业务能力出众的他们两人优化了。

一下子，50多岁的人，两人的饭碗都没了。

饭碗没了，这对当时的大多数中国人来说都是件大事，更何况他们已经那么大的年龄。但他们并没有被这次挫折所击倒，好在当时的政策已经开放，他们就在自己原来医院的对门开办了一家私人诊所。凭着良好的医术和医德，他们开始了新的人生。

现在，他们的企业已成为国内知名的私人企业，其标志性的拳头产品，已销往世界各地，其个人资产已经跃居我国私人企业的前列。

要知道，他们从开始创业到现在，不过只有十多年时间。

说起他们为什么当初要将自己的诊所开到原来工作的医院对面，男主人在接受中央电视台《商界》栏目采访时说，我就是要用我的成功给那些人看看，我不会被打倒！

客观地说，这位强者是在我们大多数人认为人生该偃旗息鼓的时候才真正开始了自己的创业生涯。尽管是由于客观环境所迫，但他的成功发展对我们那些患有“为时已晚”心理疾病的人来说，对那些早早就放弃了自己人生所有的理想与希望的人，对那些一到三四十岁就认为自己老了该想想以后的事情了的人，都是再好不过的一剂良药。对于人生来说，机遇是随处都有的．幸运女神会光顾别人，自然也不会忘记了你。我们大多数人之所以总以为幸运女神对自己不公正，那是因为幸运女神来敲你的门时，你正好在呼呼大睡，没有理会那个恼人的敲门声。你与幸运女神就这样擦肩而过，你与成功发展也就这样遗憾地擦肩而过。

但如果是一个永远都在寻找机遇的人，就不会是这样。也许他曾经与幸运女神错过了，但是他一直在苦苦寻找。幸运女神即使走到了天涯海角，他也发誓要将她寻找出来。幸运女神自然了解这一点，很快就会眷顾他。

他有可能从此成为强者。

5．机遇不等于成功

有一位朋友，大学毕业之后在政府部门的闲职上工作七八年时间，眼见得青春一日复一日地从身边溜走，皱纹一天一天地爬上了额头，就抱怨命运对自己不公平，幸运女神从来也不眷顾自己。

可就在这时候，幸运女神来到了他的身边，他人生中最好的一次机会来了：

中央政府要向海外派出一家机构，由于条件极端苛刻，且不太符合平时我们选择优秀、先进的“标准”，比如要求干部级别不能超过科级，要求选派人员是非党员等条件，结果全大区五个省符合“硬件”要求的仅有他一个人，单位里所有的人包括他自己都认为他去是铁板上钉钉的事情，然而，由于他自身的“软件”不过关，他只好眼看着这千载难逢的机会又一次从身边溜走。

在我们的生活中，常常能听到这样的抱怨声：“为什么别人有那么好的机会，而我却没有？”其实，幸运女神对每个人基本上是公平的，只是有些人以为只要有了机会他就一定能够成功，似乎他缺的只是机会、机遇。

其实，机遇和成功之间不是等号，要将机遇“转化”为成功，需要的是行动、行动、再行动！

我们承认一个人要取得成功，的确需要一定的机会。即使社会发展到了今天，人类的创造能力已经到了一个基本可以自如发挥的程度，一个人要取得成功，也仍然需要一定的机遇。无论是在竞技体育场上，在平常的工作岗位上，在商界，在企业界，在文学艺术界，等等都是如此。所以，虽然说“是金子一定会发光的”，但我们仍然要承认机遇在一个人迈上成功之路过程中的重要性。

但是，我们还必须看到，我们所面临着的每一次发展机会，只是为成功提供了一种可能性，而不是必然性，发展机会和成功之间并不是等号。

1999年，有关部门在一次中国企业声誉调查中，北京中关村的大型计算机企业联想集团被认定为中国声誉最高的五家企业之一，仅次于海尔集团列第二位。不光是在中国，在整个亚洲地区联想集团也是最大的三家个人电脑企业之一，而这家具有如此影响的企业的历史只有短短的不到20年时间。

计算机行业当时完全是个新兴的行业，即使在美国，计算机的发展尤其是计算机的迅速普及也不过二三十年时间。由于计算机给人类带来了又一次革命，这个行业所蕴藏的商机是显而易见的。这个商机，是给每一个中国人的，并不单单是给柳传志一个人的。

1984年，当柳传志带领11个人创办联想公司时，他们的总资本共计20万元。按照柳传志自己后来的说法，之所以走上了创业的道路，是因为“我们这一代人，大学毕业正赶上了‘文化大革命’，有精力不知道干什么好，想做什么都做不了，心里憋得慌”。

在柳传志开始创业的1984年，柳传志的名字普通得就像我们今天在交际场合遇到的“经理”一样普通，普通得不忘记都不行。可今天，是柳传志和他的联想集团成了中国民族计算机企业的象征。

在联想集团的成长史上，经历了两次大的产业结构调整，而这两次大的调整，都给联想带来了飞速的发展。也就是说，联想公司成立后，在它的发展过程中，有过两次发展契机，联想集团都抓住了，柳传志都抓住了。

第一次调整发生在1988年，当时中国的电脑市场还处于开发阶段，市场上也没有主导产品与品牌。当时联想公司决定与外国公司合作推广外国的品牌电脑，经过对市场的分析与调查，联想公司的决策层决定将市场定位于电脑板卡的开发、研制方面；同时他们准备与外国某些著名的电脑制造商谈判，争取成为这些公司在中国的总代理。联想公司通过代理销售与市场开发，形成了在中国市场的销售规模，同时还为自己以后的发展积累了一定数量的资本，建立了公司的整个市场营销系统，学习到了外国电脑企业和公司对电脑整机的开发技术。这一年，联想公司与香港一家电脑公司合资成立了香港联想电脑公司，其中联想占有54%的股份。柳传志当时之所以这么做，是想依靠自己的技术优势和香港方面的市场优势，将这方面结合起来。事实上他们成功了，在内地和香港市场，联想集团取得了全国汉卡市场的50%以上的份额，此后，联想集团数年都成为在中国销量最大的微机公司。

如果说，第一产业结构调整带有一定的被动性的话，那么，第二次产业结构的调整则完全是主动出击。随着联想集团的飞速发展，国外许多公司都把联想集团当成了重要的竞争对手。柳传志认识到必须进行第二次调整，否则就没有出路。面对新的国际化和多元化格局，联想集团的规模和业务范围不断扩大，人员增多，经营区域急剧增加。这时，集团就出现了一些新的问题，如原来的职能式管理结构已经难以适应新的情况，公司的集权式科层管理也难以对世界各地的各种业务领域出现的新情况做出及时正确的反应。因此，联想集团决定改革公司的组织结构，调整集权与分权的关系，确立“多中心”的公司发展模式，把“大船结构型”组织模式改变为“舰队结构型”组织模式，设立事业部编制。集团总部主要对公司的发展方向、发展战略、投资收益和重大的投资项目进行决策，对主要经理人员、财务负责人和科技开发负责人进行直接控制，而其他的经营权都下放给事业部，各事业部都拥有相对独立的决策和经营权。事实证明，联想集团的这一步又走对了，第二次发展机会他们也没有放过，他们抓住了机会，成功了。

如果联想集团也像我们社会的大多数企业、公司一样，没有抓住20世纪80年代给予中国的第一次机会，没有抓住了20世纪90年代初的那一次产业结构调整的机会，恐怕至今也没有几个人知道联想集团，更不会有人了解“柳传志”这个名字。

作为现代人，面对机遇，不敢选择，不敢尝试，的确意味着巨大的失败；同样，面对机遇，我们敢于尝试，敢于拼搏，但是，由于我们自身的原因不能抓住发展机遇，任机遇从我们身边溜走，这也是人生的一种失败，这样的人永远成不了强者。

6. 机遇不是命运抛给强者的缆绳

把你的脸孔直接对着阳光，这样你就不会见到阴影。

一个人，要想成功的确需要有一定的机遇。

的确，茫茫的人海，纷乱的世界，世上的各行各业，到底哪一片蓝天属于你自己？你的那一方天地到底在哪里？这需要我们去寻找，去寻找属于你的那一方蓝天，那一片土地。即使你找到了这片蓝天，这方土地，如果没有合适的社会环境和人文环境，你的关于发展想法也未必能够实现，古今中外，这样的例子数不胜数。

一个人能在众多的竞争者中脱颖而出，成为强者，固然依赖于个人的不懈努力和一个社会良好的成才环境，但是，即使在一个极其有利于人才成长的社会中，也难免会滋生出个别有意无意扼杀人才的小环境。如果你立志成才，却恰好就在这样的小环境中生存着，这时要想成功，你就要付出更多的努力，因为你除了在你自己的事业上谋求进取之外，同时还要时时注意不能被环境所埋没。

历史上有很多被时代埋没的杰出人才，即使在今天，我们也会听到、看到甚至遇到些暗投的明珠。如国画大师黄秋园，如作家王小波……这些人，尽管生前寂寂无名，所幸的还是于死后终于被人们发现了，证明了他们的价值，那么，那些没有被人们发现的、至今仍被尘封的“大师”们，有可能他们会永远寂寞下去，这样的人才不是更不幸吗！

一个人，尤其是像黄秋园、王小波这样的作家、艺术家，生前属于“无名之辈”，甚至到了连发表作品都难的程度，而死后人们才突然发现他们的价值所在。虽然被发现总比一直沉寂着要幸运一些，但是，这对任何一个渴望成功发展的个体生命来说都是一件十分残酷的事情，同时，也会对了解他们、至今仍然奋斗着的人们产生灾难性的心理影响。

对于一个渴望成功发展的人来说，仅有成功的能力是远远不够的，还需要学习、研究和掌握在环境中如何生存、突围的能力，要学会反“埋没”。也就是说，你要寻找机遇，使自己成功。

但是，无论你采取什么样的反“埋没”的策略，最关键的还在于你的人生态度，要取得成功，绝不能听天由命。当然，如果你身怀绝技又甘愿终生默默无闻，也未必就是一种消极的人生态度。不过，如果真的身怀绝技却由于屈服于环境的某种消极因素而不得不默默无闻，这就不能不说是一种消极心态了。

我们知道，美国前总统富兰克林·罗斯福小时候是一个脆弱胆小、长着一对龅牙的小男孩，他的脸上总是显露着一种惊恐的表情。他呼吸就像喘气一样，如果被喊起来背诵，他立刻就会双腿发抖，嘴唇颤动不已。回答问题含糊且不连贯，之后就颓唐地坐下来。

像罗斯福这样有着明显的生理缺陷的人，在美国那样的社会要取得成功，其难度是可想而知的。但是，他就是不听天由命，不听从命运的安排。他不因自己的缺陷而气馁，甚至将他的缺陷加以利用变成资本、变成扶梯而走到了成功的巅峰。在罗斯福的晚年，人们常常会忽略他生理上的缺陷，他成为美利坚合众国历史上一位最得人心的总统之一。

罗斯福的成功是神奇伟大的，然而造物主加在他身上的缺陷又是何等的严重，但他就是不听从命运的安排，毫不灰心地干下去，终于没有被埋没，罗斯福的成功主要就在于他的智慧和他的努力奋斗。

罗斯福使自己成功的方式是何等简单，然而却是何等的有效！这是每个人都可以做的。

原籍中国广东泰国华侨、亚洲最大的富翁之一、泰国的头号大亨、泰国盘谷银行的董事长陈弼臣，其父亲只是泰国曼谷某商业机构的一名普通秘书。陈弼臣儿时被父亲送回中国接受教育，17岁那一年因家境贫困被迫辍学。返回曼谷后，陈弼臣做过搬运夫、售货小贩以及厨师，同时还做过两家木材公司的司账，日子就在他精打细算的盘算中度过。四年之后，陈弼臣终于从一家建筑公司职位低微的秘书，晋升为部门经理。后来，在几位朋友的赞助下，他集资创办了一家五金木材行，自任经理。经过苦苦的奋斗，攒了一些钱后，陈弼臣又接连开了三家公司，致力于木材、五金、药物、罐头食品以及大米的外销业务。当时，泰国被日本占领，陈弼臣的生意可想而知。但是，陈弼臣一边抗日，一边做生意，业务在他的勉力下却渐渐兴隆。

1944年底，陈弼臣与其他10个泰国商人集资20万美元创立了盘谷银行，职员仅仅23人。银行正式营业后，陈弼臣经常与那些受尽了列强凌辱、被外国大银行拒之于门外的华裔小商人来往。尽管那些贫穷的小商人时常突如其来地闯进陈弼臣的家中，但仍然受到陈弼臣的礼遇。

关于这一点，陈弼臣后来说："在亚洲开银行是生意，不是只做金融业务。当我判断一笔生意是否可做时，只观察这个顾客本人，他的过去和他的家庭状况。"

陈弼臣最初负责银行的出口贸易，因此与亚洲各地的华人商业团体建立了广泛的联系，并且积累了丰富的业务知识和经验，大大推进了盘谷银行的出口业务。在他出任盘谷银行的总裁后，一直是这家银行的中流砥柱。

经过多年的艰苦奋斗，陈弼臣已跨进亚洲的最大富翁之列。

陈弼臣的成功史，其实是一部白手起家的创业史。他没有继承祖业，也没有飞来的横财，他经过苦苦的寻觅，找到了属于自己的那一片蓝天，自己的那一方土地，找到了发展自己的发展机遇，这一切都是他不听任命运摆弄的结果。

所以，即使在人类社会大环境正在为人才提供着越来越多的脱颖而出的机会的趋势下，为了我们不被埋没，我们要主动寻找发展的机遇，而不能听天由命！

7. “现在”是你成为强者的最佳时机

时间是上帝送给我们的礼物，但他要我们以生命为代价！

在我们的生活中，在我们的周围，随处可见渴望成功的人。

是啊，谁不希望自己成为强者呢？

但是，我们在生活中听得最多的话之一，恐怕就是“明天再说吧”“这些事情明天再做吧”之类，似乎“明天”无限。其实，上苍在这方面是十分吝啬的，他给我们的“明天”并不多。在我们这个地球上，我们的世界上，我们的社会里，有许多不公平的事情，但有一点上帝大概是公平的，即他给我们每个人的一生的寿命大致相当，而且，每一天都是24小时。尽管如此，人世间仍有着许多的不公平。同样是人，同样活了一辈子，同样的一天24小时，有的人成就卓著，富甲天下，而有的人却一事无成，一贫如洗。

一个人能否成功，其因素是多方面的，但一个重要的方面，是你对待时间的态度。

成功的人，惜时如金，恨不能将一小时当作10个小时使用；而总是失败的人，挥“时”若土，以为时间是上帝白送的礼物，任由时间如流水般从身边匆匆流走。

的确，我们拥有过去，我们也拥有将来，但是我们永远生活在现在。“现在”正是我们成功发展的时候！而无论你“现在”是20岁，50岁，抑或60岁，你都可以成功！

阿曼德·哈默16岁那一年，他看中了一辆正在拍卖的双座敞篷的旧汽车，但是这辆车标价为185美元，这个数字对哈默来说是惊人的。尽管如此，他仍然抓住机遇不放手，向当时在药店里送货的哥哥哈里借钱，买下了这辆车，并用它为一家商店送糖果。两周以后，哈默不仅按时将钱如数还给了哥哥哈里，自己还剩下了一辆车。

1921年，哈默在经过漫长的旅途以后，来到了当时的苏联。哈默在苏联考察中发现，这个国家的确是地大物博、资源丰富，但人们却一直在饿着肚子。为什么不出口各种矿产去换回粮食呢？哈默直接向列宁提出了建议，并很快得到了列宁肯定的答复，于是哈默取得了在西伯利亚地区开采石棉矿的许可证，从而成为第一个在红色苏联取得开矿权的外国人，美苏之间的贸易也就从哈默开始拉开了序幕，哈默通过他后来在莫斯科建立的美国联合公司沟通着30多家美国公司同苏联做生意。

一个偶然的发现，使哈默产生了在苏联办铅笔厂的念头。

有一天，哈默走进了一家商店想买一支铅笔，但商店里只有每支售价高达26美分的德国货，于是，哈默拿着铅笔去见苏联主管工业的人民委员会委员克拉辛，说："您的政府已经制定了政策，要求每个公民都得会读书和写字，而没有铅笔怎么办呢？我想获得生产铅笔执照。"克拉辛答应了他的要求，于是他以高薪从德国请来了技术人员，从荷兰引进了机器设备，在莫斯科办起铅笔制造厂。到了1926年，他生产的铅笔不仅满足了苏联全国的要求，而且出口到包括中国在内的十几个国家，哈默从中获得了百万美元以上的利润。

20世纪30年代，哈默从苏联返回美国后，他做成了著名的"酒桶生意"，大赚了一笔。

第二次世界大战期间，美国人民的生活有了显著的提高，吃牛肉的人越来越多，但优质牛肉在市场上却很难见到，哈默又抓住时机，迅速筹集资金在自己的庄园"幻影岛"上办起了一个养牛场，他花10万美元的高价买下了20世纪最好的一头公牛"埃里克王子"，从此，"埃里克王子"像个摇钱树，为哈默赚了几百万美元，而哈默也从此由一个门外汉一变而成为牧场行业公认的领袖人物。

哈默从养牛业得到的兴奋与竞争的刺激消失后，他自认为自己的实业已经干够了，他打算从商界引退，好消磨其余生，但来自石油业的诱惑又将他征服了，他又开始了“人生始于六十”的新的生活，这一年，哈默58岁。

几经周折，哈默买下了只有44 000美元资产、三名雇员和几口将要报废的油井的西方石油公司。该公司当时正处于风雨飘摇、濒临倒闭的困境之中，但哈默对自己的选择却抱有坚定的信念。他从一些大的石油公司物色到最好的行家里手，就和当时十几家实力雄厚的公司展开了竞争，但他花几百万美元钻出的前三口井都是被一些“专家”宣布为干井。哈默在被宣告“死刑”的干井继续架起了钻机，终于钻出了两个生产高级原油的新油井。加上他原有的一些其他企业，到了20世纪70年代，他终于达到了一个企业家梦寐以求的顶峰！

哈默成功的例子说明，要想成功，年龄再小都算不早，年龄再大也不算晚，只要能抓住“现在”，从“现在开始”去创业，你就能有一个有意义的人生。

把握时间，把握现在，就把握了人生，把握住了成功。

“现在”正是你成为强者的时候！

8. 从不可能中寻找可能

世界上常常有这种情况，一般人看起来不可能的事情，认为办不到的事情，只要稍微动一下思想，改变一下思路，就会发现成功原来隐藏在不可能的背后。

竞争就是战场，战场上没有谁对谁错，只有胜利者和失败者，战斗就是其生存逻辑。凡是在人生实践上取得成功的人，他们有着一套独特的生存哲学，透视出的生存法则有着强烈的魅力色彩，但却少为普通人所知。而未来十年，将是我国整个国民经济高速发展的时期，也是财富的快速积累时期，我们也需要简洁适用的思维方法。只有通过智慧的思考，才能实现致富的梦想。

在这个世界上，真正的财富是新的设想，真正富有的人是那些愿意按新想法去工作的人。富有并不在于拥有多少奢侈之物例如轿车、住宅等私人财产，这些东西只是富有的一种标志，而导致富有的是那些有实用价值的新设想。无论是个人、团体，还是国家，谁能激发产生出源源不断的新的创意，谁就会兴旺，繁荣，富强。

有一家效益相当好的大公司，决定进一步扩大经营规模，高薪招聘营销主管，广告一打出来，报名者蜂拥而至。

众多应聘者接到的并不是什么繁复的面试，而是一道实践性的试题：把木梳卖给和尚。

绝大多数应聘者困惑不解，甚至愤而慨之：出家人剃度为僧，需木梳何用？岂不是神经错乱，拿人开涮吗？没多一会儿，应聘者三五成群接连拂袖而去。

偌大个场地上，最后只剩下三个应聘者：小王、小孙和小钱。

负责人对剩下的这三个应聘者交代："以10日为限，届时请各位将销售结果向我汇报。"

10日的期限转眼就到了，三位应聘者如期回到公司做汇报。

小王讲述了自己销售期间的辛苦以及受到众和尚的责骂和追打的委屈，但皇天不负有心人，在下山途中小王遇上一个正在太阳下使劲挠头皮的小和尚，他顿时灵机一动递上木梳，小和尚用后满心欢喜，就买下了一把。

负责人问小孙："那么你卖出多少？"小孙答："10把。"

小孙去的是一座名山古寺，由于山高风大，进香者的头发被吹乱了，他找到寺院的住持说："蓬头垢面是对佛的不敬，应在每座庙的香案前放把木梳，供善男信女梳理鬓发。"住持采纳了他的建议，买下了10把梳子。

最后是小钱，他的答案是1000把，负责人大为惊奇，连忙问他整个过程。

原来小钱去了一个颇具盛名、香火极旺的深山宝刹，那里朝圣者如云，施主络绎不绝。他给住持提了个建议：凡来进香朝拜的人多有一颗虔诚之心，宝刹应有回赠，以做纪念，保佑其平安吉祥，鼓励其多做善事。我有一批木梳，你的书法超群，可先刻上"和善梳"三个字，然后便可做赠品。

小钱还给住持出主意：不妨搞一个首次赠送“积善梳”的仪式，隆重其事，让香客感受到一种尊重和善意。主持听了大喜，即时拍板买了小钱所有的梳子，并邀请他留下来帮忙组织赠送梳子的仪式。

至于谁是最后的胜出者，这个自然不言而喻。这个故事是真是假，也不甚重要，重要的是小钱的开放思维和迂回策略是不是可以给我们的生活和工作带来一些启迪呢？

人们总是这样，一旦形成了习惯的思维定势，就会习惯顶着定势的思维思考问题，不愿也不会转个方向、换个角度想问题，这是很多人的一种愚顽的“难治之症”。

世界上常常有这种情况，一般人看起来不可能的事情，认为办不到的事情，只要稍微动一下思想，改变一下思路，就会发现成功原来隐藏在不可能的背后。

9. 不要在同一个地方摔倒两次

任何一个人的成功之路，都不会是完全笔直的，都要走些弯路，为成功付出代价。

这代价就是失败。

成功者也会失败，但他们之所以是成功者，就在于他们失败了以后，不是为失败而哭泣流泪，而是从失败中总结出教训，并从失败中站起来，发愤上进，于是，成功就接踵而来。

可失败者则不然，他们失败之后，不是积极地从失败中总结教训，而是一蹶不振，始终生活在失败的阴影里。他们可能也会“总结”，但他们的总结只限于曾经失败的事情：“我当初要是不那么做就好了”“开始我要是如何做就不会失败了”……“要是”“如果”之类的词是失败者的口中出现频率最高的。自怨自艾、懊恼不已、后悔不迭，这些他们都会做。他们唯一不会做的就是既然已经失败，那就从头再来。对于这些人，“失败”连交学费都算不上，因为交了学费总能学点东西回来，他们却两手空空，甚至还不如两手空空。

有一位股票投资者，做了十多年股民。由大户室做到中户室，由中户室做到了散户大厅，到最后连散户大厅也不去了，因为他“不玩股票了”。

他之所以“王小二过年，一年不如一年”的原因，就在于他的心态。据他后来说，他买的任何一只股票，其实都可以赚钱，甚至可以赚大钱，但他总是赔钱出来。原因在于，他买了一只股票，没过多久就上涨了，但他舍不得将其抛出，想着既然涨着我干吗要卖，说不定还能再涨个十块八块的。的确，他买的的股票有涨十块八块的，但他还不抛出，心想说不定还能再涨二十三十的。确实也有如他的愿的，可他还不抛出。但股票市场，有上涨必然就有下跌。股票开始下跌了，他仍赚着钱，但他还不会卖出，原因是既然我60元都没有卖40元我干吗要卖，就这样把账面上赚的钱一点一点地又还回了市场，直到下跌到将其深度套牢。一直套到他心里承受不了了，这时候，他就再坐不住了：说不定这只股票还要跌。于是就割肉出局，直到把自己的家底割完。

如果一次两次倒还罢了，问题他每一次都是如此。他常常想，某某股票我要是50元抛出，就能赚多少多少……他就是不想下次我吸取教训，下次他还照方抓药。所以，在股票市场上，他败得一塌糊涂。

人不怕失败，因为人人都可能失败。失败了，总结教训，从头再来，你总会有成功的那一天。如果你只是一味地自责、懊恼，活在失败的阴影里，实际上于事无补。

每个人都可能成功，每个人也都可能失败。即使你是成功者，你也不可能一直是一帆风顺的，在你取得成功之前，你也曾经历很多次失败，或大或小，即使你是一个伟人，你也不例外。

爱迪生在经历了一万多次失败之后，发明了电灯。

失败并不可怕，因为“失败是成功之母”，但我们却不能因此便习惯失败，把失败不当一回事儿，不从失败中寻找原因。

的确，失败并不可怕，可怕的是，每一次你失败后，并没有让失败付出代价。

没有让失败付出代价，那么，你下一次还会失败。

和成功一样，每个人失败的具体原因也不会完全相同。但是，人毕竟是人，总有些东西是相同相通的。有些是造成失败最为常见，而且也是最具破坏力的原因。仔细地反省自己，当发现在你身上曾出现过任何一种原因时，不要太过自责，因为谁都可能失败，要做的事情是分析这些原因，找出解决问题的办法。

所以，西方有句谚语：不要为打翻了的牛奶而哭泣。

牛奶已经打翻了，再怎么悲伤地哭泣也无济于事，牛奶不会再跑回盘子里。但如果因为今天打翻了的这盘牛奶，我们以后再不打翻牛奶，不再犯类似的错误，即使打翻一盘牛奶也值。

其实，在发展的过程中，有很多人都会犯这样那样的错误，也就是说，都会在不同的程度上遭遇失败。失败并不可怕，可怕的是失败了之后没有经过认真总结而继续失败。一个渴望自己真正在人生事业方面有所发展的人，就会从失败中找出原因，不再犯同样的错误，不要再打翻牛奶，他就会成为一个成功的人。

在这一方面，美国心理学家谢灵顿是一个很好的典范。

谢灵顿年轻时曾经是一街头恶少，人们称他“坏种”。开始，他并不以为耻，毫无悔过之心。可是有一次，他向一位他深深爱慕的挤奶女工求婚，那女工说：“我宁愿投河淹死，也绝不嫁给你这恶少！”

谢灵顿因此无地自容，羞愧万分，从此幡然悔悟，他发誓将要以辉煌的成就出现在人们面前。于是他怀抱发愤的志向，悄悄离开了那位姑娘，也彻底埋葬了旧我。由于他刻苦钻研，在中枢神经系统生理学方面硕果累累，先后在英国多所名牌大学任教授，1932年获诺贝尔生理学、医学奖。

谢灵顿的确打翻过牛奶，犯过错误，他肯定也自责、懊恼，但他没有将自己的一生都用于自责和懊恼上，而是用行动证明了自己：

我绝不会在同一个地方摔倒两次！

这才是一个强者应有的态度！

10. 在行动中成为成功者

"做"是一件事情成功的关键所在，也就是我们平常所说的行动是化目标为现实的关键。

的确，人生伟业的建立、事业的发展，不在于能知，而在于能行。

虽然行动并不一定能带来令人满意的效果，但不采取行动是绝无满意的结果可言的。

行动是件了不得的事，它也只有它能够使我们的人生目标变为现实。

如果没有行动，那么，我们的幻想毫无价值可言，我们的计划也不过是一堆废纸，我们的人生目标也不可能达到。

一张地图，无论绘制得多么详细，比例尺有多么精密，但它不能带给它的主人在地面上移动哪怕一寸。一部法典，无论它多么的公正，但它绝不能预防罪恶的发生。一本教你如何成功的经典，无论它写得如何精彩，但它绝对不会给你赚回一分钱来。只有行动，才是你成功的起点，才能使你的幻想、你的计划、你的目标，成为一股活动的力量。行动，才是滋润你成功的食物和水。

在我们的地球上，每天都有成千上万的人把自己辛辛苦苦、苦思冥想出来的新构想取消或者埋葬，因为他们拖延着，不敢行动，过了一段时间，这些构想又会来折磨他们。

客观地说，我们身边的大多数人其实都想成功，很少有人愿意窝囊地活着，但是，真正成功的人却毕竟是少数，因为大多数人只是有这样那样的想法，并没有将计划付诸于行动。他们拖延着，幻想着，人生就在这幻想与拖延中蹉跎。

拖延是恐惧失败的产物，你要想征服恐惧，只有毫不犹豫地起来行动。只有行动，你心里的恐惧才会一扫而光。

你不能逃避，把今天的事情拖到明天去做，因为，明天其实是永远也不会来临的。所以你今天就要做完今天的事情，即使行动不会使你快乐，也可能行动并不一定使你成功，但是，行动起来而失败总要比坐以待毙好。

成功的快乐可能不是行动所摘下来的果子，但是，如果没有行动，所有的果子都会在树上烂掉。

所以，你要时时记住，要成功，只有起来行动。

当失败者想休息的时候，你就去工作。

当失败者仍在沉默的时候，你就去说话。

当失败者说太迟了的时候，你已经做好了。

要想使你宏伟的计划不是永远停留在纸上的蓝图，你就用行动把它变为现实。

下面的两种方法，提醒你在实施行动的时候使用，它可能会给你的行动带来一些益处。

切实执行你的计划，以便发挥它的价值，不管你的计划多么周密，创意多么新颖，除非身体力行，否则永远没有收获。

执行你的计划时心里要平静，天下最可悲的一句话就是，我当时真应该那么做却没有那么做。每天都能听见有人说："如果我当时就开始做那笔生意，早就发财了！"或者："我早就料到了，我好后悔当时没有做！"真可惜天下没有卖后悔药的。一个好的计划或者创意如果真的胎死腹中，真的会叫人叹息不已，永远不能忘怀。如果真的彻底实施，当然会带给你无限的满足。

你现在有没有一个好的目标，如果有，现在就行动，马上。

第八篇 只要坚持就能够捕捉到机会

不屈不挠，忍辱负重

1. 一定要善于利用环境

我们现在常常看到有些学校经常带领学生去野外进行生存教育，但是，很多情况下，都是带上食品、器械，等于一次野外烧烤活动，根本达不到训练生存能力的目的。如果把一个人放在没有人烟的地方，独自一人去谋求生存，那就需要真正的生存智慧。这种智慧就是对自然环境的充分利用，用现代社会科学的术语来说，就是具体情况，具体分析，具体问题，具体对待。用老百姓的话来说，就是到什么山上唱什么歌。

19世纪英国作家笛福创作的《鲁滨孙漂流记》不仅给我们讲了一个人的奇遇故事，而且给我们展现了一个人的生存智慧。约克郡水手鲁滨孙，因海难船员死光，只剩自己孤身一人，在靠近俄利诺科大河河口一个荒无人烟的小岛上生活了28年之久，创造了人类生存的奇迹，这是一个富于冒险精神的年轻商人“真正的”生活和冒险史。鲁滨孙漂流到一个小岛上，该岛确实荒无人烟，但却拥有相当可观的自然资源，有大量野生但可以驯养的动物，甚至还可能遇到有用的土人。鲁滨孙应用社会文明给予他的各种工具，包括教育、发明才能和技术，还有更具体的铁、种子等东西，创造了丰富多彩的幸福生活。这已经不是古老意义上的冒险故事了，在读这个故事时，人们每一步提出的问题不是“接下去他命运如何”，而是“接下来他做了些什么”。它强调的重点不是神奇可怕的偶然事件，而是机智有效的创造活动。在这里，人自始至终占主导地位，大自然是他进行创造的原料，而不是他膜拜的神。有时候大自然也很棘手、很难对付，但它永远不是有意和恶意的，任何受过教育、能干、自力更生、埋头苦干、深谋远虑并有一定福分的人都能够驾驭它、使用它。作者描写了鲁滨孙为保存一切可以使自己生存下去的东西，做出了超出常人的努力，他根据预见到的天气变化和突然事变之虞而储存了足够的粮食，你简直很难想象出一种更加完善的方式来表现原始资本主义积累，怎样依靠自己的勤俭和占用他人财产，建立起它的小资产的核心，并且发展起实用的新教作为它的理论基础。

英国文学史家艾伦认为《鲁滨孙漂流记》其实是描写了一种普通人的经历感受的寓言故事，因为我们都是鲁滨孙，像鲁滨孙那样具有孤独人的命运。在某一点上，艾伦把鲁滨孙看成是人类的象征，这是由于他生活在西方的缘故：他所认识的人类就是以英国人为代表的西方人，以生产资料私有制为基础的西方现代化经济，促进国民财富，是以个人主义伦理观和自由主义经济观为其基本信条的。在这部杰作中，笛福毫不犹豫地选择了上升阶段的资产阶级一切进步因素的基本核心——他们领导人类征服和利用自然的伟大斗争的能力，作为他的主题。这正是他的高明之处。笛福曾把《鲁滨孙漂流记》解释成是自己一生的寓言，不论这种说法是当真还是戏言，鲁滨孙精神却是他热忱歌颂的时代精神。笛福以鲁滨孙比喻自己，恰恰说明他心目中的价值尺度。

的确，笛福自己有着和鲁滨孙一样的进取精神、乐观态度和征服能力。早年，父亲希望他这个长子能当个牧师，但笛福后来在谈到自己希望以经济而不是以政治作为写作内容时说："商业是我真正喜爱并准备从事的行业。"作为一个企业家，他具有风险意识和实干精神，他做过砖瓦厂老板，经营过袜子批发和烟酒进口，从事过航海保险业，一生发财、破产反复13次。今天，这种不断破产而又重新发财的经历在美国和欧洲的百万富翁中仍屡见不鲜。这样的企业家，乃是市场经济大潮中的弄潮儿，正由于他们竞争、拼搏，社会经济生活才生机盎然、充满活力。

概括起来，鲁滨孙的生存智慧第一就是面对绝境而具有一种乐观精神；第二便是他的独立精神，依靠自己，不抱幻想，积极进取，自谋生路；第三，就是懂得充分利用环境资源，征服自然界，使其为自己生存服务；第四，与周围的一切和谐相处，这是鲁滨孙能够生存的智慧表现。

2. 学会了忍耐就学会了生存

我们很多人都可能读过这样一篇寓言故事：有弟兄两人，老大贪财，成为财主；老二勤俭，却过着贫穷的日子。可是有一天，老二意外地遇到了一只神鸟，把他驮到了太阳山，那里有无穷无尽的宝藏，老二只拿了一点就走，这一点就已经使他过上了好日子。老大知道了这件事情，他也去找到神鸟，要求驮他去太阳山，神鸟答应了，就把他驮到太阳山。他看见漫山遍野的宝藏，就企图全部拿回去，什么都舍不得丢下。虽然，神鸟提醒他，如果不放弃这些财宝，他就要被太阳发现，难以活命。但是，贪心使他放弃不了这些财宝，结果，太阳回来了，老大被烧死在太阳山。

这个寓言本来是批判社会生活中那些贪得无厌的人，肯定勤劳知足的劳动者，但是，也可以从中感悟强者的生存法则。

在我们的生活中，遇到危险，首先应该考虑怎样生存，其他的一切都应该懂得放弃，只有放弃，才能保证生存。中国古代早就流传这样一句话：留得青山在，不怕没柴烧。这句话就是叫人知道应该放弃，才能最终有所收获。

印度有个小男孩一个人上山砍柴，在荒山野岭被毒蛇咬伤了脚趾。在毒液刚扩散，离医院较远的情况下，男孩毅然用镰刀砍断了伤趾，忍着伤痛，硬是撑到了医院，结果因砍趾及时，保住了生命。

一餐厅服务员端着托盘在顾客中行走，因不小心与顾客碰了一下，导致托盘不稳即将倾倒，这时候，服务员果断地将倾斜的托盘投向了自己，结果弄得自己一身果汁，而顾客却安然无恙，此举被老板看在眼里，不久这位服务员被提升为餐厅经营部经理。

这两则小故事有着一个共同点，那就是学会放弃也许会改变你的命运。小男孩果断地舍弃脚趾，以短痛换取了生命；服务员果断地把即将倾倒的托盘投向了自己，才保住了顾客的利益，以小失换取了事业的转折。

其实，在某些特定时刻，只有敢于舍弃，才能保证自己生存，能够生存才有机会获取更长远的利益。即使遭受难以避免的挫折，你也要选择最佳的失败方式。

成功往往蕴涵于取舍之间，不少人看似素质高，但他们因为难以放弃眼前的蝇头小利，而忽视了更长远的目标，于是就给自己生存带来了威胁，甚至于失去了生存的机会。这正如非洲的猴子，手伸进玻璃瓶里抓住了果实不肯放弃，结果活生生地被人逮住。强者有时只是抓住了一两次被别人忽视的机遇，而机遇的获取，关键在于你是否能够在人生道路上进行勇敢的取舍。

3．有耐心才能捕捉到机遇

面对社会生活中的困境，我们大可不必过于失意，要能经得住打击和考验，始终相信：一个人成功的机遇和失意的困境几乎一样多，敢于直面人生的困境，不弃不馁，才会开辟出属于自己的天地，这才是强者的生存法则。

困境中需要有耐心，有毅力，坚持到底，就会等来机遇，命运就会发生变化。就大多数人而言，人生之路是不平坦的，往往有顺境，也有逆境；有好运从天而降的惊喜，也有与幸运女神擦肩而过的遗憾。面对社会生活中的困境，我们大可不必过于失意，要能经得住打击和考验，始终相信：一个人成功的机遇和失意的困境几乎一样多，敢于直面人生的困境，不弃不馁，才会开辟出属于自己的天地。

下面让我们看一看著名时装设计师王新元走过的人生道路。王新元出生在一个军人家庭，从小喜欢画画，没上几年学，就赶上了“文革”，机遇不好，1974年他16岁，学上不下去，下乡插队。好在他有一手比别人强的本领，会画毛主席像，会画宣传画，结果机会向他走来。1976年的一天，几个军人来到农场，一眼看到一面大墙上画的“苹果树下不吃苹果”的宣传画。军人眼睛一亮，问这是谁画的？王新元从田里跑来了。军人问他：“愿意去当兵吗？”他喜出望外。

就这样，他穿上了军装，他感到自己很幸运。此后他积极工作，画了很多配合中心任务的画。他当了四年兵，表现突出，他希望自己能提干。可是，一次次提干机会鬼使神差般地从他身边溜走了，当领导决定要提拔他时，上级又下达了“提干冻结”的军令，使他再次失去机会。领导很同情他，叫他再等一两年。

他一算再过一两年，自己二十三四岁了，不能再等了，现在考大学在年龄上还有最后机会。于是，他脱下了军装，抓住了上大学的机会，考上了苏州丝绸工学院。在学校他是最出色的学生，毕业时他想当服装设计师，想留校任教，学院也执意要留他，可是不知什么原因最终没能留住他，偏偏把他一个人分配到基层单位——北京丝绸厂，看来服装设计大师的理想似乎离他越来越远了。在工厂，他并不放弃努力，继续搞设计，钻研理论。

他做梦都在寻找“机会”，果然机会又向他走来。中央工艺美术学院举办一个厂长培训班，苦于没有师资上课。王新元闻讯走进公司领导办公室，自我推荐说：“我去！”他去了，他以自己的深厚功力、独到见解，在讲台上侃侃而谈，硬是把这些厂长给迷住了。

不久，他被调到了“时装”杂志社，终于有机会在自己喜欢的专业领域施展自己的才华。1987年他受命筹划广交会大型时装表演，当时，在中国举办时装表演还是“大姑娘上轿头一遭”。他不辱使命，大获全胜。一时间，在时装界王新元的名字无人不知。

他再次抓住机遇，在1991年12月与香港JMT公司合资，正式成立了“新元时装公司”。从此，他成了时装界影响很大的著名企业家、艺术家。这就是他由插队青年——战士——大学生——工人编辑——著名时装设计师的人生轨迹。这中间有顺境，也有坎坷困境；有机遇光临，也有多次失意。酸甜苦辣样样俱全，组成了他的多彩人生。他的拼搏奋斗，成才成功的经历，几乎是一切成功者都走过的道路。其中，他多次面对失意时所持的积极态度，对人们很有启示。

客观事物是不断发展变化的，伴随着这一发展过程的机遇也是不断出现、不断消失的。客观世界生生不息，机遇也永无止境。但是，具体到一个人，好的运气又不可能都降临到自己头上，由于主客观原因，失意的事情在所难免。有的人不敢正视这一现实，当阴差阳错失去一次机遇时，他们就灰心丧气，情绪波动，似乎自己再无出头之日，打不起精神来，结果造成消极的连锁反应，不但与这一次机遇失之交臂，而且还影响下一次机遇的到来。如此恶性循环，一失再失，那就真的会铸成人生的大错。

因此，面对困境我们首先需要正确认识，及时调整自己的心态，懂得机遇是一个不断生息的过程，错过了这一次还有下一次，只要有实力，机遇总有一天会向自己走来的道理。这样想问题，就会增强自信心，为自己鼓气，做到目光向前，不弃不馁。

李小双三进国家队，从“编外兵”到加入“冠军组”就是典型的一例。李小双原是湖北省体操队队员，参加少年比赛获得吊环第一、全能第六，他梦寐以求的是进入国家队。可是国家体操队总教练说他形体不理想，力量也不足，美和力是选拔体操苗子的先决条件，小双都不具备。

1985年湖北体操队奉召进京操练，小双被推荐前往。他想抓住这次难得的机遇，在训练场上卖劲地表现自己。但集训结束时，小双榜上无名。当时他才12岁，面对失利他不气馁，下决心争取下一次。

1988年初，上级又通知他到体委科研所测试，结局又是白走一遭。1988年11月，命运不济的小双第三次跨入国家队大门，先当“编外兵”，但他并不急躁，他胸有成竹，他要用自己的实力来证明。到全国第二届青运会时，他顽强拼搏，夺得了全能、鞍马两项冠军和自由体操、双杠两项亚军，机遇终于向他敞开了大门。国家队总教练高兴地说，这是一个难得的人才，当下正式收下他。他堂堂正正地走进了国家队，后来在奥运会上获得了冠军。

王新元和李小双的经历告诉我们，人在处于困境的时候，一定要有耐心坚持，只要不自暴自弃，失去几次机遇并不可怕，不必把已经失去的机遇看得太重，只要不失志，积极努力，掌握真本领，就一定能够走出困境，好运就一定会眷顾你。

4. 学会做时间的主人

懒惰是人生的大敌，常常会使你不知不觉丢失自己的生命。只有对自己的生命做出合理的安排，才能做自己生命的主人。

人总是贪图享受，就会养成懒惰的习性，因为享受不需要奋斗拼搏，没有谁生下来就愿意吃苦，勤奋努力。

懒惰会使自己的生命时间白白的浪费掉，一生无所作为，懒惰的人总是会拖延他应该做的所有事情。

闹钟响了，他会说："让我再睡一会儿。"

事情来了，他会说："等一会儿，明天再说。"

所以，要使人生能够成功，使你的生命时间有意义，你就必须战胜懒惰。

要战胜懒惰，可以按照以下方法去执行：

第一，你要敢于承认自己有爱拖延的习性，并不愿意克服它，这是处理一切问题的前提。只有正视它，才能解决问题。不承认自己懒惰，就不可能改正自身的弱点。

第二，找出不愿意克服懒惰的原因。是不是因恐惧而不敢动手，这是爱拖延的一大原因。如果是这一原因，克服的方法是强迫自己做，假想这件事非做不可，并没什么可恐惧的，并不像你想象的那么难，这样你终会惊讶事情竟然做好了。

是不是因为健康不佳而懒惰。其实，懒惰并不是健康的问题，而是一种生活态度的问题，有些人，尽管疾病缠身，还照样勤奋努力不已。如果身体真的有病，这种时候常爱拖延，要留意你的身体状况，及时去治疗，更不应该拖延。

第三，严格要求自己，磨炼你的意志力。意志薄弱的人常爱拖延。磨练意志力不妨从简单的事情做起，每天坚持做一种简单的事情，例如写日记，只要天天坚持，慢慢地就会养成勤劳的习惯。

第四，给自己营造一个有秩序的生活环境。在整洁的环境里工作不易分心，也不易拖延。把自己生活的环境整理好，使人身居其中感觉舒适，就会热爱自己的生活，产生勤奋的动力。另外，备齐必要的工具也可加快工作进度，也可以避免拖延的借口，不给自己分心的机会。

我们的注意力常常受外界的干扰，不能够投入工作，成为我们拖延偷懒的借口。把杂志收起来，关掉电视，关上门，拉上窗帘……这样，就可以使自己的注意力集中起来，克服拖延的毛病，投入工作。

第五，做好计划。对自己的每天的生活工作，做出合理的安排。制订切实可行的计划，要求自己严格按计划行事，直到完成为止。最好是公开你的计划，在适当的场合，比如，在家庭里，或者在朋友面前，把你的计划向大家宣布，这样你就会自己约束自己，不敢拖延。

为了你的面子，你不得不按时做完。

第六，严防掉进借口的陷阱。我们常常拖延着去做某些事情，总是为自己的懒惰找理由，找借口。例如“时间还很充足”“现在动手为时尚早”“现在做已经太迟了”“准备工作还没做好”“这件事太早做完了，又会给我别的事”，等等，不一而足。有些事情应该当机立断，说干就干，只要干起来了，你就不会偷懒，即使遇到问题，你也可以边干边想，最终就会有结果。

第七，抱着只做十分钟的打算，一点一滴培养勤奋的习惯。开始克服懒惰，不可能坚持很长时间，你可以给自己说：“只干一会儿，就十分钟。”十分钟以后，很可能你兴奋起来而不想罢手了。有些事情在开始做时，总会不顺利，这就成为拖延偷懒的借口，我们会说放一放再说，转身就走，这样就无法克服懒惰的习惯。强迫自己留在事情的现场不许走。过一会儿，你可能就找到了解决问题的办法，你可能就不再拖延，你就会继续干下去。

第八，避免做了一半就停下来，这样很容易使人对事情产生棘手感、厌烦感。应该做到告一段落再停下来，会给你带来一定的成就感，促使你对事情感兴趣。

第九，想想事情做完后将得到的回报，那是多么愉快啊。克服懒惰的办法就是让结果对他有一定的诱惑力。

我们从小教孩子：去洗洗碗，干完了有奖励。去洗衣服，洗完了可以看电视。其实，我们自己要克服懒惰，也可以给自己设定一个勤劳的报酬，来激励自己。

偷懒之后，我们就会觉得时间不够用了，我们就会痛悔虚度一生。只有战胜懒惰，我们才能做时间的主人，从容不迫、丰富多彩地度过一生。

5. 风物长宜放眼量

不要被一时的挫折所吓倒，也不要去计较一城一地的得失，你应该看得远一些，看看你最终的目标。

一个强盗正在追赶一个商人，商人仓皇之间逃进了山洞里。山洞极深也极黑，强盗追了上去，抓住了商人，抢了他的钱，还有他随身带着的火把。

山洞如同一座地下迷宫，强盗庆幸自己有一个火把，他借着火把的光在洞中行走，他能看清脚下的石块，能看清周围的石壁，因此他不会碰壁，也不会被石块绊倒！但是，他走来走去，就是走不出山洞，最终，他筋疲力尽而死。

商人失去了一切，他在黑暗中摸索行走，十分艰辛。他不时碰壁，不时被石头绊倒，但是，正因为他置身于一片黑暗中，他的眼睛能敏锐地感受到洞口透进来的微光，他迎着这缕微光爬行，最终逃离了山洞。

身处黑暗，反而更能看到光明，虽然磕磕绊绊的，最终仍能走向成功；有些人往往因为眼前的光明而迷失了方向，终生无法成为强者。

喜欢围棋这种中国古老艺术的人都知道，这种游戏最忌讳的就是缺乏大局观，总是计较一城一地的得失。但是，真正下围棋的时候，就连一些顶尖高手也会犯这样的错误。因为当你眼前的利益和一些可能有也可能没有的长远利益发生冲突的时候，你常常不能决定是该放弃眼前的利益，毅然弃掉若干个已经属于你的棋子，还是追求稳妥、先得到眼前的利益再说。这时候，你要反复计算、再三权衡，因为有可能“一招不慎，满盘皆输”。

这时候，你是个超一流的顶尖高手，还是一个普通的围棋选手，是一个爱出“俗手”的业余选手，还是一个光出恶手的“臭手”，在这样的考验面前，真面目就都会露出来。

“臭手”和“俗手”可能不加考虑就会选择眼前的利益，至于长远利益，想可能都不想一下，“隔手的金子不如到手的铜”嘛！业余选手这时候可能会想一想，到底是该选择哪一个，但限于个人眼力，再想也无济于事，于是就只好选择了眼前利益；普通的围棋选手不但会想一想，而且他也会看出若干年之后的利益所在，但他最后还是会选择眼前的利益，因为虽然看到了长远的利益，但限于个人能力，那利益属于可望而不可即的范围，不得已还是无可奈何地放弃吧，所谓“心有余而力不足”是也。而真正的顶尖高手则不同，他不但有眼力，能及时发现长远的利益，而且他也有能力将长远的利益争取到手，更重要的是，他有心力，相信自己一定将其揽入自己的帐下。

在漫长的人生路上，我们会遇到无数次选择机会，比如我们求学、选择专业、选择职业、选择配偶、选择项目，等等。在这些选择中，其实都有一个眼前利益和长远利益的权衡问题。有些项目可能见效快一些，但是长期效益却会差一些，有些则恰恰相反。这时候，你该怎样选择？

如果眼前的利益的获得，对我们长远的人生目标的完成有益无害，那我们自然要将其争取到手。

而且，这样的利益再多也无妨。因为你暂时的胜利，会使你的精神得到一种激励，你可能一鼓作气，很快就达到了你的长远人生目标，这种结局当然是再好也不过的了。

但是，如果眼前利益的获得，对我们长远的人生目标完成有害无益，我们就要当机立断，放弃眼前的利益，而以长远的人生目标作为追求和努力的对象。俗话说，有得必有失。现在你“弃”了几个子，却获得了最后的胜利。这种结局我们当然也可以接受，甚至，也是一种最理性、最符合人性的一种胜利。

下围棋，不能计较一城一地的得失；而我们的人生，需要多考虑长远目标，正所谓“风物长宜放眼量”吧！

联想集团的柳传志在中国科学院计算机所时，20多名员工用“卖苦力”挣到70万元人民币和7万美元，柳传志之所以在年终“分红”会议上不主张分掉这些钱，就是因为他权衡了眼前利益和长远利益之间的关系做出了“英明”的决定。因为如果分掉这笔钱，从短期看是获得了一点利益，但这一“分”，实际上就等于宣告了联想没有了未来，没有了长远的人生目标，所以，柳传志毅然做出了这个决定。

试设想一下，如果当初柳传志他们真的把这些钱分完，或许就不会有联想集团的存在。

6. 强者的字典里没有失败

强者就是那些把失败像剔除荆棘一样一个个剔除的人。

每一个人在发展的道路上都会遭遇失败，不会有一个人在发展的过程中一路顺风。面对失败，是继续前行，还是就此放弃，是失败者和成功者的一个重要的分水岭。

失败、错误是每个人都想竭力避免的，但当它们降临之后，我们要做的不是去逃避、推诿，而是要以百倍的勇气去挑战失败。首先应主动承担造成这种错误的责任，这是一个人品格真诚的魅力体现。其次，也是更重要的是我们应努力追根溯源，找出失败的原因和错误的缘由：工作能力不足？准备不充分？客观条件不成熟？等等。只有把类似的这些问题都搞清楚了，在今后的发展中才可能对症下药，避免重蹈履辙。

失败之时，也是最容易找到事物转变的切入点之际，因为这是发现自身不足的绝佳机会。成功者往往把失败与错误当作人生的另一种财富，美国的大发明家爱迪生曾说："失败了一千次并不可怕，最起码我知道这一千次的努力都是不可行的，于是我就会做出第一千零一次努力……"许多人遇到错误与失败，总是一味地逃避，不愿看到自己身上有伤口，失去了极早清理的机会，最后终为伤口所累而追悔莫及。

倪萍是中国中央电视台当家主持人之一，但是，倪萍在刚刚"出道"时，遭遇过一次重大的挫折。

在电视台举办的各种现场直播节目过程中，主持人遇到的最大困难是很多情况无法预料，因此，就会出现各种束手无策的情境，那种尴尬、那种无奈真是令主持人难堪。

1993年9月，中央电视台专门为几对金婚的老年朋友举办一期《综艺大观》，他们都是我国各行各业卓有成就的科学家，其中有一位是我国第一代气象专家，曾多次受到毛主席、周总理的接见。

在直播现场，当主持人倪萍把话筒递到这位老科学家面前时，她顺势就接了过去。对于直播中的主持人来说，如果把手中的话筒交给采访对象，就意味着失职，因为你手中没有了话筒，现场的局面你就无法控制、无法掌握了。更严重的是，对方如果说了不应该说的话，你就更加被动！但那时众目睽睽，她根本无法把话筒再要回来。

"我首先感谢今天能来到你们中央气象台！"这位老专家第一句话就说错了，全场观众大笑。倪萍伸出手去，想把话筒接回来，但老专家躲开了。后来倪萍又两次伸出手去，但老专家还是没给。于是，舞台上出现了倪萍和老专家来回夺话筒的情况。台下的导演急得老打手势，倪萍更是浑身出汗。

那时候，《综艺大观》是中央电视台的王牌节目之一，节目的收视率很高，所以，直播结束后，不少观众来信批评倪萍："你不应该和老科学家抢话筒，要懂得尊重别人……"倪萍认真地检查了自己，她知道这是她作为节目主持人的失职。面对上亿观众，她绝对不应该抢话筒，更不应该随便打断别人的讲话，更何况是年轻人对长者。但观众们可能并不知道，直播节目的时间一分一秒都是事先周密安排的，如果这位长者占了太长的时间，后面的节目就没法连接了。

事情发生后，倪萍没有刻意去推脱责任，反而主动承担了这次失误。这对于刚进台不久的她来说，该需要怎样的勇气啊！接着，她仔细回忆了当时的情景，试图从中找出失败的原因。人不怕犯错误，就怕接连犯相同的错误。经过反复的思考和总结，倪萍得出了这样的体会：如果自己在直播前，能和这位长者多交流交流，了解她的个性，掌握她的说话方式，那天就不会出现尴尬的场面。

电视的迅速普及，观众对电视节目主持人的要求和批评也随之而增多，倪萍对此都能正确地对待，她知道，只有接受批评、承担责任，然后再丰富自己、勇于突破，她的艺术生命才会越来越长。相反，害怕批评，裹足不前，那么作为主持人，在失去观众的同时，最终也失去了自己，也就不会是一个成功者。

倪萍后来的成功，充分地说明了这一点。

在我们发展自己的过程中，我们不可能永不犯错误，不可能不遇到各种各样的失败，如果你真的错了，那就要以高昂的斗志去挑战失败，把失败当成一次机会。只有这样，你才会接受现实，才可能把自己以后的事业做得更好！

可见，要想成为强者，首先就不要让你的心态被失败摧垮，要把失败剔除出成功的字典。其次，要成功还得研究失败，正视失败，洞见失败，掌握剔除失败的方法。

战胜失败，把失败剔除出你成功的字典，成功也就一定属于你。

你是强者，强者是永不言败的！

7. 强者是善于控制自己的人

一个无法控制自己情绪的人，一定也无法控制他的人生。

在自然界，潮涨潮落、日出日落、月圆月缺、燕子来去、花开花谢、春种秋收，这些现象或许都是自然界情绪的一种表现。人，也是自然界物体的一个组成部分，所以，我们的情绪也会像潮水一样的涨涨落落。

每天早上我们从床上醒过来的时候，情绪就与昨天的不同，这大概是自然的奥秘之一，没有人会了解它。昨天的欢乐，会成为今天的悲伤，而今天的悲伤或许又会成为明天的欢喜。在我们的心里似乎有一个轮子，不断地从欢喜转到悲伤，从狂喜又转到沮丧，从快乐转到忧郁，就像花朵一样从怒放到枯萎。

但是，对于一个希望成功的人来说，不能任由情绪去自然地表现，得学会控制自己的情绪。因为一个无法控制自己情绪的人，一定也无法控制自己的人生。你的情绪若不正常，就会直接影响到你的心态，影响到你的工作效率，会影响你的下属。试想，一个老板，一大早走进公司就阴沉着脸，下属看见了会做何感想，他会想老板不是跟太太吵架了就是公司的事情有些不妙了。而如果你只是一个下属，你恐怕更得学会控制你的情绪，因为没有一个老板希望自己的下属情绪反复无常，遇到事情不会控制自己。

如何控制自己的情绪，你不妨试试下列的方法：

如果你觉得沮丧，就去大声唱歌；如果你觉得自己悲伤，就去大笑。

如果你觉得自己病了，就去加倍工作。

如果你觉得恐惧，就大胆地冲向前去。

如果你觉得自己不如别人，那就去换件衣服。

如果你觉得疑惑不定，你就提高你的声音。

如果你觉得贫穷，就去想你将来的财富。

如果你觉得无法胜任某个工作，就多想想你过去的成就。

如果你觉得自己无足轻重，就想想你的理想、目标。

如果你觉得这些还不足以使你控制自己的情绪，就不妨再试试控制你的心态，心态直接会影响到你的情绪。

如果你过分自信，就回忆一下你失败的时候。

如果过度放纵自己，就想想从前你饥饿的时候。

如果你觉得自满，就想想竞争的时候。

如果你洋洋得意，就想想你羞耻的时候。

如果你觉得对方势强力大，就试试把风挡住。

如果你发了大财，就想想那些没东西吃的人们。

如果你骄横自傲，就想想你怯弱的时候。

如果你觉得你智力世界第一，就抬头看看星星。

你控制了自己的情绪，你就控制住了命运，就控制了你的人生，那这时的你就是一个强者。

8．态度决定一切

弗兰克·摩纳尔曾讲述过自己早年的一次经历：

“工作是最佳的麻醉剂！”

整整50年前，家父告诉我这句话，事后我便一直奉它为自己生活的准则，他是一位医生。我那时刚开始在布达佩斯大学修习法律，有一次考试时考砸了。我想这是奇耻大辱，再也活不下去了。因此，我便逃入失败最亲密的朋友——酒精的安慰中，让它一直在我近旁。

家父出其不意地来看我，他像个好医生那般，立刻发现了酒瓶和我的困难。我坦白地告诉他，为何要逃避现实。

这位可敬的老人当场便开了一个处方，他向我说明，酒精或安眠药中不能有真正的逃避——任何药物中都没有。不论什么忧伤，只有一种药有效，这比世上所有的药物都要更好、更可靠，那就是：工作。

家父说得多么对，要想习惯于工作也许很难，但是你迟早会成功。它，当然有着所有麻醉剂的性质，它会成为习惯，而一旦养成习惯，迟早会变得再也打不破。50年来，我就一直无法使自己打破这个习惯。

的确，如果一个发展着者够将工作看作是麻醉剂，看成是医治百病的良药，那么，还何愁自己不能成为强者！

因为工作态度决定着你能否成为强者！

前些年，在我们社会的年青人中，有一个词极为流行：“没劲！”尽管我们不能由此就判定说这话的人就肯定做任何事情都“没劲”，但这的确代表了一种情绪，一种不好的情绪。因为这个词中无精打采的意味是很浓的，而这种意味对于任何一个渴望成功的人来说都可能是致命的。

这并不是在危言耸听！因为一个人的工作态度折射着你的人生态度，而人生态度决定了你一生的发展成就。

一个对工作热忱、积极的人，无论他眼下是在挖土方，或者是在经营着一家大公司，都会认为自己的工作是一项神圣的天职，并怀着深切的兴趣。对自己的工作热忱的人，不论他的工作会遇到多少困难，或者需要多少努力，他都会用不急不躁的态度去进行。只要你抱着这种态度，你一定会成功，一定会达到你人生的目标。

一家职业介绍所的工作人员曾经这样说：“我们在分析应征者能不能适合某项工作时，经常要考虑他对目前工作的态度。如果他认为自己工作很重要，我们就会留下很深的印象，即使他对目前的工作不满也没有关系。

“为什么呢？这个道理很简单，如果他认为他目前的工作很重要，他对下一项工作也可能抱着‘我以工作成就为荣’的态度。我们发现，一个人的工作态度跟他的工作效率确实有很密切的关系。”

就像你的仪表一样，你的工作态度，也会对你的领导、同事、部属以及你所接触的每一个人展现出你的内心世界，你的价值取向。

这也就是说，你认为你怎样你就会怎样。因为你的思想不知不觉会使你变成你所想的那样，你对工作没有热情，表现得很消极，那你就不可能在工作上取得任何成就。如果你认为你很虚弱，你的条件不足，会失败，是二流货色等等，这些想法会注定你会平平庸庸地度过一辈子。

反过来，你如果认为自己很重要，有足够的条件，是第一流的人才，自己的工作也确实很重要，那么你很快就会迈上成功之路，成为一名强者。

9. 坚持到底你就能成为强者

一个真正的强者，总喜欢激发自己个人的进取心，并把这种习惯贯彻到每一天、每一个行动中。

在一个人向成功进发的过程中，心态是十分重要的。如果你把在摸索中发展看作是痛苦的话，这种习惯将决定你活得很累，并且会没有一点快乐感，而强者与之相反。试想，一个人如果失去个人进取心，怎么会创造出人生真正的快乐——成功的快乐呢？

在第二次世界大战时，凯萨以其惊人的造船速度和效率震惊了整个世界。他的成就之所以引人注目，是因为他适应了战争的需要。而他在造船之前根本没有造船经验，促使他走向成功的主要原因，就在于他具有个人进取心的特质和贯彻到底的习惯。

当凯萨订购了一火车的钢料，并要求于既定日期在他的船坞交货时，首先确定钢料已完全按照既定的进度进行生产，而且他的员工也都已准备好接收这批钢料。他派人到工厂探查并且回报生产进度，最后他还随货出航，以确保不会发生任何差错或迟延的情形。因为凯萨非常注意细节的事情，所以，他的员工知道凯萨也希望他们具备这种特质。若在运输途中发生任何差错，员工被要求采取一切必要手段来控制问题并设法弥补损失的时间。正是这些措施，保证了它惊人的造船速度和极高的效率。

凯萨坚强的个人进取心，成为许多人日常生活的模范。

所以，要想成为强者，必须从以下几方面做起：

第一，立刻付诸行动。

一位成功者描写自己在结婚之后，第一次去拜访妻子的家人。火车停在离妻子的家乡1千米远的地方，由于当时正下着倾盆大雨，所以他对那个地方的风光并没有什么印象。他对这种情况感到有些懊恼并问自己的大舅子道：“你们为什么不叫铁路局开一条直通城镇的支线？”

他的大舅子笑着说，他们已经尝试了10年之久，但是铁路局始终不愿意花钱在当地的一条河上建一座桥。

“10年！”这位新婚不久的丈夫惊讶地说，“怎么那么久，我可以在三个月内做好这件事。”

但是，说完之后他立刻想这次真的说错话了，因为在妻子家人面前说这种自夸的话，对他们来说无疑是一种挑衅。也就是因为这个原因，他想真的必须要付诸行动了。雨停了之后，他和大舅子便走向河边。

在河边，他看到一条十分老旧的木桥，桥上的公路属于郡道，铁路横过郡道，火车站位于河的另一头。每当火车驶过时，郡道上的人车便被拦下来，因而影响附近的交通。

“你看，”他说，“很简单，客运列车付出1/3的造桥费用，因为旅客们会因为有了新的桥而直通城镇；政府付1/3的造桥费用，因为反正他们迟早必须把旧桥拆掉建新桥；货运列车也应付1/3的造桥费用，因为有了新桥后它们便可不再受到路面交通的影响，并因而避免因为人车排队等候火车通过所可能发生的交通意外事故。”

事情就是那样简单，一周之内，他们就取得三方当事人的同意，而新桥也在三个月之内就建造完成，从此以后这个城镇便有了客运火车的服务。

第二，积极的特质。

一位资质普通没有什么能力的人，他曾经做过铅管学徒工，因为他的老板认为他没有学习铅管的天赋，就把他派去当推销员，但他似乎也没有当推销员的能力。

他写字写得很工整，所以他的老板再一次要他负责簿记工作，但他仍然没办法胜任。但是簿记员的工作使他了解盘点的重要性，所以他便“盘点”他自己，他认为自己具备了下列积极特质：

储蓄习惯。

正确计算费用的能力。

不屈不挠的精神。

引导他人和谐工作的能力。

他要如何善于使用他的这些积极特质呢？答案很明显，他自行开了一家铅管公司。他选好了地点，找到了技术一流的铅管工人并开始寻找客户，他在一年之内便将他们的工作时间表填得满满的。由于他都能以一流的铅管工在预定费用范围内完成工作，所以很快就在这一领域建立起良好的声誉，虽然他自己的铅管技巧很差。

他就是凭借个人进取心，成就了他一生中想成就的事业。先拟定明确目标作为开始，他一步一步地成立一个由技术员工所组成的工作团队，提供额外服务，最后获得成功。如果他未能及时发现自己积极个性的话，那么他的老板很可能会开除他。

这位成功者为自己开创了一条成功之道。

可见，世界上的任何事物，无论它多么简单，它至少包含着两个面。如果你只站在一个角度你就只能看到它的一个面。

只站在一个角度去观察所得出的结论固然不无道理，它也标志着你的认识已到达了事物的内部，但离事物的本质还远。如何才能揭示事物的本质呢？显然这种只从一个角度去观察的方法过于简单，这种观察只能做出简单的判断。深入细致的观察才能做出全面的正确的判断，才能深入事物的本质。

因此，无论我们对人、对事，在做出判断之前，不妨多下点功夫、多换换角度、多找一些切入点，去认真细致地看、去听、去触摸、去品味。如果你想成功，就不可草率从事；如果你想成功，就不可枉下结论。草率只能使你不能进入事物的本质、发现事物的价值，枉下断语，只会使真正的人才与你失之交臂，使成功与你擦肩而过。

还记得爱迪生的传记里那位小时候的爱迪生吗？爱迪生上小学的全部时间没有超过三个月，他的学习成绩全班倒数第一，老师同学都说他太笨。然而，爱迪生的母亲却不这样认为，她发现爱迪生常在石板上画画，发现爱迪生爱观察，爱认真听每个人所说的话，并且常常提出一些所谓“不可能的问题”，不肯说出他懂得什么，甚至在处罚的威胁下也不肯说出。爱迪生的母亲由此断定：爱迪生并不笨，他是世界上最聪明的孩子，由此常常给爱迪生以热情的鼓励。也就是因为这样爱迪生有了“坚持到底”的决心与信心，从而取得了辉煌的成就。

10. 信念是通往成功的云梯

希望在任何时候都能够给人以生存的力量，只要自己不放弃生存的愿望，那么，谁都不会夺取你的生命。

人在生命最危险的时候，只要坚持，决不放弃最后的希望，就会挑战生命极限，做出常人想象不到的奇迹。

有这样一个故事，说的是有一艘轮船在大海上出事了，一个叫杰克逊的水手带着六个人坐上救生艇在海面上漂流了两天。这时候，大家都已经口干舌燥，需要喝水。只有水手脖子上挂着一个水壶，他给大家说："现在，我们只有这一壶淡水了，它是我们的救命水，只有到了生命最后极限的时候，才能喝壶里的水。不到万不得已的时候谁要敢动它，我会毙了他！"水手说着的时候，从腰里拔出一把左轮手枪。

救生艇继续在海面上漫无目的地随波逐流。第三天早上，太阳一出来就毒辣辣的，中午的时候，大家都被晒得冒了油，爱丽斯夫人突然晕厥过去，大家摇晃着呼唤她，爱丽斯干裂的嘴唇一张一翕，发出低低的声音："水……水……"

杰克逊搂着爱丽斯的脖颈，贴近她的耳边，轻声说："夫人，现在还不是最危险的时候，你还不能动这壶救命水，我相信你现在还能顶得住。"

一旁的道格拉斯大叫道："什么？这还没到时候？你是想渴死爱丽斯夫人吗？"说着，道格拉斯就来抢水壶。

杰克逊迅速放下爱丽斯，从口袋里掏出手枪来，大喝道："别动！你敢过来，我就一枪打死你！"

道格拉斯被黑洞洞的枪口镇住了，"呼呼"地喘着粗气，咬牙切齿道："我看你是想趁天黑的时候独吞这壶水！你记着，我会让你死得很难看的！"

爱丽斯时而昏过去，时而醒过来，她醒过来的唯一一句话就是：“水……水……”但这丝毫没有打动杰克逊，他握着手枪，护着水壶，也只说一句话：“爱丽斯，再坚持，到需要的时候，我会喂你水的。”

第三个黑夜来到了，救生艇还是漫无目的地漂流着，但七个人已经分成了两个阵营，杰克逊守着神志不清的爱丽斯，警惕着道格拉斯等人扑上来抢夺水壶；道格拉斯和另外四个人则始终虎视眈眈盯着杰克逊，只要有一丝的机会，他们就会冲过去夺过这个自私鬼的水壶，显然，他们已经视杰克逊为公敌。道格拉斯说：“大副先生，我会监视你一夜的，只要你敢动一口水，我就要拧断你的脖子。”说完，他真的移到杰克逊的面前坐下，紧盯着杰克逊。杰克逊将水壶护得更紧，枪口直顶着道格拉斯。

道格拉斯和杰克逊就这样对峙了一个黑夜。

第四天来临了，海面风平浪静，但太阳越来越毒。爱丽斯已发不出声音，偶尔张合着乌紫干裂的嘴唇，可杰克逊依然不为所动。

中午时分，又有两个人昏厥过去。他们清醒过来的第一句话，就是恳求杰克逊给点儿水喝。但冷酷的杰克逊还是那句话，“还没到你们最需要水的时候，你们还能顶得住。”

下午的时候，克劳林实在忍不住钻心的饥渴，捧起海水就喝，杰克逊大叫：“不能喝！”他起身想拉开克劳林，道格拉斯见状扑了过来，想夺水壶。杰克逊赶紧回转身，用枪顶住道格拉斯的额头，凶狠地盯着道格拉斯说：“想找死吗？”道格拉斯只好又退了回去。这当儿，克劳林喝下好几捧海水，杰克逊痛苦而又无奈地说：“克劳林，你会送命的。”

第五个夜晚来临了。大家浑身瘫软得像一堆稀泥，道格拉斯和杰克逊仍旧对峙着。半夜的时候，道格拉斯败下阵来，他抵挡不住疲倦，叫醒一个同伴继续监视杰克逊，自己倒头睡去。

当第六个清晨来临时，他们发现，克劳林已经死去了，悲哀和绝望让救生艇上的人们伤心地哭了。可是，因为体内缺水，他们已流不出半滴泪水来。

道格拉斯质问杰克逊：“克劳林都渴死了，这还没到最需要水的时候吗？是你害死了克劳林！”杰克逊反驳道：“克劳林是自己杀了自己，他本来可以像爱丽斯夫人一样挺过来的，但他喝了海水……请相信我，我们都没到最需要的时候，我们还可以坚持。”道格拉斯无力地骂了一句：“杂种！”又挪近了身子，紧紧盯着杰克逊。

中午的时候，所有的人都倒下了，他们像即将渴死的鱼一般，无力地张翕着嘴，只有道格拉斯还能吐出“水……水……”的声音，不过他和同伴们一样，已没了动弹的力气。杰克逊呢，早已斜躺在船帮上，手枪落在一旁，他的双手紧抱着水壶，但杰克逊已没了力气打开水壶，喝那“救命水”了……

就在夜幕降临时，远处突然传来了汽笛声，接着，两道刺目的灯光扫射到救生艇上，救援的海轮终于发现了他们。

仿佛有一股力量注入到大家的体内，他们终于发出微弱的声音“救……”杰克逊嘀咕了一声“上帝啊”，头一歪昏厥过去。

道格拉斯哆嗦着爬到杰克逊跟前，拽过那只水壶，他想灌个痛快。但他感觉水壶太轻，好像没有水。道格拉斯摇晃着水壶，仍没听见壶里有什么动静。他拧开水壶盖儿，将水壶口朝下，还是没有一滴水……

救生艇上的六个人得救了，杰克逊醒来时，发现他们都躺在医院里，道格拉斯正望着他。杰克逊朝道格拉斯点点头，道格拉斯还之友好地一笑，说：“大副先生，你是否知道，你守着的那个水壶里根本没有一滴水。”

杰克逊笑着说：“我早就知道里面没有水，但我给你们虚构了一个希望。有了这个希望，你们才会不断地对自己说‘我总会喝到那壶水的，我能坚持住’。你们自始至终没有喝到水，但你们的心灵被水滋润了。如果你们知道水壶里没有水，你们会觉得没了希望，你们会被绝望打败，生命就会在心灵死亡后消失。”

停了停，杰克逊又说：“不过道格拉斯先生，你是否知道，那把手枪是永远也射不出子弹的，因为它是我给儿子买的玩具。”

希望在任何时候都能够给人以生存的力量，只要自己不放弃生存的愿望，那么，谁都不会夺取你的生命。

第九篇

热爱自己栖息的这个世界

友爱亲情，珍爱生命

1. 善待生活中的每一个生命

善待你生活中的每一个人，每一个人也就会善待你。

人生的发展为了什么？人生的成功又为了什么？

我们生活中的每一个人，无论他是默默无闻还是身世显赫，也无论他是文明还是野蛮，年轻还是年老，无论是你门前钉鞋的师傅、居委会管事的，还是大街上蹬三轮车的，都有一种成为重要人物的愿望。这种愿望是我们人类最强烈、最迫切的一种目标，这也是我们发展自己人生和事业的目的。

或许正因为了解了这一点，于是，我们在各类广告中都能看到这样的字眼“聪明的人都会使用……”“鉴赏力高超的人士都会使用我们的……”“想成为人人羡慕的对象就要使用……”“专门为那些被妇女羡慕、被男士欣赏的贵妇而准备的……”这些广告标题都在不断地告诉你：购买了这项产品就会成为被人们注目的人物，使你感到心满意足，因此值得你去购买。

我们社会的绝大多数人，实际上不可能成为令人注目的公众人物，一个村妇也不会因为使用了某个东西而成为贵妇，而且，购买某种产品的人也未见得每个人都是聪明人。但是，这些广告却利用了人们希望成为重要人物的这种愿望而大赚其钱。

由此可见，只要满足了别人的这种愿望使他们觉得自己重要，你就能很快地走上成功发展的大道。

这种满足别人成为重要人物的愿望，的确是成功发展百宝箱里的一件宝贝。

那么，我们在生活中究竟应该怎么做，才能满足别人的这种愿望呢？我们大多数人做理论探讨时夸夸其谈，但只要将这种理论转化到实际生活之中，往往就会忽略一些重要的东西，如忽略“每个人都希望成为重要人物”这个观念。

在我们的生活中，我们听到最多的是“你算老几”“你算个什么东西”“你说的话分文不值”“你不过是个普通人”，等等这样的话。之所以人们要如此对待他人，伤害他想成为重要人物的想法，是因为大部分人看到别人尤其是那些似乎无关轻重的“小人物”时，总是在想：他对我来说无所谓，他不能替我什么，因此他很不重要。

俗话说，不走的路都要走三遍。也许那个人现在对你不重要，但也许某一天、某个特殊的时候就显得重要了。

事实上，每个人，不管他的身份多么微不足道，地位多么的低贱，薪水少得屈指可数，他对你都很重要。道理很简单，就仅仅因为他是个人。所以，当你满足了他的愿望，使他意识到他对你很重要时，他就会更加卖力，对你会加倍地友好。

有位公共汽车司机，是个脾气异常暴躁的大老粗，曾经几十次、几百次地甩下再有两秒钟就可以赶上的乘客，所以，他在乘客中口碑极差。然而，他却对一位跟他无亲无故的乘客特别关照，不管多晚，这位司机一定会等他上车。

为什么呢？就因为这位乘客想办法使司机觉得自己很重要。那位乘客每天早上一上车都会跟司机打个招呼：“早上好，先生。”有时他会坐在司机旁边，跟他说些无关痛痒却很中听的话语，例如：你开车的责任很重呢！你开车的技术很好！你每天都在拥挤不堪的马路上开车，真有耐心！真了不起！等等。于是，就将这位司机捧得飘飘欲仙，这位司机想成为一个重要人物的愿望得到了极大的满足，对那位说他好话的乘客自然就另眼看待了。

如果你能像那位乘客一样善待每一个人，能够满足他们成为一个重要人物的愿望，并且长期地坚持下去的话，你就会在你的事业上取得成功。你如果是个销售商，顾客会向你买更多的东西；如果你是个老板，你的员工会更加努力地工作；如果你是个员工，老板也会更多地照顾你。

如果你仔细分析一下我们身边的成功发展的人士，就不难发现，那些真正的成功人士，尤其是取得了巨大成就的成功人士，都会善待跟他有关的每一个人，而且每个人都很尊敬他，看重他，这也就因而大大增加他们对他的贡献。因为他把那些人看得很高，满足了那些人的心理需求，因此他就能从他们那里获得更大的工作成绩。

杨二车娜姆，是一个来自泸沽湖畔的摩梭族的乡下女孩，她甜美的歌声响彻全世界，被世人喻为中国的“夜莺”。她在事业上的一帆风顺，源于她得到过一个神秘老人的资助。

娜姆初到美国留学时，生活拮据。她白天学习音乐和英语，晚上就在一个小餐厅里当服务生。那天，一个面容憔悴、神情凄苦的老人，为躲避外面的狂风走进餐厅，所有的人都漠视他，甚至有人因为他的寒酸要赶他出门。只有娜姆动了恻隐之心，她知道有很多美国老人晚年都很孤独凄苦，于是，她搬了一把软椅让老人休息，并自掏腰包为他要了饮料；为了让老人开心，还专门为他点唱了中国的民歌，并热情邀请他参加中国留学生的聚会。渐渐地，老人笑逐颜开了。

两个月后，这位老人交给娜姆一封信和一串钥匙，信里装着一张巨额支票，娜姆惊愕万分。信的内容如下：

娜姆，我年轻的时候收养了三个越南孤儿，为此一直没有结婚。可当我含辛茹苦地教育他们长大成人自立后，他们却抛弃了我这个养父，我退休前在一家公司当工程师，有着丰厚的收入，但钱对我这个历尽沧桑、将要入土的老人毫无意义，我需要的是亲人的温暖和友谊。娜姆，只有你给过我这种金钱难买的情谊。现在，我已回到乡下落叶归根，我把这一生的积蓄和房子都留给你，用这些钱来实现你源于泸沽湖畔的音乐梦吧。

从此，老人杳如黄鹤。

娜姆心潮澎湃，感慨万千，为了告慰老人，她用这笔钱做了一张风靡全球的中国民族音乐专辑，并开始致力于中外文化交流。

的确，学会在举手投足之间撒下一颗颗关爱的种子，有一天，当它成长为参天大树并为你带来丰硕的果实时，你才会恍然大悟。原来，你赋予他人的慈爱和真诚并不需要很多、很昂贵的付出，有时甚至是极其简单的。

所以，你若想成为强者，那你就先从善待每一个人做起吧！

2. 上善若水，因势利导

每个人生存在不同的环境中，只能根据环境给我们提供的条件去发展，去实现我们的梦想。

在美国的唐人街上，一家中国东北饺子城显得生意格外兴隆，中国人喜欢到这里吃上一口家乡的饺子，其他各国的食客也络绎不绝，吃得津津有味，这里除了东北饺子的口味好之外，还满足了外国人对中国吃法的好奇心。东北饺子在中国的重庆同样受到欢迎，烹饪出身的同事小刘看准了这一大好机会，兴师动众，连同家人一起，在上海大张旗鼓地开起了规模不小的东北饺子城。然而，不幸的是，开张的头几天客人还不少，渐渐就没了生意，显得门庭非常冷清。这事弄得小刘莫名其妙，他做的饺子口味正宗，为什么会没有生意呢？

究其原因，其实是因为不同的地域有着不同的饮食习惯，上海人从来不喜欢吃面食，即便是东北的饺子也不例外。小刘没有注意到这地域之差，自然吃了大亏。经商赚钱是人们维持生存的一种手段，经营什么生意必须要考虑到是否与地域环境相一致，然后因地制宜，因势制宜。地域环境发生了变化，其经营方式必须重新调整，这样才有可能不致于使自己折本亏损，才能使自己立于不败之地。

每个人生存在不同的环境中，只能根据环境给我们提供的条件去发展，去实现我们的梦想。特别是在经济社会里，一定要注意自然环境之中的地域因素，它对我们人类的生存状态显得格外重要。不同的地域有其不同地理优势与弱势，有其不同的生存方式，影响着我们求变应变的方式。

除了地域的自然环境而外，影响人生变局的自然环境还有气象，这也同样决定了我们生存方式的特殊性和局限性，使我们求变或应变的方式方法有所不同。比如说，在酷热的南方，人们在风凉的夜间活动时间较长，而北方却大多利用白天的时间。

一个生产空调的厂家，根据气象预报得知，某年夏天素有中国“四大火炉”之一之称的武汉市将出现有史以来时间最长、气温最高的热浪。这个厂家便预先加大空调的产量，在进入夏季之前把大批量空调运抵武汉，想趁这个大好机会大赚一笔，决策者因想出这么个好点子而沾沾自喜。然而，偏偏事与愿违，那年夏天武汉持续高温不假，但同时也是阴雨不断，给武汉市带来了凉爽，这个厂家运进的空调当然不可能卖得动，出现严重异地积压的情况。如果这一厂家能够不急不躁，随时关注气象预报的话，就不会有此失误。

人类生存须臾离不开自然环境，而自然环境是个难以预测的变数，人类无法抗拒自然，我们只能随自然环境之变而随时随地变换生存方式。虽说人类有时可以改造自然，但那只是微弱的一点点，有相当大的局限性。大自然的变化少有规律，而人生的应变方式应该是有术可循的，而且应高招迭出。自然环境的变化可以对人生产生重大的影响，是造成人生之变的一种外在张力。

3．友善与赞美可以助你成为强者

每个人都有一种渴望被大家认同和赞美的深层意识，懂得了这一点，就可以在人际关系中获得友谊，达到自己的目的。

也许生活中你遇到过与你意见相左的人或事，你采用对抗、争论甚至威吓的手段，不但根本解决不了问题，反而事情会越弄越糟，适得其反。即使你引经据典，利用逻辑定理反复论证，大讲道理，也很难使意见达成一致或说服于人。那么，你有没有试过用友善的力量去化解矛盾，“化干戈为玉帛，化戾气为祥和”呢？不久前从一本书上看到一则用友善和赞美化解矛盾的故事，觉得其中富含生存智慧，在这里与大家共同分享。

一对夫妇新搬到一个小镇上，几个月后妻子向邻居埋怨镇上图书管理员的服务态度不好，希望邻居能把她的话转告图书管理员。几天后，当这对夫妇再次来到小镇图书馆时，那位管理员的态度发生了180度的转变，不但语气和蔼，还客客气气地向他们介绍新近的畅销书。于是，妻子兴奋地把这个转变告诉了她的邻居："您大概已把我埋怨他服务态度不好的话转告给了他？"

"不，"邻居坦然地回答，"希望您不要见怪，我没有跟他说您告诉我的那些话，相反，我对他说，您的丈夫称赞他管理得法，而您也夸奖他选购的新书很有水准。"

这真要感谢那位理智的邻居，如果她原原本本地转告，结果将会怎样？中国有句古话叫"诚于嘉许，宽于称道"，这就是友善力量的反映。

有一个学生读高中时，学校离家很远，交通也不方便，他只好在学校附近租了一间小屋子。那地方很好，低矮的铁栅栏显得院落非常别致和整洁，四周的景色也很优美，而且安静极了，正是读书学习的好场所。然而那并不算贵的房租，对于像他这样的寒酸学生，仍是负担不起，他很自然地就想到了减租。然而，几位算得上"过来人"的师兄坚决地劝他不要那样做，并告诫说房东"他可不是一个好对付的家伙，顽固得在当地出了名"。想用一般的办法肯定不行，必须另外想办法，于是，这位学生暗藏心机地给房东写了封信，大意是说住满整月后准备迁出，希望月底之前他抽空来处理此事，那封信的语气十分客气委婉。实际上他根本不想搬走，只希望减少租金。

几天后，房东果然来到他的屋子，这位学生热情地让座为他泡茶，充满和善地同他聊了起来。没有开口提房租过高的事情，而是谈论他如何满意这里周围的环境，赞扬房东眼光独到，欣赏他管理房子的方法，并告诉房东他非常愿意继续住下去，只是限于经济能力不能负担，想找一个比较便宜的房子。

也许这位房东从没受到过房客如此的赞扬和恭维，面对学生的友善和赞扬有点不知所措，他开始向学生述说他的难处，学生静静地聆听并不时表示出理解和同情。他们谈得很投机，房东甚至拿这位学生与以前的几位房客做比较，称赞这位学生是讲礼貌有修养的人，他非常乐于有这样的房客。没等学生提出请求，他就主动减低了一点租金，这位学生还希望再减一点，就说出一个具体的数目，他毫无难色地就答应下来。当房东离开时，问学生是否还需要其他帮助。这位学生成功了，而且可以说成功得很漂亮。

假如这位学生同其他房客一样责备房间陈设简陋过时或故意寻找一些没有必要的理由同他争吵，注定会遭受同样的失败，然而他用了友善、同情、欣赏、赞美的方式，不仅获得了胜利，而且获得了房东的友谊。

英语中有一句谚语，“一滴蜂蜜比一桶毒药捉住的苍蝇还多”。同样道理，一丁点友善可以取得一大堆责难所达不到的目的，更重要的是它能在人与人之间架起一座爱的长虹。在人际关系中，掌握友善的这种力量，你就可以快乐生存，达到自己的目的。

4. 找寻成为强者的生活方式

你之所以有活力，是因为你认为你有活力。

有这么一个故事：

一位父亲有两个儿子，一个性格开朗，一个悲观忧郁。

父亲为了那个悲观忧郁的儿子，就想出了一个好办法，他给性格开朗的儿子的房子里放了一些马粪，而给性格忧郁的儿子屋里放了很多玩具。

过了一天，他去看他的孩子。他先是走进了性格忧郁的儿子房里，儿子正坐在那里啼哭，父亲就问儿子为什么哭。

儿子说：“你为什么要给我这么多玩具，它们要是坏了怎么办？”

随后，他又走进了另一个儿子的屋里，那个儿子在马粪堆里玩得正起劲儿，父亲就问儿子在马粪里做什么。

儿子兴高采烈地回答说：“我知道！我知道！这里面一定藏着一

匹小马！我要把它找出来！”

从这个故事里，我们可以更深刻地体会出，人的心态是多么重要。在生活中，人与人之间其实只有很小的差异，但这种很小的差异却往往造成了巨大的差异。很小的差异就是他们所具备的心态只有一字之差：积极的和消极的。巨大的差异就是这种心态所造成的结果：成功和失败。

强者的首要标志，在于他的心态。一个人如果心态积极，能够乐观地面对人生，乐观地接受挑战和应付各种麻烦事，那他就已经成功了一半。

当然，无论我们的人生是否成功，我们首先得面对一个或许令我们多少有些尴尬的严酷事实：在这个世界上，成功发展的卓越者少，失败平庸者居多；成功者活得充实、自在、潇洒，失败者过得空虚、艰难、猥琐。

人，作为自然的产物，当然要遵循着自然规律。人总有一天会衰老，这是自然规律，谁也违背不了；但同时人又是社会的人，作为几万年进化的结晶，人不仅仅只是消极地顺应自然，他可以通过自己的心态调节，来延缓衰老，保持一颗永远年轻、充满活力的心态。所以，我们可以看到有些人虽然生理年龄已经进入了老年，然而其心态仍然很年轻，充满了活力。例如，我们前面说到的哈默博士，从一个领域转到石油开采业领域时年龄已经快到我们国家的退休年龄，但就是在年近花甲时他又开辟了另一个战场去谋求发展。

他们有什么灵丹妙药吗？

有！

这灵丹妙药就是他们的积极心态。

如何永远年轻，充满活力，可能每个人都有一套独特的本领，但下列生活方式可供你参考：

从现在开始，建立勤奋学习的好习惯。这样，你的头脑就不会随着岁月的更迭而衰老，会始终保持着灵活、敏锐的运转状态。不过，有一点你必须注意，学习的内涵不仅仅指从书本上学习知识，还包括你智能的提高和各种技巧的训练、生活艺术的思考，以及人际交往的学问，等等，这些都可以列在你终生学习的范围之内。

多使用你的大脑，坚持做智慧体操。所谓“刀不磨要生锈，人不学习就衰老”。刀越磨越亮，大脑越用越灵光。不论你年轻还是年老，要尽可能多地参加一些以研究为内容的读书活动，参加你感兴趣的一些智力竞赛或是游戏，收看一些智慧性的电视节目，掌握一门棋艺锻炼你的空间思维能力，使经常更新的智慧始终活跃在你的大脑里。

用科学的态度搞好大脑的营养平衡和大脑卫生。这里的营养，包括物质营养和精神营养，卫生也包括生理卫生和精神卫生。适量地补充大脑所需的维生素，以维护大脑机能的正常运转；同时，给大脑一个良好的伦理环境，让你的大脑保持着和谐乐观的精神状态。

关注大脑的“一举一动”和活动的规律，使大脑兴奋、抑制的功能保持良好的调节机能。保证每日高效率的睡眠，关键是睡前要使大脑神经充分松弛，做到所谓“先睡心，后睡眠”。睡眠，是大脑的一种深度抑制，也是大脑恢复生机活力的主要方式。

给大脑定期“放假”，使大脑获得积极的“休养生息”的机会。你可以从事一些跟你自己的专业相距甚远的活动，如从事经济活动的人可以去找文艺女神聊聊天，脑力劳动者可以去从事一些简单的体力劳动或体育运动。这种智力活动内容的变更，有利于大脑各区的平衡发展和协调作用，促进大脑的智力发展。

防止大起大落的情绪对大脑的深度刺激，尽量少出现所谓的“激情状态”。建立理智的生活秩序。青少年则要尽量避免色情所引起的纵欲，以及由于感情问题所造成的负面影响。

喜欢一种体育运动。体育运动能使你的身心都得到锻炼和愉悦，它会使你永远年轻。

多动手做事。寻找一种可以精细地锻炼你的手指的活动，例如，你可以多做家务，因为许多家务劳动都具有能够精细的、锻炼手指的功效。这样做的好处多多，一方面活跃了大脑机能，另一方面还有益于家庭的和睦幸福，使大脑得到精神营养的滋润。

对一切好奇。好奇，是大脑年轻、有活力的具体反映。对待新鲜事物要保持一种积极的探求心理，不断地为自身打开一个又一个通向新世界的窗户，不断地从新世界中汲取抗衰老的“长生不老药”。

5. 永远不做金钱的奴隶

为钱而活着的人，会在金钱面前变成奴隶而挫败自己另外一种有价值的目标。

只为钱而活着，会在金钱面前变成奴隶而挫败自己。

金钱的诱惑力很大，成为人们习惯争取的东西，如果没有正确的金钱观念，绝对会被金钱打败。

金钱，对于贪婪的人来说，在他们的习惯中永远没有满足的时候。人生离不开钱，但也不能只着眼于钱。莫让金钱遮住眼，走出钱眼天地宽。

世界上最愚笨的人，就是那些只是为了薪水而工作的人。但除此以外，你应该还有其他需求，一种满足无限高尚欲望的要求。那就是，想成为一个正直的人，想尽你最大的努力去做正直的事、公平之事的人。

一位成功者对涉世不深的青年人说过这样一段话："在初入社会的时候，不要太顾及你的雇主所给你的薪水是多少。你对此不如去想一想你自己还可以从中获得各种可能的薪水，如技巧的提高、经验的积累，及整个生命的充实等各方面。"

老板给我们提供的工作，只是我们用来塑造品性与人格的机会和条件，那是一所训练才干、张扬精神、发达智力的实验学校，而不是用来从中榨压出金银的石磨。

一个人一旦只是为了薪水而工作，除此之外便没有了其他较高的动机，那这个人将面临许多品质劣势，而受此欺骗最厉害的正是他自己，他就是在日常工作的量与质中欺骗了自己。这种因欺骗而蒙受的损失，纵使他日后怎样奋起直追，努力振作，也是永远无法补偿的。

你在工作中投入的量与质，可以决定你的整个优势品质。不管薪水如何菲薄，只要你对一切工作都愿付出至善的服务、至高的努力，而不是自安于“次好”与“较低”，你是否具备这种精神，将决定于你是成功还是失败。

我们常常看见，许多很有作为的人，他们在低微的薪水工作多年后，会突然像变魔术一般，跳上一个高级而担负重任的位置，为什么？就因为在他们的雇主每星期只给他们极少薪水的时候，他们却正在积累使他们终身受益的工作经验：办事能力的增加，经营手段的进步。

许多人会因所得的薪水，在他们自己看来低于他们的应得报酬，于是在工作时，刻意使工作的量与质恰与雇主所付的薪水相等，就这样将薪水袋以外的种种巨额回报给抛弃了。他们对待工作，故意采取一种躲避不及、愈少做愈好的态度。他们不想去获得那些比现金更重要的薪水，他们宁愿坐视自己人格、能力的退化，使自己成为一个狭隘、小器、无效率迂腐的人，使自己的生命与宏伟、尊贵、高大等成分毫不沾边。

他们的才干，他们独当一面的能力，筹划设计的能力，他们的机智，与那些可以使他们居人之上，使他们成为伟人的品质，都将因此而处于休眠状态。就在他们只是提供吝啬服务，刻意使之与薪水相等的时候，他们却是在阻碍自己的专长，拦阻自己的前程，从而使他们自己终身只做半个人，而不爱整个人；使他们自己成为一个卑小、狭隘、无用的人，而不是一个有精神、崇高、完备的人。

其他方面的成功如此，在艺术创作上的成功也是如此。

巴尔扎克是金钱的追逐者，他一生都在追求金钱，但金钱未光顾他，使他成为百万巨富。但可贵的是，巴尔扎克没有成为它的奴隶。

《人间喜剧》作为一部社会风俗史，它反映了封建贵族和资产阶级上升的历史，特别是深刻地揭露了资本主义的“金钱关系”，正如巴尔扎克自己所说的：“写尽金银底下的丑恶。”在《人间喜剧》中，巴尔扎克深刻刻画了金钱所具有的毁灭性和逼人腐化堕落的魔力，并将其作为全部作品的中心主题。正如丹麦评论家勃兰兑斯所说：巴尔扎克小说中的真正主角是谁呢？是没有姓名没有性别的英雄——在资产阶级社会无孔不入、无所不在的权力与金钱。正是“金钱权力”这个角色成为《人间喜剧》情节发展和人物活动的推动力，决定了人物的关系和命运。

在那个金钱决定一切的时代，巴尔扎克命中注定要在金钱的魔影中生活，他无法选择，无力超脱。但难能可贵的是，巴尔扎克是“为写作而谋生，绝不是为谋生而写作”。

巴尔扎克一生都在和金钱打交道，他整个一生是靠欠债度过的，他从青年时代经营出版印刷业破产负重债开始，接连不断的商业、企业经营上的惨败，破产与败诉的打击，以及他的不善理财，不善节俭，收支紊乱，使他一直是旧债未了又累新债，债台高筑，至死都未能还清。高利贷商人和债务监狱的执达吏追逼着他，他发出无奈的哀叹：“我差一点失去面包、蜡烛、纸张，执达吏迫害我像迫害一只兔子，甚至比对兔子还厉害。”债务的阴影时刻笼罩在他的头上，使他一放下出神入化的神奇之笔，“回到冷酷的现实”，便感到心悸不安。为了躲债，他和债主们巧妙周旋。为了逃避执达吏的追捕，他挖空心思地隐藏行踪。人常说“狡兔三窟”，巴尔扎克的藏身之处何止三处。

更为有趣的是一天夜里，一个小偷爬进了巴尔扎克的房间，在他的书房里乱摸。巴尔扎克被响声惊醒，他一边悄悄地爬起来，点亮蜡烛，一边十分平静地微笑着对那个惊慌失措的小偷说：“亲爱的，别找了，我白天都不能在这书桌里找到钱，现在天黑了你更别想找到啦！”

在这里，我们显然发现，当一个人面临金钱的考验的时候，他的个性会明显地反映出来——是贪婪者，还是豁达。常言说，欲速则不达。只为钱而活着，肯定就是一种变态的心理，自然会决定一生的行为都是为钱所左右。这种人没有第二条路可走，会在金钱面前变成奴隶而挫败自己另外一种有价值的目标。

6. 找到你的成功优势

对你自己了解越多，你对世界的了解也就越多，对他人的了解也越多，那样的话，你距离成功就又近了一步。

人类的历史，其实就是不断地征服自然的历史。当自然被人类“征服”得千疮百孔、似乎地球上的其他万事万物都臣服在人类脚下的时候，人类这才发现，被征服得千疮百孔的同时还有我们人类自己，我们人类其实臣服在自然的脚下。

太多的悲剧，来源于我们人类并不了解自己，不了解自己在宇宙中的地位，不了解我们人类自己其实是最脆弱的。所以，当人类在继续将探索的触角伸向了更远的太空的同时，也更多地关注起我们人类自身。

这，无疑是人类历史上的又一次大革命！

那么，你了解你自己吗？

“我是谁？”这一命题从古到今不知有多少个人在拷问过自己，而且，我们的后人还会继续这样拷问下去，直到人类从这个宇宙上消亡为止。

我们自己对自己其实并不了解，所以，类似“我是谁”这样的拷问还会在每个人的思想中继续着。

哲学家和普通的人一样，也在探寻“我是谁”的答案，从古希腊的苏格拉底到存在主义哲学家萨特，他们一直在思索着，探索着。其实，说简单一些，“我是谁”就是一个自我确认问题。

一个人内心一旦确认了自我身份的话，他的一言一行一举一动就会把自己塑造成那种形象，并且一生不变。

对于人类而言，有一种信念能最大限度地影响我们的生活、事业以及一切，并且能够让你成功，那就是对自己身份的确认。

所谓“自我确认”，是指心灵深处对自我的一种界定，这种界定会使我们跟别人迥然有别。换一种说法，就是我们在内心对自己形象的塑造。如果你自己的形象在自己的心中就是一个成功者，是一个才华横溢、能力超群之士，那么你肯定会尽情发挥你自以为长的禀赋，最终，你必将成为成功者！

教育家们也发现，一位老师对学生的看法，能够非常深地影响学生的自我确认，从而影响他们心智的发挥。

有这样一个研究实例，几位老师被告知他们刚接手的班上有几位优等生，怎样使这些优等生取得优异的成绩就是他们的任务。老师对这几位优等生另眼看待，认为他们是最有前途的学生，不断地给与表扬，结果，计划如期实现了，这几位学生取得了极其优秀的成绩。

然而事实上，当初这些学生只是智力极其一般的孩子，甚至，他们中间还有几位“差生”！

这一实验表明，好的自我确认对一个人的成长具有极其重要的影响，因为一个人一旦在内心深处确认自我是哪种身份的人的话，就再也看不到自己的另一面了。

上述道理同样也适用于学生以外的任何人群。

如果我们每一个人在生活中都能对自我的确认有适当的信念，对某些方面有一些特别的调整，自我确认改变之后的人生就会变得更加有意义，就会少却无数苦恼、麻烦和痛苦，平添许多欢乐。

当然，对自我确认的改变必须是从尝试和一再地坚持中形成的，表里如一的努力就会使人在这种“我是谁”的转变中获得成功。

有这样一个故事：

美国的一个女孩子，名叫戴伯娜，她讲述了她参加自我确认实验之后自己的转变过程。她说：

“我从小就胆小，从不敢参加体育活动，生怕自己会受伤，但是参加这项实验之后，我竟然能进行潜水、跳伞等冒险运动。

“事情的转变是这样的，你们告诉我应该转变自我确认，从内心深处驱除胆小的信念。我听从了你们的建议，开始把自己想象为有勇气的高空跳伞者，并且战战兢兢地跳了一回伞。结果朋友们对我的看法变了，认为我是一个活力充沛、喜欢冒险的人。

“其实，我内心仍认为自己胆小，只不过比从前有了一些进步而已。后来，又有一次高空跳伞的机会，我就视之为改变自我确认的好机会，心里也从‘想冒险’向‘敢于冒险’转变。当飞机升到15000米的高度时，我发现那些从未跳过伞的同伴们的样子很有趣。他们一个个都极力使自己镇定下来，故作高兴地控制内心的恐惧。我心想，以前的我也就是这个样子。

“刹那间，我觉得自己变了，我第一个跳出机舱。从那一刻起，我觉得自己成了另外一个人。”

在这则故事里，这个美国女孩子变化的主要原因在于内心自我确认的转变。她一点一滴地淡化掉残存的自我确认，采取新的自我确认，从而在内心深处想好好表现一番，以作为别人的榜样。最终，她的自我确认转变了，从一个胆小鬼变成一位敢于冒险、有能力并且要去体验人生的新女性。她的这一变化，肯定也会影响她后来生活中的每一件事，包括她的家庭、她事业的发展和成功。

在我们的生活中，人们往往不愿意轻易牺牲自己来拯救别人，特别是当他认为自己的生命是自己的的时候更是如此。但是，如果他的信念改变了，他就会乐于助人。比如在要抽取一个人的骨髓之前，先让他做几件小事，使之感到不帮助别人会违反人的天性，而帮助他人、为别人做牺牲才是天经地义的，同时也是一种快乐，那么，当他在内心深处确认自己是个乐善好施者时，再要求他在无损于己的情况下捐赠骨髓，他就会欣然答应。这其中的原因就在于他对自己的认识改变了，世界上最能影响人的东西正在于此。

同样的，一个人要想获得发展机会，要想取得人生的成功，成为生活和工作中的优胜者，就应该首先在心目中确立自己是个优胜者的意识。同时，他还必须时时刻刻像一个成功者那样去思考、行动，并培养成功者的阔大胸襟，这样，他总有一天会成功。

我们周围人对我们的看法，也会深深地影响我们的自我确认。还有，无情的岁月也影响着自我确认。一个人在十年前过得并不如意，但他想象着有一个美好的未来，并极力向此目标奋斗，结果，今天的他正是当年他心目中确认的那个“未来形象”。由此可见，以什么样的标准来看不同时期的自我，决定着自我确认的发展方向。

7. 开出一张生活的良方

请记住，自己引导自己，不要让别人来主宰你。一个改变自己以求适应大众的人，最终会变得一无所有。

给自己开一张生活的处方，是让自己获得另外一种心态，不能调节自我的生活，是强者的大忌。

怎样让你的生活变得更加美好呢？你最佳的做法便是给自己开一张生活目标的处方，然后为之去努力。具体地说，你不妨这样去做：

做一次精神旅行。

精神“旅行”可让人忘却世事，和自己的内心进行交流，这种“运动”由来已久，并且人人都能实行。

这种方法曾帮助不少人改变了他们的生活。实际上，它不仅能帮助你摆脱萦绕于心中的思虑，而且能帮助你很快进入梦乡，它也能教你如何接受、享受情绪，而不是和情绪作对。就如一个学生所写的那样，忧伤来了又去了，唯我内心的平静长在。

学会如何减轻压力。

一个特别多情的男子，有一个算不上漂亮但很有魅力的姑娘做自己的伴侣，夫妻俩卿卿我我，生活美满。然而好景不长，在一次车祸中，他的妻子命丧黄泉，腹中还带着他们爱情的结晶。好日子从此离开了他，尽管他又娶了一个漂亮可爱的姑娘。每天，当他一回到家里，那位逝去的妻子就占据了他的整个身心。

第二个妻子终于也离开了他。

我们大家也都一样，“忘不了过去的好时光”，也忘不了过去的难堪与悲剧。但是，“人生是阶梯，不爬不要来”，我们为什么不常常想想自己过去的快乐和成功呢？遗憾的是许多人一直生活在“我是不幸的”“我是个倒运汉”“我是个苦命人”的阴影中。他们像悲剧中的角色，浑身充满了悲剧情调，霉气冲天，给别人带来不祥之感。

给自己一点奖励。

自我报酬，有别于一般的自我陶醉：实行自我报酬需要你正确评估你自己的气质和目标的关系，并借此强化你希望强化的人格。如果你对自己的所作所为的判断，显示出你与你拥有的气质相匹配，那就意味着你告诉自己："我的确做得很好"或"那是一个好主意"。你的内心会被这种内在的诠释所激励，你将感到满意，甚至得意。

坚持你的独特个性。

大众产品、大众宣传、大众消费主义、大众狂热使宝贵的个性消失得无影无踪。诚然，社会应追求同一，但如果这种同一意味着每个人都一模一样，那么，这个社会又会有什么趣味？如果每个人都这样，渐渐地人变得毫无主见，不知如何来应付这个社会。

一个改变自己以求适应大众的人，最终会变得一无所有。

我们很多人，在面临选择时，常常迷失自己。本来，他应该在下一个十字路口向西走，但到了十字路口，却因见东边的马路上车水马龙，人头攒动，也跑过去凑热闹。其结果，他以持久不渝的快乐换取了暂时的满足。

寻找一条新的出路。

由于中国人事制度的不断改革，现在，许多人纷纷离开既定的圈子，去寻找新的职业，新的满足。一个医生最近离开了医院，当上了作家，他的动机并不是追求金钱——和大多数人一样，他只是厌倦了手术刀，想换换口味。

如果你具有丰富的想象力和冒险精神，或觉得在现在的岗位上力不从心，那么，你不妨换换环境。

别总把目光停在表面。

很多人，对自己现在的工作，总有很多的不满和抱怨，经常牢骚满腹，却不懂得如何利用机会好好充实、锻炼。采取消极的态度，不但对你的事业，而且对你的生活都有反面的影响。

其实，表面上的"运气好""运气不好"，"有利""不利"等，本身并无很大的意义。只有懂得超越表面价值的人，才拥有真正的大智大慧，才能把坏事变为好事，不被表面价值的陷阱所引诱。

8. 培养你的积极心态

如果一个人决心获得某种幸福，那么他就能得到这种幸福，这是一种强者的生活法则。

人生所追求的，大多都和心态有一定的关系，爱情、自尊、自信、快乐、成功、金钱等等，都和你的心态有关。

心态可说是发生在我们体内几百万条神经作用的结果，也就是说，在任何时间内的感受。我们大部分的心态都是直觉的，对于跟自己有关的事物所做的反应，就叫作心态，可能会是进取的、有为的，也可能是颓丧的、受抑制的，但是很少有人想刻意地去控制它。在追求人生目标上，会有成功与失败两种结果，差别就在于自己处在什么样的心态上。

强者的经验告诉我们，若能控制并引导我们的行为，就得先控制和引导自己的心态；若要控制我们的心态，就必须控制而且刻意地引导自己的内心储忆和生理状态。

既然心态可以控制和引导，那么，如何培养我们的积极心态呢？

你不妨从以下几个方面做起：

言行举止像你希望成为的人。积极的行动会导致积极思维，而积极思维会导致积极的人生心态。心态是紧跟行动的，如果一个人从一种消极的心态开始，等待着感觉把自己带向行动，那他就永远成不了他想做的积极心态者。

要心怀必胜、积极的想法。当我们开始运用积极的心怀并把自己看成成功者时，我们就开始成功了。但我们决不能仅仅因为播下了几粒积极乐观的种子，然后指望不劳而获，我们必须不断给这些种子浇水，给幼苗培土施肥，才会收获成功的人生。

用美好的感觉、信心与目标去影响别人。随着你的行动与心态日渐积极，你就会慢慢获得一种美满人生的感觉，信心日增，人生的目标感也越来越强烈，而别人也会被你所吸引，进而被你所影响。

每个人都有有助于人的欲望，即感觉到自己的重要性，以及别人对他的需要与感激，这是我们普通人的自我意识的核心。如果你能满足别人心中的这一欲望，他们就会对自己，也对你抱一种积极态度。

心存感激。如果你常流泪，你就看不见星光，对人生对大自然的一切美好的东西，我们要心存感激，则人生就会显得美好许多。

学会称赞别人。赞美具有一种不可思议的力量，在人与人的交往中，适当地赞美对方，会增强和谐、温暖和美好的情感。你存在的价值也就会被肯定，使你得到一种成就感。实事求是，而不是夸张的赞美，真诚的而不是虚伪的赞美，会使对方的行为更增加一种规范。同时，为了不辜负你的赞扬，他会在受到赞扬的这些地方全力以赴。

学会微笑。微笑是上帝赐给人类的专利，微笑是一种令人愉悦的表情。面对一个微笑着的人，你会油然感到他的自信、友好，同时这种自信和友好也会感染你，使你也油然而生出自信和友好来，使你和对方亲切起来。微笑可以鼓励对方的信心，可以融化人们之间的陌生和隔阂。

到处寻找最佳的新观念。要找到好主意，靠的是态度，而不是能力。一个思想开放有创造性的人，哪里有好主意，就往哪里去，这些好主意能增加积极心态者的成功潜力。

放弃鸡毛蒜皮的小事。有积极心态的人不把精力放在小事情上，因为小事使他们偏离主要目标和重要事项。如果一个人对一件无足轻重的小事情做出反应——小题大做的反应，这种偏离就产生了。

培养一种奉献精神。一个积极心态者所能做的最大贡献就是给予别人，给予别人也是一种生活方式，我们永远都无法预测它所带来的积极结果。

永远也不要消极地认为什么事是不可能的。首先你要认为你能，然后去尝试、再尝试，最后你发现你确实能。所以，把“不可能”从你的字典里去掉，把你心中的这个观念铲除掉。谈话中不提它，想法中排除它，态度中去掉它、抛弃它，不再为它提供理由，不再为它寻找借口，用“可能”代替它。

培养乐观精神。以乐观的精神与心态面对一切，一切就都开始乐观起来了。

经常使用自动提示语。积极心态的自动提示语不是固定的，只要能激励我们积极思考、积极行动的词语，都可以成为自我提示语。经常使用这种自我激发行动语句，并融入自己的身心，就可以保持积极心态，抑制消极心态，形成强大的动力，进而达到成功发展的目的。

这些培养积极心态的方法，你可以都试一试，也许你日后的成功发展就得益于这其中的某个方法。

9．生活在今天

人的生命就是活在今日，因为昨日已经死去，明日还没有到来。所以，今日的事情就是你生命的全部，做好今日的事情你就没有白活。

每个人的生命都是现在时态，也就是说，一个人只能生存在今天，因为昨天已经成为过去，明天还没有到来，只有今天，生命才存在。在世界历史中，再没有别的日子，比“今日”更伟大。“今日”是各时代文化的总和，“今日”是一个宝库。在这宝库中，蕴藏着过去各时代的精华。各个发明家、发现家、思想家，都曾将他们努力的成果，奉献给“今日”。

今日的物理、化学、电器、光学等科学的发明与应用，已把人类从过去简陋的物质环境中挽救出来。今日的文明，已把人类从过去的不安与束缚的环境中解放出来。今日一个平常人可以享受的安乐，简直可以超过一世纪以前的帝王。

有些人往往有“生不逢时”的感叹，以为过去的时代都是黄金时代，只有现在的时代是不好的，这真是大错误。凡是构成“现在”世界的一分子的，必须真正的生活于“现在”的世界中。我们必须去接触、参加现在生活的洪流，必须纵身投入现在的文化巨浪。我们不应该生活于“昨日”或“明日”的世界中，把许多精力，耗费在追怀过去与幻想未来之中。

一个人能够生活于“现实”之中，而又能充分去利用“现实”，他要比那些只会瞻前顾后的人，有用得多，他的生活也会更能成功、完美得多。

时当正月，你千万不要幻想于二月中，丧失了正月中可能得到的一切。不要因为你对于下一月、下一年，有所计划，有所憧憬，遂虚度、糟蹋了这一月、这一年。不要因为目光注视着天上的星光而看不见你周围的美景，踩坏你脚下的玫瑰花朵。

你应当下定决心，去努力改善你现在所住的茅屋，使它成为世界上快乐、甜蜜的处所。至于你幻梦中的亭台楼阁，高楼大厦，在没有实现之前，还是请你迁就些，把你的心神仍旧贯注在你现有的茅屋中。这并不是叫你不为明天打算，不对未来憧憬，这只是说，我们不应当过度地集中我们的目光心力于“明天”，不应当过度地沉迷于我们“将来”的梦中，反而将当前的“今日”丧失，丧失它的一切欢愉与机会。

人们常有一种心理，想脱离他现有不快的地位与职务，在渺茫的未来中，寻得快乐与幸福。其实这是错误的见解，试问有谁可以担保，一脱离了现有的地位，就可得到幸福呢？有谁可以担保，今日不笑的人，明日一定会笑呢？假使我们有创造与享乐的本能，而不去使用，怎知这种本能，不在日后失去作用？

齐白石先生，90多岁后仍然每天坚持作画，“不叫一日闲过”。有一次，齐白石过生日，他是一代宗师，学生、朋友非常多，许多人都来祝寿，从早到晚客人不断，先生未能作画。第二天，一大早先生就起来了，顾不上吃饭，走进画室，一张又一张地画起来，连画5张，完成了自己规定的昨天的“作业”。在家人反复催促下吃过饭他又继续画起来，家人说：“您已经画了五张，怎么又画上了？”“昨天生日，客人多，没作画，今天多画几张，以补昨天的‘闲过’呀。”说完又认真地画起来。齐白石老先生就是这样抓紧每一个“今天”，也因为这样，才有他充实而光辉的一生。

1871年春天，一个年轻人拿起了一本书，看到对他前途有莫大影响的一句话。他是蒙特瑞综合医院的医科学生，生活中充满了忧虑，担心怎样通过期末考试，担心该做些什么事情，该到哪去，怎么才能就业，怎么才能过活。

这位年轻的医科学生，在1871年所看到的那句话，使他成为他那一代最有名的医学家，他创建了全世界知名的约翰霍普金斯医学院，成为牛津大学医学院的钦定讲座教授——这是在英帝国学医的人所能得到的最高荣誉，他还被英国皇帝册封为爵士。他死后，需要两大卷书——厚达1466页的篇幅，才能记述他的一生。

他的名字叫作威廉·奥斯勒爵士。下面，就是他在1871年春天时所看到的那一句话——这由汤玛士·卡莱里所写的一句话，帮他过了无忧无虑的一生："最重要的就是不要去看远方模糊的，而要做手边清楚的事。"42年之后，在一个温和的春夜郁金香开满校园的时候，威廉·奥斯勒爵士对耶鲁大学的学生发表了演讲。

他对那些耶鲁大学的学生们说，像他这样一个曾经在四所大学当过教授、写过一本很受欢迎的书的人，似乎应该有"特殊的头脑"，但其实不然，他说他的一些好朋友都知道，他的脑筋其实是"最普通不过了"。

那么他成功的秘诀是什么呢?

他认为这完全是因为他活在所谓"一个完全独立的今天"里。他这句话是什么意思？在奥斯勒爵士到耶鲁大学去演讲的几个月前，他乘着一艘很大的海轮横渡大西洋，看见船长站在舵室里按下一个按扭，发出一阵机械运转的声音，船的几个部分就立刻彼此隔绝开来——隔成几个完全防水的隔舱。

"你们每一个人，"奥斯勒爵士对那些耶鲁的学生说，"组织都要比那条大海轮精美得多，所要走的航程也更远得多，我要劝各位的是，你们也要学着怎样控制一切，而活在一个'完全独立的今天'里面，用铁门把过去隔断——隔断那些死去的、那些昨天。按下另一个按扭，用铁门把未来也隔断——隔断那些尚未诞生的明天。然后你就保险了——你有的是今天……切断过去，让已死的过去埋葬掉，切断那些会把傻子引上死亡之路的昨天……明日的重担，加上昨日的重担，就会成为今日最大的障碍，要把未来像过去一样紧紧地关在门外……未来就在于今天……没有明天这个东西的，人类的救赎日就是现在，精力的浪费、精神的苦闷，都会紧随着一个为未来担忧的人……那么把船后的大隔舱都关断吧，准备养成一个好习惯，生活在'完全独立的人今天'里。”

生活在今天，从现在开始，做现在的事情，只有现在才有你生活的具体内容，你才能知道你应该做什么，才能走向成功。

10. 愉快地生活在这个世界上

前两年，有一本名为《好好活着》的书籍很是畅销。

有些人可能会问，活着就活着，好好活着难道有什么特殊吗？

所有的人都“活着”，但“活”的质量有高有低。对于一个强者来说，活着就要活出高质量来。

我们大多数人可能都会经常性地考虑一个问题，即，人活着到底为了什么？

可能你会说：“人活着就是为了成功。”

成功可以是一个人生活的终极目的，但是，我们这里所说的“成功”，还是比较抽象的、模糊的。成功并不是指纯粹的成果，而是指比这更难做到的功业，即如何使你的生活过得更有意义，更有效率。所以，一个成功者给自己定下的目标应该是：过成功的生活，成为有创造力的人。

所以说，成功可以是人一生的终极目标，而愉快地生活着则是成功的终极目标。

依着这个标准，我们又可以说，凡是能够愉快地生活着的人，都是成功的人。他可能没有很多钱，也没有显赫的地位，没有远播的名声，但他能够愉快地生活，能够邀来愉快和保持愉快，他就是成功的。

这即是所谓的“愉快生活法则”。

首要的原则是，为了自己能够愉快地生活，必须首先尊重和欣赏别人生活的愉快。在你的周围，充满着愉快的氛围，这种氛围足以驱散一切忧虑和不安的阴云，足以使空气中都弥漫着愉快。

自己愉快地生活着，却不要总是想改变别人，企图将自己的思想、情感强加给他人。当然，你可以从适应愉快的环境氛围的角度去尝试着影响和感染别人。如果这么做依旧没有效果，也不必强求，因为，每个人都有自己的上帝，这个上帝就是他自己。

愉快地生活着，但不要争着去做"愉快的领袖"。你如果能给你身边的人带来愉快固然可贵，但若能响应周围愉快气氛的召唤更是难能可贵。只要你有一双发现愉快的慧眼，能从周围的生活中不断发现令人愉快的事情，你就能持续地愉快着。

不要埋怨任何不能给你带来愉快的人，这也是愉快地生活着的一个重要原则，道理很简单，因为你也不是能给所有人带来愉快的人。因而，面对这些人你大可不必耿耿于怀，而只要他们不要影响你愉快的生活就行，也不必试图将他们改变，因为人以群分。

面对难免的不愉快因素，你不妨将它放一放。这种做法，也不失为愉快地生活着的一条原则。有些事情，比如人际关系中的不谐，只要发展下去不会扩大为影响更大的生活事件，冷却一下于人于己可能都有好处。

愉快地生活着，看似简单，真正做起来就不那么简单了。因为从一定意义上说，成功的终极目的便是愉快地生活着。